代用監獄・拘置所改革のゆくえ

監獄法改正をめぐって

刑事立法研究会 [編]

現代人文社

代用監獄・拘置所改革のゆくえ
監獄法改正をめぐって

◉はしがき

　名古屋刑務所事件をきっかけとして，行刑改革会議が発足し，その成果が「刑事施設及び受刑者の処遇等に関する法律」（以下，新法という）という形で結実した。既決被拘禁者の処遇については，この新法の施行をどのように行っていくかが，最大の問題となっている。

　法律状況においては，未決拘禁制度の改革が取り残され，先行的に改革された既決拘禁制度との食い違いが出てきている。暫定的に，未決拘禁については旧来の監獄法の規定が用いられているため，未決被拘禁者の処遇のほうが既決被拘禁者の処遇よりも劣悪な状態でもよいという形になっている。

　他方で，新法は，新たに警察留置場の章を起こし，警察庁長官の巡察規定を設けるとともに，留置場に収容されている既決被拘禁者の処遇については，新法の一定部分の適用を認めている。ここでは，未決的性格と既決的性格を兼ね備えた被拘禁者と純粋の未決被拘禁者との間の処遇上の食い違いが出てくる。このように，現在の未決被拘禁者の処遇に関する法律関係は，きわめて複雑な状態になっている。

　このような不正常な状態を解消するためには，速やかに未決被拘禁者の処遇に関する法律を制定する必要がある。しかし，いかにそのことが急務であるからといって，拙速は厳に避けなければならない。未決被拘禁者の処遇の問題は，単に監獄法改正問題に尽きない。憲法における被拘禁者の性格付けを踏まえ，場合によっては，刑法，刑事訴訟法の改正をも辞さない気構えで取り組む必要がある。

　新法によって既決被拘禁者の処遇が改善される部分のうち，一定の事項については，未決被拘禁者にも適用を認めるべきものがある。その反面，未決拘禁の性格上，取り入れてはならないものもある。拘禁刑を受けた効果として拘禁されている者の立場と，まだ刑が確定していないにもかかわらず拘禁されている者の立場とはおのずから異なる。その立場の違いによって拘禁上の待遇も異なる。

　以上のところから明らかなように，未決被拘禁者をどのように処遇すべきかという問題の出発点には，未決拘禁の性格をどのように考えるべきかという問題が置かれなければならない。本書は，そうした問題意識から未決拘禁

の法的性格論に大きな比重を置いて論じている。これは，未決被拘禁者の処遇問題を考えるための枠の提示である。

もちろん，枠を提示しただけで，すべての個別問題が解決するというものではない。私たちの刑事立法研究会では，すでに，1991年発表の「刑事拘禁要綱試案」（法律時報63巻6号54頁以下），これを修正した1996年発表の「刑事拘禁法要綱案」（『入門・監獄改革』，日本評論社），さらに，2003年発表の「改訂・刑事拘禁法要綱案」（『21世紀の刑事施設――グローバル・スタンダードと市民参加』龍谷大学矯正・保護研究センター叢書第1巻，日本評論社）において，未決拘禁処遇について具体的な提案を行ってきている。また，2005年4月に出版した『刑務所改革のゆくえ――監獄法改正をめぐって』（現代人文社）の中でも，「行刑改革の提言」が触れていない問題として未決拘禁の問題があることを指摘し，その議論のあり方について提言を行っている。

本書では，以上のような研究会のこれまでの提案を前提としながら，未決拘禁に関わる立法をするにあたって踏まえなければならない基本原則を提示し，さらに，とくに理論上，また実務上問題になる点に限定して，より深く，より根底的な議論が展開されている。未決被拘禁者の処遇について，具体的な提案内容の詳細は，上記に示した研究会の要綱案をあわせて参照していただきたい。

代用監獄については，建物が新築されたり，留置管理官制度を設けたりした結果，弁護士の中にも「もはや問題はそれほど深刻ではない」という声があるようである。しかし，果たして問題は解決されたのか。本書で展開されている根本的な問題のほか，実際の未決被拘禁者の取扱い上、接見交通上の弊害や，留置管理官による被拘禁者に対する取扱いの問題などが報告されている。これらの点については，なお実証的な研究が必要であり，本書ではカバーできていないが，代用監獄の存在が未決拘禁問題の最大の問題であることは，依然として変わっていない。本書が未決拘禁の性格論を受けた論点として代用監獄や接見交通に重きを置いたのは，そうした意味がある。

有罪確定前の身体拘束は，あくまでも例外的措置でなければならない。その点で，被疑者段階で保釈のない現行制度や保釈を容易に認めない現在の運用は，厳しく見直される必要がある。公判前整理手続が導入され，審理の迅速化が推進される事態にあって，保釈の現況は，被疑者・被告人の防禦権行使をますます困難にしかねない。愁眉の急の検討課題である。

＊

　本書の各章は，刑事立法研究会内の未決拘禁班のメンバーが主として分担し記述している。数度にわたる班別研究会，さらには全体研究会の討議に付された上で原稿化されているが，その内容は研究会として一致したものではなく，各執筆者の意見を述べたものであることに留意されたい。最終原稿の形式面に関する調整は，編集実務委員（龍谷大学大学院法学研究科に在籍している桑山亜也，藤井剛の両名，および中川孝博）が行った。

　なお，死刑確定者の処遇については，本書で論じるべきか否かについて研究会においても，最後まで問題になった。研究会の基本的な立場は，死刑廃止である以上，死刑確定者の処遇について論じるというのは，それ自体としては二律背反である。しかし，現実に，死刑確定者がいる以上，その処遇について何も触れないでおくことはできない。これまでの研究会案でも死刑確定者の処遇について一応の提案を行っている。また，立法提案との関係でも，死刑確定者の位置付けを明確にする必要はある。実際，死刑確定者の拘禁の性格ほど矛盾的なものはない。その矛盾的性格のために，死刑確定者は，あるときには未決被拘禁者と同様に扱われ，また別のところでは，既決被拘禁者と同様に扱われるという，きわめて便宜的な取扱いに服している。この点についても，研究会としての立場を明確にする必要がある。本書において，この問題を論じているのは，問題の所在を明らかにするための試論的なものである。

（村井敏邦／むらい・としくに）

代用監獄・拘置所改革のゆくえ——監獄法改正をめぐって

はしがき　[村井敏邦] ……………………………………………… ii

第1部　未決拘禁問題のパラダイム
第1章　未決拘禁は何のためにあるか
　　　　——未決拘禁制度の抜本的改革を展望するための基本的視角
　　　　[豊崎七絵] ………………………………………………… 2
　1．はじめに——問題意識と本章の役割　2
　2．未決拘禁の抜本的改革を展望するための基本的視角　4
　3．無罪推定法理（人身の自由）と未決拘禁との理論的関係
　　　——身体不拘束の原則　7
　4．公判廷出頭の確保（審判の必要性）目的による拘禁は許されるか　9
　5．罪証隠滅防止目的による拘禁は許されるか　12
　6．刑の執行確保目的による拘禁は許されるか　14
　7．再犯防止（社会の安全確保）目的による拘禁は許されるか　17
　8．司法運営過程への妨害防止目的による拘禁は許されるか　18
　9．捜査（取調べ）目的による拘禁は許されるか　21
　10．むすびにかえて　21

第2部　捜査と拘禁の分離原則
　　　　——代用監獄問題を中心に
第2章　代用監獄の立法事実・趣旨と現在　[佐藤元治] ………… 30
　1．はじめに——本稿の目的　30
　2．監獄法制定以前　31
　3．監獄法の制定と戦前の代用監獄の運用状況　35
　4．戦後の代用監獄　40
　5．おわりに——立法趣旨に立ち返った議論と解決策を求めて　46
第3章　未決拘禁の司法的コントロールと代用監獄
　　　　[葛野尋之] ………………………………………………… 61
　1．代用監獄問題の本質　61
　2．自由権規約と代用監獄　65
　3．未決拘禁の司法的コントロール　69
　4．逮捕留置と未決拘禁の司法的コントロール　76
　5．代用監獄の憲法論　79

第3部　身体不拘束の原則
──拘禁に代わる措置の模索

第4章　未決拘禁の代替処分　［水谷規男］ ……………………90
1. はじめに　90
2. 代替処分導入の理論的根拠　92
3. フランス法に学ぶ　96
4. 代替処分の具体的制度設計　106
5. おわりに　110

第5章　保釈　［石田倫識］ ………………………………………113
1. はじめに　113
2. イギリス未決拘禁制度の概要　115
3. イギリス保釈制度の概要 ── 権利保釈の除外事由について　117
4. 権利保釈の除外事由に関するヨーロッパ人権裁判所の解釈態度　119
5. イギリス保釈法制に対する1998年人権法の影響
    ── 法律委員会による提言　122
6. 保釈の運用状況　125
7. 日本法への示唆 ── 日本の保釈制度の問題点　127

第4部　未決被拘禁者の権利保障

第6章　未決被拘禁者と弁護人以外の者との外部交通権
　　　　　　［中川孝博］ ……………………………………………134
1. はじめに　134
2. 判例　135
3. 弁護人等以外の者との外部交通に関する憲法的基礎　138
4. 勾留理由に関する必要最小限度基準の要請　140
5. 管理運営目的に関する必要最小限度基準の要請　143
6. 捜査目的に関する必要最小限度基準の要請　147

第7章　未決被拘禁者に対する社会的援助　［斎藤司］ …………152
1. はじめに ── 未決拘禁における「処遇」の現状と問題点　152
2. 未決拘禁における「社会復帰処遇」── 日本における議論状況　154
3. 「無罪推定」と未決拘禁における「社会的援助」
    ── ドイツの議論を手がかりに　157
4. 未決拘禁における「社会的援助」の具体的ありかた　163
5. むすびにかえて　168

第8章　訴訟主体としての被疑者・被告人と未決拘禁
　　　　　　── 接見交通を中心に　［緑大輔］ ……………………174
1. 問題の所在　174
2. 刑事訴訟の主体としての未決被拘禁者　175
3. 選択肢の存在とその内容についての情報の確保　177
4. 情報提供者たる弁護人との信頼関係の確保　183

5．民事訴訟主体としての地位　187
　　6．おわりに　189
　第9章　未決拘禁執行と刑事訴訟法的救済　［福井厚］……………194
　　1．はじめに——問題の所在　194
　　2．ドイツ法の現状　195
　　3．立法の動向　203
　　4．むすびにかえて——日本法への示唆　205

第5部　死刑確定者の処遇

　第10章　監獄法改正と死刑確定者の処遇　［石塚伸一］…………214
　　1．はじめに　214
　　2．監獄法における死刑確定者の処遇　215
　　3．監獄法改正と死刑確定者の処遇　218
　　4．国際人権法の発展と死刑確定者の処遇　220
　　5．処遇改善への道筋　222
　　6．むすび——後戻りは許されない　224

第6部　資料

　文献案内　未決拘禁制度改革を知るために　［藤井剛］……………………232
　略年表　未決拘禁法の動き　［藤井剛］……………………………………248

＊2005年5月に「刑事施設及び受刑者の処遇等に関する法律」および「刑事施設ニ於ケル刑事被告人ノ収容等ニ関スル法律」が成立し、現行法令上「監獄」という用語は使用されなくなった。しかし、本書出版の時点（2005年12月）では、これらの法律は施行されていない。そこで本書では、現行法令を言及する際には原則として「監獄法」の条文を用いている。また、それ以外の場合にも文脈上「監獄」という言葉を使用することがある。

＊また、原則として「未決被拘禁者」「既決被収容者」という用語を使用しているが、著者によっては、その文脈から後者について「受刑者」「既決被拘禁者」との用語を用いる場合があり、未決と既決の総称として「被拘禁者」あるいは「被収容者」との用語を使っている場合がある。

第1部
未決拘禁問題のパラダイム

第1章 未決拘禁は何のためにあるか
未決拘禁制度の抜本的改革を展望するための基本的視角

1. はじめに ── 問題意識と本章の役割

(1) 問題意識 ── 未決拘禁制度の抜本的改革

　未決拘禁は，あらゆる基本的人権の前提となる人身の自由を剥奪する重大な処分である。加えて拘禁されうる被疑者・被告人は，そもそも無罪を推定される地位にある。それにもかかわらず，なぜこの未決拘禁という制度は設けられているのか。それははたして法的に正当性のある制度といえるか。

　これは次のような未決拘禁をめぐる実務のもとでは，現状対応的でない理想主義的な問いにみえるかもしれない。すなわち被疑者・被告人に対する身体拘束が制度として存在するばかりか，その身体拘束はごく例外的・抑制的に行われているわけでもない。起訴前においては，令状審査の形骸化の裏返しとして捜査当局が身体拘束の権限を実質的に握った上で，起訴前保釈も欠如しているばかりか留置時間は手持ち時間と解されることにより長期にわたる拘束が行われるなかで，代用監獄制度と取調受忍義務とをフル活用した被疑者取調べが常態化している。また起訴後においても，保釈の形骸化が進んでいる。そしてこの拘禁下に置かれる被疑者・被告人が，拘禁目的，取調べの便宜，あるいは拘禁施設の管理・運営のために，その防禦権や一般的な基本的人権につき制約を被ることは，それが「必要かつ相当」であれば許されると考えられている。

　この，未決拘禁がもたらす捜査（取調べ）の便宜と拘禁施設の管理・運営のあり方が基本的に維持されるべきであるならば，一定の改善を図るとしても漸進的な改善策（たとえば一定の手続の透明化など）にとどまる方がむしろ望ましく現実的であるとの見方もありえよう。

　しかしこの既存の拘禁システムのもとでは，無罪を推定されるにもかかわ

らず被疑者・被告人に対する拘禁は例外的ではなく，また彼／彼女がいったん拘禁されてしまったならば，それは単にその身体をある場所に留め置くというにとどまらず，①その者が享受していた様々な自由・権利や家族・社会とのつながり（コミュニケーション）を強制的に断絶・制限して，②国家権力機構の監視のもとでその施設に収容し，かつ③（起訴前においては）取調受忍義務を課した取調べをはじめとする捜査のために，捜査当局が拘禁状態を利用すること（とりわけ代用監獄制度と取調受忍義務）を現実的には意味しており，市民（人）として保障されるべき基本的人権や訴訟主体として保障されるべき防禦権の行使をはなはだ阻害してきた。このような被拘禁者が置かれてきた苦境を直視するならば，未決拘禁の理論的根拠とその目的を根本的に問うことにより，未決拘禁制度の抜本的改革を目指してその理論的基盤を確認してゆく作業はきわめてリアリスティックな課題だというべきである。

　ここにいう抜本的改革とは，無罪を推定される被疑者・被告人の権利保障を最大限にするべく，未決拘禁の質や規模を根本的に変化させることを意味する。つまり，それは刑事司法における未決拘禁の位置付けを変える——たとえば，未決拘禁の目的を公判廷出頭の確保に純化させ，身体不拘束の原則に基づき未決拘禁の物理的な数や率を極小化する——と同時に，被拘禁者の権利が最大限保障される——たとえば，拘禁目的が公判廷出頭の確保に限定されれば拘禁目的以外の権利制限は許されないから，それだけ被拘禁者の権利保障の範囲は広がる——ことに通じる。さらに現在の拘禁システムを前提とした議論——「過剰収容という現状において代用監獄の廃止は非現実的である」，「罪証隠滅防止目的を達成するには外部交通に関する制限は維持しなければならない」等々——に対して，その議論の前提となっている拘禁の規模や拘禁目的自体の正当性を問うことにより，対症療法的な改善策では見出しえない，未決拘禁をめぐる新たな地平が開かれる。

(2)　本書の構成と本章の役割

　本書の第2章以下の未決拘禁に関する各章は，かかる抜本的改革のための具体的方策を提示せんとするものである。本書第2部においては日本の未決拘禁特有の問題であり，かつ最大の論点というべき代用監獄を検証すべく，その立法事実（第2章佐藤論文）と法的正当性（第3章葛野論文）の問題が検討される。次に第3部においては，無罪を推定される被疑者・被告人に対

して拘禁それ自体を可及的に回避しその極小化を図るために，未決拘禁の代替処分（第4章水谷論文）と保釈（第5章石田論文）のあり方が論じられる。そして第4部は，たとえ拘禁が執行されたとしてもなお無罪が推定されている未決被拘禁者の自由・権利の保障のあり方について具体的に考察する。すなわち市民として保障されるべき権利に関しては，第6章中川論文が弁護人以外の者との外部交通権のあり方を，第7章斎藤論文が社会的援助のあり方をそれぞれ検討している。また第8章緑論文は訴訟主体として保障されるべき防禦権について考察している。そして第9章福井論文は，これらの権利が侵害された場合の刑事訴訟法上の救済（準抗告）のあり方について論及している（なお第10章石塚論文は，死刑確定者の処遇とその立法措置のあり方を論じるものであって，未決拘禁に関わるものではない。しかし，未決拘禁とならんで死刑確定者の処遇が立法課題として論じられている現在の状況を踏まえ，本書に収められている）。

　これらの具体的方策についての論稿に前置される本章は，これらの方策をトータルに基礎付けるための総論として，未決拘禁の理論的根拠とその目的を考察するものである[1]。

2. 未決拘禁の抜本的改革を展望するための基本的視角

(1) 抜本的改革を展望する基本的視角その1――一元主義と令状主義

　そこでまず，未決拘禁の抜本的改革を展望するための2つの基本的視角を確認しておきたい。その1つは，未決拘禁はその令状請求段階→令状審査段階→令状発付に基づく執行者による最初の拘束の着手・完了という段階のみならず，それに引き続く拘禁施設での一定期間にわたる執行(処遇)を含めて，刑事訴訟（法）上の問題であると同時に令状主義（憲法33条ならびに34条）の規制下にあるという視角である。すなわち未決拘禁は身体拘束自体を自己目的として行われる処分ではない。それは拘禁施設での執行も含め，刑事訴訟の確保という目的をもって行われる，令状により命ぜられた強制処分の執行――逮捕・勾留――であり，それ自体刑事訴訟の一部である。この視角は具体的には次の3点を意味する。

　まず第1に，未決拘禁の執行にあたり，特別権力関係論に基づいてあるいは行政権の裁量行為として，管理主義的ないし効率主義的な施設運営のために被拘禁者の権利が制約されることは許されない。またたとえば逃亡の危険

がある（公判廷出頭を確保する必要がある）との理由で拘束されているのに，罪証隠滅の危険を理由として外部交通が制約されることも許されない。さらに憲法上保障されている防禦権（とりわけ黙秘権，弁護人の援助を受ける権利）が，捜査なかんずく取調べの必要性のために制約されることも許されない。なぜならこれらの制約はいずれも刑事訴訟を確保するという拘禁の理由・目的によらず，令状による命令からも逸脱している点で，憲法的正当性がない裸の実力行使に等しいからである。つまり未決拘禁の執行は裁判所にその権限があるのであって，施設の長や捜査機関にその独自の権限を認める余地はない。このことはまた，かかる執行による違法・不当な権利侵害に対しては裁判所による刑事訴訟法上の救済が用意されなければならないことも意味する。以上は，未決被拘禁者が市民として保障されるべき権利と訴訟主体として保障されるべき防禦権とを基礎付けるものである。

第2に，未決拘禁の執行が刑事訴訟の一部であるということは，これを規定する法律もまた，憲法上ないし刑事訴訟法上保障された被疑者・被告人の権利を制約しうる「施設法」ではなく，かりに形式的には「刑事訴訟法」という名前の法典でないにせよ実質的には刑事訴訟法の一部として位置付けられるべきである（一元主義）[2]。このことに加え，①既決の処遇と未決の処遇とが現象として類似することがあっても，それぞれを正当化する理論的根拠は異ならざるをえず（未決の場合には，無罪推定法理に規定されると同時に，刑事訴訟の確保のための拘禁として構成されなければならない），②既決における処遇は行政作用の一環である一方，未決における執行（処遇）は令状主義のもとで司法作用と位置付けられるべきことから，法律の形態として未既決一体化は採用しがたい。以上は立法形式を基礎付けるものである。

そして第3に，令状の審査のみならずその執行をも律する令状主義の意義を踏まえるならば，代用監獄は単に物理的な場所・施設の問題にとどまらず，そこでの管理ないし執行（処遇）権限を警察が把握している点において，「令状主義（および黙秘権）を厚く保障する憲法に抵触する」[3]といわざるをえない[4]。

(2)抜本的改革を展望する基本的視角その2
── 人身の自由，無罪推定法理，身体不拘束の原則

2つ目の視角は，およそ未決拘禁が人身の自由，無罪推定法理との原理的な抵触を疑われる存在であるというものである。つまり比例性ないし権衡性

を満たせば，その権利侵害はひとしなみに正当化されるというにとどまらない本質が，強制処分により侵害される様々な権利・利益のなかでも，とりわけ人身の自由には内在化しているのではないか。かかる問題意識をもつならば，未決拘禁それ自体の理論的正当性を問わざるをえず，いやしくも未決拘禁を刑事訴訟上の制度の1つとして論ずる場合であっても，無罪推定法理の具体的内容の1つである身体不拘束の原則を満たさなければならない。

　これは現行刑事訴訟法の解釈論にとどまることなく，むしろ現行法上前提とされてきた逮捕・勾留の要件，ひいてはその目的を，今一度根本的に洗い直すことを要請する。身体不拘束の原則からすれば，在宅の状態もしくは拘禁の執行を停止する状態（保釈）が原則とされるべきであって，実際の執行は最終的かつ例外的な手段と位置付けられなければならない。かかる観点からは，たとえば「罪証隠滅」をその要件・目的とする拘禁が，身体不拘束の原則をはじめとする諸原則に反しないか，あるいは無罪を推定される被拘禁者の権利を著しく制約するものではないかといった問題が検討されなければならない。これらのうち前者については本章の後述**5.**にて扱うので，以下では後者について論じておきたい。

　拘禁の要件・目的をいかに設定するかは，被拘禁者の権利保障のあり方に直接的な影響を及ぼす。なぜならたとえ拘禁目的以外の目的による権利制約は許されないとしても，たとえば逃亡防止のみならず罪証隠滅防止をも拘禁目的とされるならば，前者だけが拘禁目的とされる場合に比べ，拘禁可能な範囲が広がる（逆にいえば保釈可能な範囲が狭まる）のみならず，被拘禁者の外部交通等の権利制約が可能な範囲も広がることになるからである。

　たしかに無罪推定法理は執行（処遇）の原則でもある[5]から，未決被拘禁者は無罪推定の地位にふさわしく取り扱われなければならない。この原則は，既決被収容者処遇との分離を意味すると同時に，拘禁目的を達成するに必要最小限の制約を除いては未決である者の基本的人権を保障することを要請するものであろう。しかし当の拘禁目的に罪証隠滅防止目的も入るとすれば，外部交通等の自由や権利はその分，制約が課されてしまう。もしもかかる制約は被拘禁者の自由・権利をあまりに制限するものであって除外されなければならないとすれば罪証隠滅防止目的自体が無罪推定法理等の諸原則に照らし正当性があるかという問題を問わざるをえない。つまり拘禁目的と無罪推定法理との整合性があってはじめて，執行の原則としての無罪推定法理もまたその実効性を発揮しうるのである。

以上述べてきた通り，未決拘禁の問題は刑事訴訟（法）の問題であり，令状主義の問題であると同時に，根源的には身体不拘束の原則（無罪推定法理）の問題である。これらの視角を基にして，それでは未決拘禁は何のためにあるか，もとより未決拘禁の存在自体が法的に正当性をもちうるかという問題を次項以下において検討する。

3. 無罪推定法理（人身の自由）と未決拘禁との理論的関係 ―― 身体不拘束の原則

(1) 人身の自由＋無罪推定法理
＝「悪」としての未決拘禁と身体不拘束の原則

　まず最初にそもそも未決拘禁は法的に正当化されうるかという問題を検討する。この検討にあたっては，刑事訴訟における被疑者・被告人の権利・地位とは何か，その権利・地位と整合する未決拘禁はありうるか，かりにありうるとすればいかなるものかという思考のプロセスを踏む必要がある。

　未決拘禁によって剥奪される権利とは人身の自由，すなわち身体拘束されずに自由に行動できる権利である。この人身の自由は「他の人権が原則としてこの自由を前提としてはじめて可能となるという点からすれば……人間にとって『いわば，最小限の自由』『自由の根源』として規定されることになる……この意味で，刑事手続においてとりわけ問題となる人身の自由……の不可侵の重要性は，いくら強調しても強調しすぎることはない」[6]。

　このような人身の自由の重要性は拘禁一般の正当性に対する疑問をもたらしうるが，とりわけ未決の被疑者・被告人に対する拘禁の正当性に疑問を抱かせるのが無罪推定法理である。すなわち，「適法な手続を経て有罪とされるまでは，できるだけ無罪（innocence）の者と同様に扱うというなら，被疑者・被告人を未決拘禁することじたい，この原則に反するのではないか。少なくとも，未決拘禁が原則化しているような運用ないし立法は，『無罪の推定』原則に反するのではないか」[7]との疑問である。この疑問は次のようにパラフレーズされよう。すなわち無罪推定法理の意義は，検察官の実質的挙証責任という証拠法上の意義や刑の先取り禁止にとどまらず，人身の自由の重要性とも重畳することにより，未決拘禁をそれ自体理論的正当性のない「悪」として位置付けることにある（これを徹底すれば廃止論に行き着く）。かりに百歩譲って，制度論として未決拘禁を語る場合であっても，これを「必要

悪」として身体不拘束の原則による規制に置くべきである，と。

　たとえば既決においては，自由刑という制度それ自体を廃止せよとまで踏み込まない限り，制裁（刑罰）として既決被収容者を拘禁しその自由を剥奪すること自体は前提とせざるをえない。これに対し未決段階においては，そもそも被疑者・被告人は制裁としてその自由を奪われないのはもちろんのこと，もともと市民社会の構成員として自由に行動できる存在のはずである。ゆえに身体不拘束の原則は，もとより自由であるはずの被疑者・被告人に対して当該拘禁がたとえ刑罰ではなく未決拘禁として課されようと，その例外化・極小化を要請する。

　たしかに，憲法36条による拷問や残虐な刑罰の禁止のように，未決拘禁それ自体を禁ずる憲法上の明文規定はない。しかし憲法31条による適正手続保障（無罪推定法理，強制処分法定主義），憲法33条による令状主義，憲法34条による身体拘束に関する厳格な要件と手厚い防禦権保障から，刑事訴訟における身体拘束は最大限回避しなければならないという身体不拘束の原則を憲法規範として導き出すことができよう。すなわち身体拘束を最大限回避しうる手続・制度が構築されなければ未決拘禁はその憲法的正当性を喪失するという意味で，未決拘禁と身体不拘束の原則とは動的緊張関係に立ち続ける。また身体不拘束の原則については，「市民的及び政治的権利に関する国際規約」9条3項が「裁判に付される者を抑留することが原則であってはなら」ないと明確に規定している。

(2) 比例原則との関係

　他方で無罪推定法理は，被疑者・被告人の自由を制約する場合であってもそれを必要最小限にとどめることを要求するとの指摘がある[8]。もっともこの必要最小限の自由制約という論理が，（その自由制約ないし権利侵害によって）達成しようとする当該目的自体の内容的正当性は問わずに，むしろこの目的を達成する必要性については当然の前提とした上で，目的を達成しうる複数の手段があるならば最も自由制約・権利侵害の少ない手段を選択せよという要求であり，あるいは目的と手段との相当性（釣り合い）という要求であるとすれば，それは無罪推定法理独自の意義というよりは比例原則一般であるとの指摘[9]がたしかに該当するように思われる。

　しかし先に述べたように，未決拘禁はそれ自体端的に人身の自由ひいては無罪推定法理との矛盾を疑われ続ける「悪」としての存在である。したがっ

て身体拘束との関係で，無罪推定法理から導き出されるべきはやはり「被疑者・被告人を拘束しないことが原則であって，拘束は例外中の例外である」という身体不拘束の原則である。そしてこの原則は，この原則と整合する未決拘禁の目的ならびに手続・制度を構築することを要請する。つまり無罪推定法理の具体的意義としての身体不拘束の原則は，必要性の原則や狭義の比例原則のように利益衡量的な判断枠組みに収まりきるものではなく，未決拘禁の理論的根拠（目的）の内容的正当性そのものを実体的に問う固有の理論的意義を有するとみるべきである。

次項以下ではこの身体不拘束の原則を主たる理論的規準として，未決拘禁の目的の候補として挙げられる，公判廷出頭の確保（審判の必要），罪証隠滅防止，刑の執行確保，再犯防止（社会の安全確保），司法運営過程への妨害防止，そして捜査の必要性について，それぞれの理論的正当性の有無を検討する。

4. 公判廷出頭の確保（審判の必要性）目的による拘禁は許されるか

(1) 拘禁目的としての「公判廷出頭の確保」の意義

身体不拘束の原則は在宅の被疑者・被告人こそ原則的な被疑者・被告人のありようであるとして，厳格な逮捕・勾留要件と令状審査手続とをまずは要請する。かりにやむなく被疑者・被告人の自由を制限せざるをえないとしても，身体を拘束せずに未決拘禁の目的・機能と同等のそれを果たしうる制度が用意されなければならない。それが保釈である[10]。もっとも逮捕・勾留の効力はあるがその執行を停止させるという制度＝保釈にとどまらない，逮捕・勾留に替わる代替処分（たとえば，召喚を受けたときは必ず定められた日時に裁判所に出頭しなければならないとの条件や住居地の制限についての条件を被疑者・被告人に課すること）も立法論として検討されるべきである[11]。

結論からいえば，このような在宅，未決拘禁に替わる代替処分そして保釈といった身体不拘束を原則とし，未決拘禁を例外とする刑事訴訟制度を構築するにあたっては，未決拘禁の目的は公判廷出頭の確保すなわち審判の必要性に限定されるべきである。これを前提とするならば，被拘禁者に対する権利制約もまた，公判廷出頭の確保目的によるそれに限定されることになる。

もっとも公判廷出頭の確保を目的とした未決拘禁であれば，なぜそれは刑

事訴訟における制度の1つとして設けられるのか。この問題を検討するために，まず被告人の公判廷出頭の意義を考えてみよう。公判廷は，当事者による攻撃ないし防禦活動と裁判所による判決宣告という一連の審理・判決の手続が行われる場である。この公判廷において被告人の防禦権行使を十分に保障し，ひいては公正な裁判を実現するために，当事者である被告人による公判廷出頭はまずは被告人の権利として保障されなければならず，また被告人にのみ専属的に課される義務でもある。このことは，被告人の公判廷出頭の意義を証拠方法という趣旨で論じるべきではないことも意味する。

　しかし問題は，公判廷出頭それ自体が被告人の権利義務であり，未決拘禁がその出頭確保の手段の1つであるとしても，後者は無罪を推定される被疑者・被告人の人身の自由を剥奪する点で，なお理論的正当性があるのかということにある。上述した通り，たしかに公判廷出頭それ自体は保障的機能を持ちうる。しかしだからといって，被疑者・被告人に対する拘禁自体も同様に保障的機能を営むと直ちに理解するのは困難であろう。

　前述3.(2)において確認したように，無罪推定法理を比例原則にとどまるものでなく身体不拘束の原則という実体的な価値をもつものとしてとらえながら，未決拘禁を廃止論というレベルでなく制度論として論じようとするとき，未決拘禁は国家制度としての裁判を確保するための「必要悪」とみるほかない（ゆえに，未決拘禁については刑事補償や全拘禁期間の刑期算入が要請されるとみるべきである）。その上でしかし強調しておきたいのは，その確保される対象となる裁判の意義については積極的実体的真実主義（必罰主義）ひいては治安至上主義的にとらえるのではなく，公正な裁判という観点から規定されるべきだという点である。これは未決拘禁それ自体の「悪」という本質を払拭するものでは決してないが，第1に未決拘禁の目的を公判廷出頭の確保に限定し，ひいては未決拘禁を縮小化するという機能は持つ（逆に裁判の意義を積極的実体的真実主義的にとらえるならば，罪証隠滅防止目的や刑の執行確保目的による拘禁も要するということになり，結局，未決拘禁の例外化・極小化は望めないであろう）。また第2に未決拘禁の執行に際して，この拘禁目的以外の目的を達成するための権利制約は許されないことになる。そして第3にかかる権利制約を除いては，被拘禁者が無罪を推定される者として基本的人権を享受しうるよう，国家は拘禁によって発生する弊害を最大限除去する義務がある。この保障されるべき基本的人権とは憲法31条以下所定の防禦権はもちろんのこと（さもなくばもとより公正な裁判の確

保は望めぬとして，未決拘禁は直ちに制度としての存在意義を喪失する）[12]，拘禁目的＝公判廷出頭の確保を阻害しない限り市民として保障されるべき一切の基本的人権である[13]。

(2) 「公判廷出頭の確保」の具体的内容は何か

もっとも未決拘禁の目的＝公判廷出頭の確保に限定したとしても，拘禁が許容される要件を具体的かつ厳格に設定することによって，過度の拘禁を回避する作業が残されている。

たとえば公判廷出頭確保（審判の必要性）目的は「逃亡の危険」要件に反映されていると一般的に考えられているものの，しかし逃亡の危険が直ちに公判廷不出頭の危険を意味するとはいえない。これに関連して「真に公判廷への勾引では処理できないほどの逃亡の危険が認められる場合にのみ未決拘禁を限定する方向が展望されるべき」であるとの指摘[14]は，たとえ（捜査段階の場合には将来の）被告人が召喚に応じて自ら公判廷へ出頭しなくとも，その所在さえ明らかであれば未決拘禁に依存せずに勾引により出頭確保を果たしうることを示唆する。ゆえに未決拘禁に替わる代替処分や保釈の条件を通して所在を確認することができれば，出頭確保という要請は十分満たされることになる。他方，保釈が（所在を把握しきれなくとも）経済的威嚇による出頭確保という機能を持つことにかんがみると，出頭確保の可能性はもっぱら所在の確認可能性に収斂するというわけでもない。

また被告人に公判廷出頭の義務がない場合（刑訴法283条，284条，285条，390条，409条参照）には，拘禁目的を達成する必要性がそもそもないから拘禁は許されないと解すべきである。もちろん代替処分や保釈を行う余地もない。

さらに実刑を言い渡す可能性がない場合には，均衡性の見地から拘禁の執行は許されないであろう。それでもなお公判廷出頭を確保するための手段を要するというならば，せいぜい（拘禁の執行ではなく）代替処分によるほかないのではないか。

そのほかいまだ起訴されていない被疑者や公判前整理手続の段階にある被告人を，将来の公判廷出頭の確保という目的により拘禁することについて，果たして何らの限界もないのか検討する必要もあろう。

このようにして拘禁要件が具体的かつ厳格に規定されてゆくにしたがって，未決拘禁制度の例外化・極小化という道が開かれてゆくと同時に，拘禁に替

わる代替処分や保釈条件についても，公判廷出頭確保目的を達成するために真に必要最小限の権利制約を超える制約は許されないことが明確化する[15]。

5. 罪証隠滅防止目的による拘禁は許されるか

(1) 疑問その1――当事者主義とセルフ・インクリミネイション

未決拘禁の目的を罪証隠滅防止に求めることに対しては，以下の疑問が提起されうる。

まず第1に，平野龍一が批判するように，それは「当事者主義の訴訟の理念とは一致しない」[16]。

この批判は弾劾主義・弾劾的捜査観に基づく。つまりとりわけ起訴前勾留に関して罪証隠滅防止は「捜査の実効性を配慮したものである」[17]とも言われるが，しかし「捜査は，捜査機関が単独で行う準備活動にすぎない。被疑者もこれと独立に準備活動を行う」[18]べきであるとすれば，当事者である被疑者を反対当事者である捜査機関の捜査の便宜のために拘束することは許容しがたい。すなわち捜査機関が単独で行うべき捜査について，被疑者にその人身の自由を奪ってでも協力義務を課すことは許されない。むしろ当事者としての被疑者は，捜査機関から独立して有利な証拠の収集・保全と不利益な証拠に対する防禦という準備活動を行いうる主体性・自律性が認められるべきである[19]。

さらに平野は「被疑者・被告人にだけ罪証隠滅をこのような強力な手段で禁止するのは，セルフ・インクリミネイション禁止の精神にも反する」[20]と批判している。この批判は，自発的行為でなく他からの強制としての身体拘束によって罪証隠滅防止に服させられることは，いわば自己の負罪証明に協力を強いられるに等しく，被疑者・被告人にとってはその人格の尊厳を奪われることを意味しているのではないか。

(2) 疑問その2――なぜ被疑者・被告人だけが拘禁を甘受しなければならないか

第2に，被疑者・被告人だけを対象として，彼／彼女の身体拘束により罪証隠滅を防止することは不合理である。なぜなら罪証隠滅防止目的の未決拘禁が許されるならば，罪証隠滅はもっぱら被疑者・被告人にのみ認められうる事象ではないにもかかわらず，これを防止するとの目的で被疑者・被告人

だけが刑事訴訟上の身体拘束を甘受しなければならないことになるからである[21]。

　これに対しては，無罪推定法理が被疑者・被告人に対し，捜査・訴追機関により嫌疑をかけられていない者と比べて不合理な差別的取扱いをしないという意味での比例原則にとどまるとすれば，被疑者・被告人による罪証隠滅の危険は類型的に高いのでこれを防止する目的で被疑者・被告人だけを拘禁することは必ずしも無罪推定法理に反しない，という反論も想定される。しかし**4.**にて述べた通り，未決拘禁については身体不拘束の原則の下，被疑者・被告人にのみ専属的に認められ，かつその権利保障という意味において重要な目的——すなわち，公判廷における被告人の防禦権を保障することが公判廷出頭の意義であり，これを確保するためにのみ被疑者・被告人の身体拘束がかろうじて可能であること——に限定されるべきであって，単に罪証隠滅の危険が類型的に高いというだけで拘禁を正当化することはできない[22]。

(3)　疑問その3 —— 身体不拘束の原則との矛盾

　第3に，身体不拘束の原則の具体化として，身体を拘束しない在宅，未決拘禁に替わる代替処分，そして保釈の原則化を果たすためにも，罪証隠滅防止は未決拘禁の目的から除去されるべきである。なぜなら身体不拘束の原則と罪証隠滅防止とは両立しがたいからである。このことは，たとえば刑訴法89条所定の権利保釈の例外として，逃亡に関してはその蓋然性が特に高い場合が挙げられている（典型的には第1項[23]）のに対し，罪証隠滅に関しては少なくとも文言上は勾留要件と同じであることにも現れている。ここに，「罪証隠滅の虞による勾留は保釈に親しまない。保釈が出頭を保障する制度である以上これは当然のことである。したがって新法はこの理由を必要的保釈の例外とした。そのために必要的保釈は殆ど無意味となってしまう」[24]と言われる理由がある。

(4)　疑問その4 —— 罪証隠滅防止目的と
　　　積極的実体的真実主義（必罰主義）との親和性

　最後に，罪証隠滅防止目的と積極的実体的真実主義（必罰主義）との親和性という問題を挙げておく。

　すなわち罪証隠滅防止が（起訴前・起訴後を通じて）いわば証拠保全のためにあり，刑事訴訟における真実発見に資するとしてこれを実体的真実主義

とフィットする要件と位置付ける考え方がありうる[25]。

しかし罪証隠滅防止が，有罪方向・無罪方向の区別なくおよそ一般的・中立的に事実解明のために設定される目的でないことは，文字通り明らかである。それは不利益証拠を保全するという積極的実体的真実主義（必罰主義）的な機能をもつ。加えて罪証隠滅目的を理由とする未決拘禁は，被疑者が公正な裁判を受けるべく自己に有利な証拠を収集・保全する権利を妨げる役割を現実的に果たしてきた（たとえば，証人と接触しようとする被疑者の行為が，彼／彼女からすれば自己に有利な証拠の収集・保全に向けた防禦活動であるにもかかわらず，罪証隠滅行為と評価される）こと[26]に照らすと，なお一層のこと罪証隠滅防止が素朴に事実解明や証拠保全に資するとは言えない。

以上の検討により，未決拘禁の目的としての罪証隠滅防止の理論的正当性には根本的な疑問が生じる。

6. 刑の執行確保目的による拘禁は許されるか

(1) 議論状況

刑の執行確保が未決拘禁の目的の１つであることについては判例・学説による支持がある[27]。もっとも，刑の執行確保としての未決拘禁は無罪推定法理と抵触するのではないかとの疑問も示されている。すなわち「逮捕・勾留が，将来確定するかもしれない自由刑の執行の確保に役立つことはあるとしても，それはあくまで副次的，付随的な効果にすぎないのであって目的ではない」[28]，と。

しかしこれに対しては，無罪推定法理に反するのは刑の執行先取りであって刑の執行確保ではないとの反論がある[29]。その論拠は次の通りである。第１に，刑事手続は被告人が有罪である場合には宣告された刑の執行を当然の前提としているから，手続の保全のためには被疑者・被告人の権利を制限しうるのに，その手続の最終的な目的の１つである刑の執行の保全のためには制限しえないのは背理である。第２に，刑の執行の保全のための措置は決して有罪判決の効果たる刑の執行を先取りしているわけではない。そして第３に，勾留の機能は刑の先取りではなく将来の刑の執行の保全であるから，問題はある時点において自由刑の実刑が言い渡される蓋然性の存在であって，結果的にそれが言い渡されたか否かではない，と。

以上の議論状況を踏まえて，以下刑の執行確保と無罪推定法理との関係について考察する。

(2) 結果として刑の執行確保に資した拘禁と刑の執行確保を目的とする拘禁との相違

たしかに，未決拘禁が結果として刑の執行確保に資するという現実的な機能・効果を持つ場合はありえよう。たとえば第1審で自由刑の実刑が確定したと同時に検察官が刑の執行指揮を執るにあたり，その自由刑が言い渡される前から公判廷出頭を確保するために被告人が勾留されていた場合，検察官としては改めて執行のための呼出し（刑訴法484条）や収監状の発付（刑訴法485条）なしにその被告人を収監しうる。この勾留は有罪判決確定以降の時点からみれば，事実上，結果として刑の執行を確保するに役立ったと言えよう。しかしこの場合，第1審裁判所は公判廷出頭の確保のため勾留していたのであって，刑の執行確保を目指して勾留していたわけではない。すなわち勾留に刑の執行確保という事実上の機能・効果が生じるケースがあるとしても（無罪や刑の執行猶予等の場合には，かかる機能・効果は生じえない），これが直ちに勾留の目的でもあるわけではない。

このように未決拘禁が結果として刑の執行確保に資したケースと比べ，もっぱら刑の執行確保を目指して拘禁されるケースにはやはり質的な相違がある。後者のケースの典型例は，第1審裁判所が自由刑の実刑を言い渡す前までは被告人を勾留していなかったのに，実刑を言い渡した後に自ら被告人を勾留する場合である[30]。もっとも後者のケースといえど，それは刑罰として科されるわけではなく刑の執行の先取りではないから無罪推定法理に反せず，最終目的である刑の執行の保全のため拘禁することは手続保全と同様許されるというのが，先の反論の第1および第2の論拠であった。

(3) 刑の執行確保目的による拘禁が許されない理由

たしかに無罪推定法理の意味が刑の先取り禁止に尽きるとすれば，未決拘禁が非刑罰として課されればおよそ無罪推定法理に反しないことになる。また刑の執行確保は，被疑者・被告人以外の者についてはその必要性はありえず，被疑者・被告人に一身専属的に問題になるという点では公判廷出頭の確保という拘禁目的に類する点もみられる。しかし無罪推定法理が，身体不拘束の原則として拘禁の例外化・極小化を要請するとともに，およそ拘禁自体

を「必要悪」として位置付けざるをえない以上，もっぱら非刑罰性や一身専属性をもって直ちに無罪推定法理との適合性が裏付けられるわけではない。問題は，拘禁によってその確保・追求が目指される刑の執行が，公判廷出頭と同等以上に被疑者・被告人の自由を犠牲にしても確保・追求するべき価値をもっているのかである。この問いについて本稿の結論からいえば答えはノーであり，刑の執行確保目的による拘禁は公判廷出頭の確保目的による拘禁と異なり「必要悪」としてさえ許される余地をもたないと考える。なぜなら，公判廷出頭が被疑者・被告人の防禦権の保障ひいては公正な裁判の実現に向けられた権利・利益として構成されうるのに対し，刑の執行は（それ自体は適正に行われるべきであるとしても）刑を言い渡された者にとって権利・利益ではない。したがって必罰主義に立たない限り，刑の執行に公判廷出頭と同等以上の価値を付与してこれを拘禁によって確保せよとは言い難いからである。故に手続の保全のための権利制約が認められているからといって，当然に刑の執行の保全のためにも権利制約が認められることにはならない。

　また拘禁についてその必要性のみならず被疑事実（一定の蓋然性）が要求されるのは，将来の有罪判決の蓋然性や刑の執行の保全を見込む必要があるからではなく，拘禁の濫用を防ぎその相当性・均衡性を図るためであることに照らすとき，拘禁当時における有罪の蓋然性を理由に，刑の執行確保目的による拘禁を無罪等を言い渡された者に対しても正当化しうるという説明（先の反論の第3の論拠）にも疑問が生じる。

　したがってかりに刑事訴訟の最終目的の1つが刑の執行であるとしても，それは人身の自由を犠牲にしても確保・追求するべきものではなく，身体不拘束の原則の前では譲歩せざるをえない。その上で，もとより刑の執行を刑事訴訟の目的として位置付けること自体，慎重な考慮を要することも指摘しておきたい。なぜなら，刑事訴訟の結果（機能・効果）としては刑罰権の執行を挙げうるとしても，手続の結果は当然に手続の目的でもあるとは直ちに言えないからである。このことは，訴訟手続一般の仮説的性格に加え，無罪推定法理から導き出される手続の尊重の理念にも照らし，強調しておく必要がある。

　かようにして，刑の執行確保を目的とする未決拘禁は，結果として刑の執行確保に役立ちうる未決拘禁とは実質的に異なるものであり，また刑の執行先取りとしての拘禁とは論理的には異なるとしても，無罪推定法理，身体不拘束の原則に抵触する。

7. 再犯防止（社会の安全確保）目的による拘禁は許されるか

(1) 議論状況

現行刑事訴訟法は逮捕・勾留の要件としての再犯の危険について明文の規定を置いていない。しかし「被告人の再犯防止という刑事政策的目的も副次的に考えることが出来よう」との見解[31]もある。また権利保釈の制限事由のうち、「被告人が前に死刑又は無期若しくは長期10年を超える懲役若しくは禁錮に当たる罪につき有罪の宣告を受けたことがあるとき」（刑訴法89条2号）、「被告人が常習として長期3年以上の懲役又は禁錮に当たる罪を犯したものであるとき」（刑訴法89条3号）、「被告人が、被害者その他事件の審判に必要な知識を有すると認められる者若しくはその親族の身体若しくは財産に害を加え又はこれらの者を畏怖させる行為をすると疑うに足りる相当な理由があるとき」（刑訴法89条5号）といった事由は再犯防止目的を有すると説明されることがある[32]。しかし再犯防止目的の権利保釈の制限に対しては疑問も呈されており、その理由として刑事政策的目的と勾留制度の本旨との不整合[33]、裁判によらない予防拘禁[34]といった問題が挙げられている。またかりに身体拘束には再犯防止の機能や反射的効果があるとしても、これを目的と混同してはならないとの指摘もある[35]。

(2) 再犯防止目的による拘禁が許されない理由

これらのコメントに追加して、再犯防止目的による拘禁についての問題点を以下論じておきたい。たしかに再犯防止目的の未決拘禁それ自体は刑罰の名で科されるわけではない。しかし身体不拘束の原則からすれば、この原則の例外としての身体拘束によって得られる利益を確定するにあたり、当該手続の対象である被疑事実以外の「犯罪」の防止という利益をも入れることは拘禁が許される範囲をあまりに広げすぎていると評価すべきである[36]。つまり再犯防止目的による未決拘禁には、被疑事実以外の犯罪の防止を念頭に置いている点で、当該刑事訴訟の確保を目的とするものではなく、しかも未発生犯罪に対する予防を目指しているという二重の意味での問題性がある。

さらに再犯の防止ということは、当該手続の対象である被疑事実についていまだ有罪の証明がなされていないにもかかわらず、既にその証明がなされ

たかのごとき扱いをしている点で有罪の先取りの疑いがあり，この意味でも無罪推定法理違反であると評価される余地も考えられる[37]。

以上の検討を踏まえると，解釈論としては，刑訴法89条2号ならびに3号は逃亡防止（公判廷出頭確保）目的を持つものと解されるべきである。もっともこれらの各号に該当する者について類型的に逃亡の危険性が高いと実証されているとは言えず，立法論としての検討を視野に入れるべきである。また刑訴法89条5号は，解釈論としては刑訴法89条4号とともに「罪証隠滅」要件の類型化とみることができるが，罪証隠滅目的の問題性については既に述べた通りである。

8. 司法運営過程への妨害防止目的による拘禁は許されるか

(1) 議論状況

司法運営過程への妨害防止は，果たして未決拘禁の目的たりうるか。

これについて，刑訴法60条の「罪証隠滅」要件を批判するという文脈において，「被告者（被疑者・被告人のこと——引用者注）の防御活動が『公正な裁判』の要請に反するような形で司法運営過程に向けられた場合には，被告者自身の防御行為の行き過ぎを理由として身柄を拘束されることはある。しかし，これは刑訴法第60条の『罪証隠滅』と同じ概念ではない。あくまでも，基準は『公正な裁判』が害されるか否かにあるのであって，訴追側の有罪立証の便宜を図るためのものではないのである。したがって，刑訴法第60条1項2号の『罪証隠滅』の意義は司法運営過程への妨害を意図した行為と読み替えて解釈する必要があろう」[38]との見解がある。これは，「罪証隠滅」要件の厳格解釈の方法の1つを示している。

もっとも司法運営過程への妨害といっても，それはもっぱら被疑者・被告人のみ行いうるものでないにもかかわらず，なぜ被疑者・被告人だけが身体拘束という峻厳な処分による権利制限を甘受せざるをえないのかといった，罪証隠滅防止目的の未決拘禁に対する疑問と同様の疑問が理論的には生じざるをえない。

(2) 裁判員等への接触防止目的による保釈制限事由等についての規定の創設

ところで，「裁判員の参加する刑事裁判に関する法律」（以下，裁判員法と

いう）64条は，司法運営過程への妨害防止をその主たる立法趣旨とみることも可能な，被告人の身体拘束に関する権利制約規定を新たに設けるに至った。すなわち第１に，弁護人等以外の者との接見禁止等に関し，「裁判員若しくは補充裁判員に，面会，文書の送付その他の方法により接触すると疑うに足りる相当な理由」があるときにも接見禁止等が可能であるとされた（裁判員法64条→刑訴法81条）。第２に権利保釈の例外事由として，「裁判員若しくは補充裁判員に，面会，文書の送付その他の方法により接触すると疑うに足りる相当な理由」が付加された（裁判員法64条→刑訴法89条5項）。そして第３に保釈または勾留の執行停止の取消事由として，「裁判員若しくは補充裁判員に，面会，文書の送付その他の方法により接触したとき」が創設された（裁判員法64条→刑訴法96条1項4号）。

　この規定と同じ内容の案は，司法制度改革推進本部の裁判員制度・刑事検討会において事務局より示された「裁判員制度について」（第13回裁判員制度・刑事検討会の資料1）にて既に現れており，同じく事務局作成の「『裁判員制度について』の説明」（第13回資料１の説明）では，その趣旨として「刑事訴訟法第89条や第96条は，被告人が証人等に加害行為等をするおそれがあることを保釈不許可事由とし，加害行為をしたことなどを保釈取消事由としているが，証人等の場合とは異なり，被告人が，裁判員と接触をすることが許されてしかるべきと言えるような正当な理由はなく，審判に影響を及ぼす目的と考えられることから，接触行為自体を保釈不許可事由等とするのが相当ではないかとの考えによるものである」とされている。

(3) 裁判員等に対する接触規制一般に関する裁判員法73条の立法趣旨とその問題点

　この裁判員法64条は，裁判員等に対する接触規制一般に関する同法73条とその本質において共通するものがある。73条の立法趣旨については，裁判員の職務の公正さやこれに対する信頼の確保と，裁判員の生活の平穏を保護して，その負担を軽減することとにあると説明されている[39]ものの，これについては以下の問題点を指摘しうる。

　第１に「裁判員等の職務の公正さやこれに対する信頼の確保」というが，接触規制は裁判員等に対する秘密漏示罪とともに，裁判の公正化に貢献しうる公正裁判要請運動や裁判批判，そして裁判報道をも困難なものにすることによって，裁判を「秘密的聖域と化する危険」があると批判されている[40]。

この批判は，裁判の公正さと非制度的・民主主義的な裁判監視・批判とは互いに対立的な関係ではなく，むしろ後者は前者を推進・実現させうることを意味する。そうであるならば，接触規制は裁判の公正さに貢献するというよりも，むしろ第三者が裁判の公正さを監視・批判しがたいシステムをつくることによって裁判についてのア・プリオリな「信頼の確保」だけを強いることにならないか。

　また第2に接触規制によって「裁判員の生活の平穏」が保護されるというが，いかなる態様の接触であれおよそ生活の平穏を害するとは言えないにもかかわらず，極めて広範な接触規制が設けられている点にかんがみると，ここに言う「生活の平穏」とは文字通りの平穏というよりも実質的には外界から裁判員を隔離する状態を意味しているのではないか。たしかにその接触が不法な手段による場合には，民事上ないし刑事上の責任が問われうるであろうし，開廷中において審判の妨害にあたる場合には法廷警察権が及ぶ可能性もあろう。しかし接触を一律に規制することによって，不法な手段によらず穏当に行われる公正裁判の要請をも一緒くたに排除することはあまりに強権的であり，かえって裁判に対する信頼を喪失させるのではないか。

(4) 裁判員等への接触防止目的による保釈制限事由等の問題点

　以上の問題点は，被告人による裁判員への接触禁止についても当てはまるところがある。たしかに，被告人による証人への接触と比べ，被告人による裁判員への接触それ自体が防禦権の行使として積極的な意義をもつことは少ないであろう。しかしいかなる接触であれ一律に不当であり許されないとまで解し，かつこれに対し保釈制限等の不利益処分で臨むべき積極的理由はないと考える。先にも述べた通り，不法・不当な手段による接触に対しては民事的ないし刑事的制裁や適正な法廷警察権の行使により対応することが可能であるにもかかわらず，あらゆる接触態様を前提として[41]これに保釈制限等の身体拘束に関わる不利益を結びつけることは，身体不拘束の原則との抵触もさることながらそれ以前に必要性および均衡性に欠けるのではないか。

　また，かりに接触規制一般（裁判員法73条）はやむをえないとの立場に立ったとしても，もっぱら被告人だけに接触の危険性が存在するわけではなく，また他の者と比較してその危険性が類型的に高いことも実証されていないことからすると，やはり接触防止目的の保釈制限事由等の規定は正当化されがたいのではないか[42]。

9. 捜査（取調べ）目的による拘禁は許されるか

　未決拘禁の目的を捜査なかんずく取調べの必要性とみる考え方は，被疑者を取調べの客体（証拠方法）とみなし捜査の独自性を強調する糺問主義的なそれである。現行法上，逮捕・勾留の要件としての「捜査（取調べ）の必要性」は明文にて規定されていない。しかし現行刑訴法上の制度・手続とその運用のあり方，すなわち令状主義の形骸化，捜査官の裁量にかかる釈放制度，起訴前保釈の不採用，不服申立制度の不備，手持ち時間としての留置時間の運用，代用監獄制度や逮捕・勾留された被疑者に対する取調受忍義務をフル活用しての自白追求，国選弁護人制度の欠如（不備），接見交通の制限等々の諸政策によって，捜査（取調べ）目的に容易に流用されうる未決拘禁制度がつくり上げられてきた。

　しかし，かような捜査（取調べ）目的に実質上等しい未決拘禁は，第1に裁判官による令状審査（司法的コントロール）を弛緩させる点で，令状主義に反する。また第2に被疑者・被告人の自律性・主体性を喪失させる点で，当事者主義（弾劾的捜査観）ひいては黙秘権に反する。そして第3の問題点として身体不拘束の原則（無罪推定法理）違反を挙げなければならない。

　かかる現状を克服するためには，公判廷出頭確保を目的とする令状審査と公判廷出頭確保を目的とする未決拘禁の執行とが現実に行われるべく，刑事訴訟関係者ないし関係機関を覊束する法制度への抜本的改革が必要不可欠である。

10. むすびにかえて

(1) 本章のまとめ

　本章の結論を簡潔にまとめておく。

　①未決拘禁は拘禁それ自体を自己目的として行われる処分ではなく，拘禁施設での執行（処遇）も含めて，刑事訴訟の確保を目的として行われる，令状により命ぜられた強制処分の執行である。ゆえに第1に，拘禁の執行にあたってはこの目的以外の目的（たとえば行政権の裁量行為としての管理主義的ないし効率主義的な施設運営という目的，取調べ目的など）による被拘禁者に対する権利制約は許されない。また第2に未決拘禁の執行を規定する

法律は刑事訴訟法の一部として位置付けられなければならない。そして第3に令状主義のもとでは拘禁の実質的権限は捜査機関ではなく裁判所にある以上，代用監獄は許容されない。また，この令状主義の要請に加え捜査（取調べ）目的への流用の余地を与えないためにも，代用監獄制度の廃止はもちろんのこと，未決被拘禁施設を裁判所管轄とされるのが理想的であろう。これは公判廷出頭確保という拘禁目的を達成するためにも合理的である。

②未決拘禁はそれ自体，人身の自由や無罪推定法理との矛盾・抵触という本質を抜きがたく内在化している。それにもかかわらず未決拘禁を刑事訴訟上の制度の1つとして論じるとすれば，それは「必要悪」と位置付けるほかないが，それでも身体不拘束の原則と最大限整合しうるように設計・構築しなければならない。そのためには，まずは未決拘禁の代替処分と保釈の活用により拘禁の例外化・極小化を図らなければならない。その上で，それでも残りうる未決拘禁についてはその目的を公判廷への出頭確保（審判の必要）に一元化させるべきである。これに対して罪証隠滅防止，刑の執行確保，再犯防止（社会の安全確保），司法運営過程への妨害防止，もしくは捜査（取調べ）の必要性を目的とした拘禁は，身体不拘束の原則をはじめとする諸原則に照らし許されない。したがって公判廷出頭の確保という目的以外の目的による，被拘禁者の権利制約は許されない。

(2) 本書の基本的スタンス

冒頭にて確認したように，本書は，未決被拘禁者の権利保障のために，代用監獄の廃止を含む未決拘禁の抜本的改革を目指すにあたって，被疑者・被告人が拘禁されて以後の施設や施設内処遇（執行）のあり方にのみ焦点を当てる検討では不十分であるというスタンスに立つ。むしろ「なぜ，いかなる目的で，彼／彼女は拘禁されねばならないのか」という問いを常に原点として，未決拘禁それ自体と無罪推定法理・人身の自由との緊張関係を大前提とした上で，身体不拘束の原則に則り，公判廷出頭目的の未決拘禁に純化してゆくことによってはじめて施設や執行（処遇）のあり方を被拘禁者の権利保障に向け改革するという営みを堅固に支えうる理論的基盤がもたらされると考える。

なぜなら被疑者・被告人は無罪を推定される地位としてもともと自由に行動しうるはずであるという原点があってはじめて，拘禁を最大限回避するべく拘禁の目的ならびに要件の厳格さと拘禁に代わる措置のあり方を真摯に検

討し，そしてたとえ拘禁されたとしても，訴訟主体としての防禦権はもとより一般市民として保障されるべきあらゆる自由権ないし社会権が，公判廷出頭の確保という拘禁目的による最小限の制約すなわち移動・居住の自由を除いては，保障されなければならないことが強く意識されるからである。かかる基本的なスタンスが，本書の各章の内容とともに本書の構成にも反映されていることを，ここに確認しておきたい。

1　この問題については，豊崎七絵「未決拘禁の理論的根拠」法学69巻5号（2006年1月公刊予定）も参照。
　本稿は，2005年6月に開催された第83回日本刑法学会大会におけるワークショップ「未決拘禁制度の検討」における豊崎の報告（「未決拘禁制度の全面的見直しに向けた理論的課題」）をベースに，内容を補充したものである。
2　後藤昭「接見交通・被疑者取調べをめぐる訴訟法と『施設法』の関係」同『捜査法の論理』（岩波書店，2001年；初出は1989年）109頁以下参照。
3　令状主義からみた代用監獄の問題については，小田中聰樹「人身の自由の一局面——代用監獄問題の一考察」同『現代司法と刑事訴訟の改革課題』（日本評論社，1995年；初出は1983年）196頁以下参照。引用箇所は同206頁。
4　本書第3章葛野論文は，代用監獄制度は捜査と拘禁との完全な分離＝未決拘禁の司法的コントロールを困難にし，警察のコントロールに置く点で，「市民的及び政治的権利に関する国際規約」（自由権規約）9条3項，ひいては憲法34条違反を構成しうることにつき論証を試みている。この論証は，令状主義の具体的内容として司法的コントロールというコンセプトを盛り込んだものとみることができる。
5　自由権規約10条2項，被拘禁者処遇最低基準規則84条2項，そして被拘禁者保護原則8は，それぞれ，執行（処遇）の原則としての無罪推定法理を規定する。またこのような意味での無罪推定法理の意義を認めるものとして，松尾浩也『刑事訴訟法・上〔新版〕』（弘文堂，1999年）226頁，田宮裕『刑事訴訟法〔新版〕』302頁（有斐閣，1996年），鈴木茂嗣『刑事訴訟法〔改訂版〕』（青林書院，1990年）44頁。
6　杉原泰雄「『人身の自由』と刑事手続——具体的憲法解釈の前提問題として」同『基本的人権と刑事手続』（学陽書房，1980年；初出は1973年）4頁。
7　白取祐司「『無罪の推定』と未決拘禁制度——フランス法にみる沿革史的概観」廣瀬健二＝多田辰也編『田宮裕博士追悼論集　下巻』（信山社，2003年）195頁。
8　松尾・前掲注（5）227頁，鈴木・前掲注（5）44頁，福井厚『刑事訴訟法講義〔第

2版)』(法律文化社, 2003年) 42頁, 川出敏裕「無罪の推定」法学教室268号 (2003年) 34頁。

9　川出・前掲注 (8) 34頁。
10　川崎英明「保釈の憲法論と罪証隠滅」季刊刑事弁護24号 (2000年) 64～65頁。村岡啓一「憲法34条」憲法的刑事手続研究会『憲法的刑事手続』(日本評論社, 1997年) 295頁以下も参照。
11　代替処分と保釈のあり方について, 詳しくは本書第4章水谷論文と第5章石田論文参照。
12　防禦権保障のあり方については, 詳しくは本書第8章緑論文参照。
13　基本的人権保障のあり方については, 詳しくは本書第6章中川論文と第7章斎藤論文参照。
14　浅田和茂「西ドイツにおける未決拘禁法改正の動向——西ドイツ刑事訴訟法改正作業班『未決拘禁——法律草案および理由書』を中心として——」法学雑誌31巻3＝4号 (1985年) 636頁。同論文は, 逃亡の危険の一類型とされてきた住居不定 (刑訴法60条1項1号) については, それにより逃亡や不出頭が必至である訳ではないから, 勾留理由に入れずに他の対応を考えるべきである (621頁), 勾留理由の認定はより厳格化されるべきである (621～622頁),「予期されるべき宣告刑」との均衡という観点から勾留より緩やかな措置が規定されることが望ましい (622～623頁) といった指摘も行っている。これらは, もっぱら勾留目的を公判廷出頭に限定したとしても検討されるべき点として注目に値する。
15　つまり代替処分といえども, もっぱら施設への非収容を追求することに眼を奪われて, かえって過大な権利制約を被疑者・被告人に課すことがあってはならない。たとえば電子監視といった手段は, プライバシー侵害もさることながら市民的自由に対する大きな萎縮効果を有する点で「拘束」であり, その結果公権力にとっては公判廷への出頭を確保するにとどまらない「うまみ」を供しうる点で, 無罪推定法理との整合性が疑われる。
16　平野龍一「刑事手続における人身の自由」同『捜査と人権』(有斐閣, 1981年；初出は1960年) 23頁。なお同『法律学講座　刑事訴訟法』(弘文堂, 1952年) 115頁も, 被告人が徹底して当事者として取り扱われるならば, 勾留理由は「逃亡の危険」に収斂することを示唆する。
17　三井誠『刑事手続法(1)〔新版〕』(有斐閣, 1997年) 17頁。
18　平野龍一『刑事訴訟法』(有斐閣, 1958年) 84頁。
19　なおドイツにおける罪証隠滅防止目的による勾留を廃止する議論と弾劾主義との

関係について，光藤景皎「勾留理由について」同『刑事訴訟行為論』(有斐閣，1974年；初出は1963年) 192頁以下が詳しい。

20　平野・前掲注 (16)「刑事手続における人身の自由」23頁。

21　平野・前掲注(16)『法律学講座　刑事訴訟法』115頁，田宮裕『刑事訴訟法講義案 (増訂第四版)』(宗文館書店，1982年) 249頁，三島聡『刑事法への招待』(現代人文社，2004年) 29～30頁参照。

22　現行法において罪証隠滅防止目的の勾留が認められている立法趣旨を説明するものとして，福井厚「未決勾留に関する一考察」『吉川経夫先生古稀祝賀論文集　刑事法学の歴史と課題』406～407頁 (法律文化社，1994年) 参照。

　本章が，かかる目的の勾留について理論的正当性を疑う理由は本文で述べる通りであるが，それに加えて，罪証隠滅に関して被疑者・被告人に対し刑罰の威嚇が及ばないことが，直ちに，罪証隠滅防止のための，被疑者・被告人に対する刑事訴訟上の身体拘束を正当化しうる論拠となりうる訳ではないとの疑問も挙げておく。

23　ただし，刑訴法89条1項で挙げられている罪はなお広きに失する。

24　平野・前掲注(16)「刑事手続における人身の自由」23頁。田宮・前掲注(21)は，「立法論としては，罪証隠滅は勾留理由からはずし，そして保釈を許すべきだ」と主張する。また，村井敏邦「無罪推定原則の意義」『光藤景皎先生古稀祝賀論文集　上巻』(成文堂，2001年) 10頁も参照。

25　川出・前掲注 (8) 34頁は，「罪証隠滅」要件は「刑事手続の目的の一つが事実の解明にある以上，それを意図的に妨げる行為を防止するという意味」があると位置付ける。

26　川崎・前掲注 (10) 65～66頁。

27　最決1950 (昭和25) 年3月30日刑集4巻3号457頁。団藤重光『新刑事訴訟法綱要［七訂版］』(創文社，1967年) 391頁，田宮裕「上訴申立後の原審の勾留」同『捜査の構造』(有斐閣，1971年；初出は1966年) 184頁，同『注釈刑事訴訟法』(有斐閣，1980年) 397頁，小野清一郎ほか編『ポケット註釈全書　刑事訴訟法 (上)〔新版〕』(有斐閣，1986年) 157頁等。

28　小田中聰樹「刑法改正の二つの動きと問題点」法律時報65巻5号 (1993年) 4頁。福井・前掲注 (22) 401頁以下，村井・前掲注 (24) 11～12頁も参照。

29　川出・前掲注 (8) 33頁。

30　もっとも，そもそもこのケースが刑の執行確保を目的とする拘禁であるとの位置付けについては，異論もありうる。しかし，これが，第1審公判審理のための勾留でないことは明白である。また，将来の控訴審係属を見込んだ「控訴審での審判の必要性」

という目的を読み込むことも，論理的にまったく不可能とは言えないが，次の2点に照らし，実質的にははなはだ困難である。すなわち第1に，この勾留が上訴提起前に行われた場合，自ら実刑を言い渡した原裁判所が，実際に上訴提起されていないのに上訴される場合をも見越して，上訴審における審判のために勾留が必要かどうかを判断するべきではない。また第2に，これが上訴提起後であるとしても，控訴審の審判を遂行するために被告人を勾留する必要性は，第1審公判の場合に比してはるかに少ないことにかんがみると，第1審裁判所がわざわざ予測的に勾留についての判断をなすまでもない。以上の検討により，やはり刑の執行確保目的の拘禁とみなさざるをえないと考える。この問題について，詳細は豊崎七絵「第一審無罪判決の場合における，控訴審での再勾留の批判的検討——再勾留権限否定論の理論的根拠——」龍谷法学37巻3号（2004年）59～66頁参照。

31　平場安治『改訂刑事訴訟法講義』（有斐閣，1958年）272頁。

32　髙田卓爾『刑事訴訟法〔二訂版〕』（青林書院，1984年）158頁，田宮・前掲注（21）248～249頁。

33　団藤・前掲注（27）403～404頁は，この観点から刑訴法89条2号および3号を批判する。

34　平野・前掲注（18）164頁は，この観点から刑訴法89条2号，3号，そして5号を批判する。また，田宮・前掲注（21）247頁参照。

35　平野・前掲注（16）『法律学講座　刑事訴訟法』136頁，江家義男『刑事訴訟法教室　上巻』（法令普及会，1955年）278頁，兒島武雄「勾留・保釈と再犯の防止」佐伯千仭編著『生きている刑事訴訟法』（日本評論社，1965年）40～42頁。

36　この点につき示唆を与えるものとして，遠藤比呂通「予防拘禁の可否」同『自由とは何か　法律学における自由論の系譜』（日本評論社，1993年；初出は1991年）19頁。

37　再犯防止目的に対する批判として，江家・前掲注（35）278～279頁，光藤・前掲注（19）240頁，田宮・前掲注（21）249頁，村井・前掲注（24）12～13頁も参照。

38　村岡・前掲注（10）297～298頁。

39　「『裁判員制度について』の説明」（第13回裁判員制度・刑事検討会〔司法制度改革推進本部〕の資料1の説明），山崎潮（司法制度改革推進本部事務局長・当時）による説明（第159回国会衆議院法務委員会議録9号11頁）等参照。

40　小田中聰樹「裁判員制度の批判的考察」丹宗曉信＝小田中聰樹編『構造改革批判と法の視点——規制緩和・司法改革・独占禁止法——』（花伝社，2004年）75～76頁。これは，被告人のための公正な裁判という観点から接触規制を批判するが，取材・報道の自由（表現の自由）という異なる観点に基づいた接触規制に対する批判として，

松井茂記「裁判員制度と取材・報道の自由」法律時報 77 巻 4 号（2005 年）49 〜 50 頁参照。

41　しかも被告人の場合，裁判員法 73 条 1 項による接触規制の要件にみられる「被告事件に関し」ての接触禁止という限定すら文言上はない（裁判員法 64 条参照）。

42　もっとも，接触防止目的の保釈制限事由等が取り上げられた第 18 回裁判員制度・刑事検討会における議論では，これについての規定を創設すること自体について疑問は提起されず，運用の厳格さを求める意見（四宮啓委員・当時）にとどまった。

（豊崎七絵／とよさき・ななえ）

第2部
捜査と拘禁の分離原則
代用監獄問題を中心に

第2章 代用監獄の立法事実・趣旨と現在

1. はじめに ── 本稿の目的

　警察官署に附属する留置場を監獄の代用とするいわゆる代用監獄の根拠となる規定は，監獄法1条3項（「刑事施設ニ於ケル刑事被告人ノ収容等ニ関スル法律」では2条）のわずか1箇条である。したがって，そこに規定されている「代用」の語こそが代用監獄の性質や運用のあり方，さらにはその存在の正当性や将来の方向性までをも意味付けることになるので，それをいかに解釈するかが代用監獄問題を考えるうえで極めて重要なポイントとなる。そのため，この点をめぐっては，かねてより，「代用」の語が例外を意味するのか否かについて，代用監獄「例外」説と「非例外」説という形で争われてきた[1]。しかし，語義の点のみで「代用」の意味内容を捉えるには限界があり[2]，水掛け論に陥ってしまいかねないばかりでなく，説得性に欠けるきらいもある。そこで，「代用」の語の正確な解釈のためには，立法経緯や立法者意思といった歴史的分析が必要不可欠となってくる。もちろん，既にこの点について触れている幾つかの論稿によって有益な情報が提供されているが[3]，幾分簡潔なものが多いようにも思われるので，今後，未決拘禁に関する立法作業において本格的に議論されることとなる代用監獄問題の解決のためにも，今一度，歴史的分析を通じた「代用」の意味内容を解明しておくことの意義は少なくないであろう。

　ただ，歴史的なものに限っても代用監獄に関する資料はかなり多く，しかもあらゆる歴史的経緯をここで紹介することは到底不可能であるので，本稿では，代用監獄制度の由来および立法趣旨に従った「代用」の語の解明と，その後の代用監獄の運用状況および問題のされ方に焦点を当てて検討してみたいと思う。

［なお，本文および注において引用した古い文献・資料の字体・仮名遣いについては，原典のままで掲載することとする。］

2. 監獄法制定以前

(1) 前史

明治初期の未決拘禁の施設としては，「囚獄」と「監倉」とが存在しており，そのいずれも当初は刑部省，後の司法省に属していた。やがてこれらは，司法事務と行政事務の便宜から[4]，いずれも内務省が統括し，警察の業務に属するところとなった。「監倉」についてみると，1874年11月には，司法省および各裁判所所属の監倉以外の未既決全ての監獄は内務省の統括とされ，1875年12月には，司法省構内に新監倉が落成したにもかかわらず，それも結局，その翌年2月に，当時の東京警視庁の禀申により内務省の総轄とされてしまった[5]。この内務省への移管の理由は，当時の治安状況の悪化から監獄制度を早急に統合整備し，犯罪者の検束を適確に行う必要性が生じたため，警察権をはじめとして内政全般に強力な行政権限を有する内務省に監獄業務も統括したということである[6]。

(2) 監獄則時代の代用監獄

イギリスの監獄制度を範とした日本最初の監獄立法である「監獄則並図式」（太政官布告378号）が制定されたのは，1872年のことであるが，翌年には太政官達129号によって施行停止の憂き目にあった。その理由は，予算と全国不統一実施について大蔵省の反対にあったからであるとされている[7]。

その後，1881年9月に太政官達81号をもって公布された「改正監獄則」（翌年施行）によって，未決のための監獄としての監倉のほかに，裁判所および警察署付属の留置場も未決者を一時留置する監獄の一種とされるに至った[8]。さらに，1884年7月には，内務省達乙34号によって，罰金を軽禁錮に換刑した場合，その日数が10日以下の場合には拘留の例によって，警察署付属の留置場でその刑の執行が認められることとなった。もっとも，これについては弊害が生じたため，後に（1887年3月），警察留置場での未決囚と既決囚との区分を厳重にするようにとの内務省の通達がなされている。さらに，従来からの懸案事項であった治外法権撤廃に促された1889年7月の監獄則の大改正（勅令92号）では，未決拘禁の場所を拘置監と留置場とし

た[9]。しかし，監獄則1条が規定しているように，留置場は，刑事被告人をあくまでも「一時留置」するための施設に過ぎず[10]，しかも，ここにいう留置場とは，警察署内のもののみを指すのではなく，裁判所構内に設けられているものも含まれている[11]。

このように，既決については上記の警察留置場で拘留刑の執行が認められるに至った時点を「文字通り，代用監獄制度の発足である」とみることもできるわけであるが[12]，それでは未決の代用監獄はいつから始まったのであろうか。

この点に関連して，1897年6月14日の司法省令14号により各地方裁判所支部において予審事務が開始（同年9月10日から）されることとなり[13]，地裁支部所在地において監獄支署が設けられていない地域の刑事被告人の拘禁をどうするかが問題となった。結論から言えば，①予審事務の開始の結果として拘置監を増設するのは地方税の負担に堪えない，②僅か数人の刑事被告人のために看守を配置しその世話をさせることは本望ではない，③従来から区裁判所の所在地で監獄支署のない所は，警察署の留置場に刑事被告人を拘禁してきたという既成事実がある，④刑事被告人は刑事上の嫌疑者に過ぎず，拘禁の目的さえ達せられればよいのだから，警察留置場を拘禁の場所としても問題はない等を理由として，この場合，警察留置場を拘置監の「代用」として用いうるとしたのである。

従来から指摘されているように，警察留置場を監獄の代用として用いることが法律上明記されたのは，たしかに監獄法の制定によってである。しかし，この件から明らかなように，実際にはそれ以前の時期から未決の代用監獄制度が存在しており，しかも，監獄法によってはじめて用いられたと思われていた「代用」の語が，既にこの時点で用いられているのである。そして，その説明の中には「代用」の意味内容に関する点が詳述されている[14]。

まず，「拘留状に依り拘禁せられたる刑事被告人は是非とも之を監獄に拘禁せざるべからざるのみならず若し之を便宜警察署の留置場に拘禁するとせんか警察と監獄機關の區別劃然せず従て其戒護吏員の如きも其犯罪事件を檢索したる警察官にして自己に之を拘禁し之を戒護するに於ては個人の情として疾視刻薄の待遇を為すの虞れなき能はず況んや職務上檢擧したる被告人なるを以て被告の利益を阻害する等の處置なきを保する能はざるに於てをや云々以上の理由は一應あるが如し……」と述べており，捜査機関の手元に被疑者・被告人を拘禁することの問題性が，この当時から意識されていたことが窺える。

次に，「監獄則第一條に警察署内の留置場を以て監獄の一種と認め刑事被

告人を一時留置することを明らかに規程しあるを以て之を狭義に懈釋せんか拘留状に依て拘禁せらるべき刑事被告人を留置する能はざるが如き感なきにあらず……」としていることから，監獄則1条の解釈としては，やはり本来的な未決拘禁施設は拘置監であったことがわかる。

さらに，「現行の制度上便宜警察署の留置場に刑事被告人を拘禁するの止むを得ざるありと雖も曩に論者が杞憂は到底之を如何ともすべからざる事なりとす」と，この制度自体はやむをえずしてできたものであり，論者の何とも承服し難いといったニュアンスさえ読み取れるのである。

また，従来から行われている留置場拘禁についても，「警察署留置場に刑事被告人を拘禁するは行政，司法，両監督長官の協議に出でたる結果にして性質上變例たるが如き感は之を免がるべからず……」と，このような制度は変例であるとはっきり明言し，「現行の監獄費地方税支弁たる結果止むを得ざるに出づ故に……」と，結局は財政事情が最大の原因であることを述べている。

そして最後に，警察官が犯罪を検挙するのは純然たる司法事務であり，留置を担当する警察官は純然たる行政官であり，その性質が異なることも付け加えている。

以上が，未決の代用監獄の先駆ともいうべき監獄則時代における実務上の運用であるが，これが，①予審を受ける刑事被告人に適用が限られていたこと，②本来的な未決拘禁施設はあくまで拘置監であり，代用監獄たる警察留置場は，地方裁判所所在地に拘置監がない場合のいわば「地域限定」であったこと，③財政上の都合によりやむをえずして生まれた変則・例外であったことは注目に値し，後にみる監獄法1条3項の「代用」の語の意味内容とも共通する部分が少なくないのである。

(3) 監獄業務の司法省移管

ところで，この時点（監獄則の時代）に至るまで，未決・既決を問わず，監獄業務は内務省所管とされていたことは既に述べた通りである[15]。このような内務省管轄の監獄業務に転換をもたらしたのが，1900年4月の監獄事務の司法省移管（勅令167号）であった。

その理由について，当時の司法大臣であった清浦奎吾の説明によると，「監獄事務は，大宝の古制に鑑みても，之を司法省の管轄に属せしめるのが本筋であるといふのも，一つの理由であったが，それよりも均しく国家の官庁で

ある内務省が，当時七局も擁してゐたのに対し，司法省は僅かに民刑の一局を有するのみで，それでは行政事務の分配上到底釣合がとれぬ」というのがその主な理由であり[16]，また「監獄行政事務は司法行政事務と密接なる関係を有し，就中裁判検察事務と連繋を保つの要あるを認められ，之が移管を見るに至ったものと思われる」と述べているが[17]，その時代的背景として，従来から指摘されているように，条約改正問題を控えての近代的法制度の整備が急務であったことも大きな理由の1つであった[18]。

しかし，この監獄業務の司法省移管の理由としては，歴史的にみると，上記のもの以外にも，同年6月22日に「行政執行法」（明治33年6月2日法律84）が施行され，さらに労働運動や社会主義運動の弾圧法としての「治安警察法」が成立したことなどとも関係があったのではないかと思われる[19]。当時の日本は，日清・日露戦争を経て資本主義が発展するのに伴って，社会運動・労働運動が漸次組織的形態に発展しつつあった。これらの諸運動を鎮圧すべく，治安維持政策が当時の重要課題として浮かびあがり，捜査機関の抑圧・捜査活動の合法性の枠を拡大する試みの1つとして行政執行法が制定されたのであった[20]。とりわけ行政執行法1条による行政検束が違警罪即決手続と並んで，戦前濫用され猛威を振ったことは，後に詳述する通りであるが[21]，内務省としては，行政執行法の制定により刑事手続によらない検束の法的根拠ができたことによって，監獄業務をもはや維持しておく必要がなくなったので，司法省に突如移管すると言い出したとも考えられる。

いずれにせよ，急遽，当時の司法省が監獄業務を一手に引き受けるのは財政的にも困難であったであろうから，先にみたように既に実務上認められていた代用監獄を，次期の監獄立法（監獄法）において法律上でも認めることで落ち着かせたのではないかと思われる。その意味で，代用監獄制度はまさに両者の妥協の産物であったといえよう[22]。

しかしながら，この時点で警察留置場を未決拘禁施設として使用することを完全に捨て切れなかったことが，結局，現在に至る後々にまで尾をひくいわゆる代用監獄問題を生じる結果となってしまうのである。すなわち，内務省監督下にあっては，警察と密接な関係を保ちながら運営管理されていたと思われる監獄行政事務が，司法省に移管されたことによってかえって警察署に付属する留置場を司法省の監督権の及び難い存在にしてしまったからである[23]。そこで，前述の移管の結果，監獄の監督権が司法省に帰属した後の1903年には，典獄（現在でいう刑務所長）がその監獄所在庁府県の留置

場を巡視し，その状況を司法本省に報告する制度が同時に確立された（明治36 年司法省訓令 2 号）ものの，年を経るごとに司法省による留置場の監督作用は及ばなくなり，ついに 1913 年には，刑務所長は「特ニ必要アル場合」以外は警察留置場を巡視するに及ばない（大正 2 年監甲 838 号），とされるに至ったのである[24]。現在も事実上なされていない法務大臣による代用監獄に対する指揮監督の問題も，ここに帰着するものと思われる。

また，司法省への移管に関連して，監獄費用についても，1900 年 4 月よりすべて国庫支弁とされることとなったのであるが，内務省所管の警察留置場についても，監獄制度の一元的管理の観点から，1902 年に「警察署内ノ留置場ニ拘禁又ハ留置セラルル者ノ費用ニ関スル法律」（法律 11 号）が制定された。現在も，代用監獄としての警察留置場に拘禁されている者の費用であるいわゆる「留置人費」については，これに基づく「警察拘禁費用償還規則」（1960 年 4 月 28 日法務省令 19 号）により，警察費から支弁され，監獄費から償還されている。

このように，もはや所管の異なる警察留置場を監獄として用いること自体に無理が生じているわけであるが，留置場を代用監獄として用いる限り，それを法務大臣の監督下に置くことと，その費用を監獄費によって賄うことは至極当然のことであり，また必要最低条件でもある。

3. 監獄法の制定と戦前の代用監獄の運用状況

(1) 監獄法における代用監獄規定の誕生

刑法の制定（1907 年）に伴い，1908 年に公布・施行された「監獄法」（明治 41 年 3 月 28 日法律 28 号）は，当時において監獄制度を単行の法律で規定したという点で欧米諸国にも先駆けるものであり，その内容についても，クローネ（Karl Krohne）に指導された 1902 年のプロイセン内務省所轄監獄則（Dienstordnung für die dem Ministerium des Innern unterstellten Strafanstalten und grösseren Gefängnisse）を模範とし，旧監獄則に比べて画期的なものであった。

ところで，先の 1900 年の監獄業務の司法省移管によって，内務省所管の警察留置場は正規の監獄の一種としてこれを当然に使用することはできなくなった。そこで，監獄法はその 1 条において，監獄は懲役監，禁錮監，拘留場および拘置監の 4 種とし，警察留置場を監獄の種類から除外したのである。

そして，警察留置場は代用監獄として，「警察官署ニ付属スル留置場ハ之ヲ監獄ニ代用スルコトヲ得」とその3項においてはじめて法文上明記されるに至ったのである[25]。

まず，警察留置場を監獄の種類から除外したことについて，立法に関与した小河滋次郎は，「留置場ハ警察行政ノ機関ニシテ通例，行政処分執行ノ必要ヲ充タスガ為メニ警察官署内ニ附設セルモノヲ指シテ之ヲ称シ，監獄トハ全然其性質ヲ同フスヘキモノニ非ス」[26]，「留置場を以て監獄の一種なりと認めたる旧監獄則の規定は本法に依り全然廃止を見るに至りたるは勿論，……」と解説し[27]，また，第24回帝国議会衆議院の審議においては，「元來ハ現行ノ監獄規則デアルト，留置場ハ土台監獄ニナツテ居ツテ，ソレヲ代用監獄ト致シマシテ一歩進メタ積リデアリマス」と述べている[28]。したがって，ここで監獄則よりも「一歩進メタ積リ」というのが，留置場を監獄の一種から外したことを意味していることは明らかである。

次に，代用監獄の規定を設けた理由については，「留置場を監獄に代用し得るの規定（本条第3項）は実に止むを得ざるの変例にして立法者の意は蓋し監獄の設備なき区裁判所又は警察官署所在地に於ける刑事被告人若しくは拘留囚拘禁の実際的必要に顧みる所ありたるが為めなるべし。変例はなるべく其の適用の範囲を緊縮ならしむべきこと勿論なり……」[29]，「本条第3項を適用せんとする場合に於ては主務大臣は其の代用すべき留置場に付て之が指定の手続を為すことを要す，故に指定以外のものは縦令ひ警察附属の留置場なりと雖も，当然之を監獄に代用し得べしとは謂ふべからず」，「代用の規定は実際上止むことを得ざる機宜の変例たること上来陳述する所あるが如し，変例は成るべく其の適用を緊縮に制限する趣旨に基き，実際に予想し得らるべき止むを得ざる場合即ち監獄の設備なき区裁判所所在地に於ける係属被告人を拘禁するに必要なる拘置監及び警察官署の処断に係る拘留囚を拘禁するに必要なる拘留場に限り之を代用するの方針を取り，……」，「代用監獄が監獄法の支配を受くべきは論を俟たず。故に代用を指定せられたる留置場は警察官吏に由つて管理せられ地方警察費に由つて経営せらるる場合と雖も，其の監督権の所属は司法行政の長官に在り，司法大臣は監獄の長たる典獄をして其の監督権の一部を行使せしむるの規定を設くるに至るべしと信ず」と説明している[30]。

もっとも，この監獄法上の代用監獄の規定に関しては，1908年3月5日の第24回帝国議会衆議院の審議において，花井卓蔵からは，「モットモ大キ

イ缺點」であると批判され[31]，さらに宮古啓三郎からは，「……代用監獄ト云フモノヲ，警察官署ノ留置場ヲ以テ充テルト云フコトニシナケレバナラヌ必要ガ何處ニアルカ，ソレト之ニ依ッテ見ルト，一日マデハ代用監獄ヲ使用シテ宜シイト云フコトニナル，随分是マデ警察官署ノ留置場ガ甚シキ弊害ガアッタ，時ニ依ルト非常ニ虐待ヲシタリシテ弊害ノアルト云フコトハ，吾々ノ耳ニシテ居ルトコロデアリマスガ，此規定ニ據ルト明カニ一箇月以内ノトコロデハ，之ヲ代用監獄トシテ使用シテ差支ナイ，斯ウ云フコトニナルノデアルト，非常ニ弊害ガアリハシナイカト云フコトヲ恐レマスガ，當局者ノ御考ハサウ云フ弊害ハナイト云フ御考デスカ，或ハ弊害ガアッテ已ムヲ得ナイト云フ御趣意デスカ，……」と代用監獄の必要性の問題とその人権侵害的な弊害が指摘されている[32]。それに対して政府委員であった小河滋次郎は，「成ルベク留置場ハ将来ニ於キマシテモ監獄トシテ用キナイ方針ヲ採ル積リデアリマス，（中略）實際區裁判所所在地ニ於テ刑事ヲ扱フ場合ニ，其置キ場所ニ一々監獄ヲ設ケルコトハ出来ナイノデアリマシテ，已ムヲ得ズ所在地ノ警察ヲ之ニ代用スル場合モ生ズルノデアリマス，弊害ハドウセ留置場ノコトデアリマスカラ，設備モ不完全デアリマスルシ，監獄ノ如ク十分ニ取締モ附カヌコトモアリ易イノデアッテ，其弊害ハ代用スル以上ハ努メテ防グ考デ居リマスカラ，實際已ムヲ得ズシテ用キルノデアリマシテ，其場合ハ先ヅ成ルベク制限スル考デアリマス」と答え，明らかに代用監獄の使用の例外・限定性と漸減の方向を明言している[33]。

　以上のことから，この規定自体がまずやむをえない事情による「変例」にほかならないということと，「変例」の規定である以上その適用は「緊縮に制限」されなければならないというのがこの規定の立法趣旨であると考えられる。また，これに加えて，その人権侵害的な弊害が憂慮されることをも考慮すると，代用監獄への拘禁は極めて例外的な場合でなければならず，次第にその使用を漸減し，将来的には廃止する，というのが立案者の考えであったと思われる。しかも，上記説明によれば，代用監獄に拘禁することが許される例外的な場合というのは，未決の場合，裁判所の所在地に監獄（拘置監）が存在しない場合に限ってその代用として留置場を使用できるというように極めて具体的に示されているのである。しかも，当時，日本国内でそのような場所というのは，特定することが可能であったであろう。だからこそ，立案者も，あらかじめ代用監獄として使用されうる場所（拘置監が存在しない場所）の警察留置場を主務大臣が指定しておく必要があると述べていたので

はなかろうか。つまり，このことを逆に言えば，指定されるべき警察留置場というのはあらかじめ決まっているのであって，その他任意の警察留置場を代用監獄として利用することはできないということになる。

このように見ると，立案者の考えたやむをえず代用監獄を使用せざるをえない例外的場合というのは，先述の予審との関係で行われていた未決の代用監獄の場合と同様，いわば「地域限定」の意味であったものと思われる。少なくとも，立法当時における代用監獄を使用せざるをえなかった理由に，犯罪捜査の便宜が含まれていないことはもちろん，拘置監（拘置所）の収容能力の不足の問題さえ挙げられていない点は，注目に値しよう[34]。

(2) 戦前における代用監獄の運用状況とその批判

以上述べたような代用監獄の立法趣旨というものは，監獄法施行以来，残念ながら十分にその意を酌まれないまま現在にまで至っている。それどころか，立法者の意図したところとは全く逆に，代用監獄制度は拡大使用され続け，現在でも全国にある全ての警察留置場が，何ら特別の指定も，また法務大臣による指揮監督もなく，警察留置場であれば自動的に代用監獄として使用されている[35]。

このように代用監獄がその立法趣旨に反して，あたかも本来的な監獄であるかの如く実務において運用されるようになったのは，戦前・戦中の治安維持法を頂点とした苛酷な治安立法と，その適用を容認する過度な警察国家体制にとって，長期の警察拘禁が不可欠であったからである[36]。明治30年代から始まる社会主義運動を取り締まるために，1911年には警視庁にはじめて特別高等課（特高）が設けられ，その後，1925年の治安維持法の制定を経て，1928年の3・15事件では，同法違反等により全国一斉に千数百名の共産党員やその同調者が逮捕された。こうして特高によって逮捕された思想犯の多くは，警察の留置場において拷問を受け，思想の転向と自白を強要された。中にはプロレタリア作家の小林多喜二のように拷問により虐殺される者さえあったことは，周知の事実である。

さらに，1941年の国防保安法21条および改正治安維持法22条には，「勾留ニ付テハ警察官署又ハ憲兵隊ノ留置場ヲ以テ監獄ニ代用スルコトヲ得」とわざわざ代用監獄の規定が新たに設けられている（両法の規定とも全く同文）。これらの規定が，代用監獄の拡大適用を目的としていることは明らかであるが，ここからも代用監獄というものがいかに刑事司法における過度な

治安政策的運用と密接不可分な関係にあったかの一端が窺える。

このように警察留置場が最も悪用されたといえる時期において，違警罪即決処分や行政検束の濫用による不当逮捕・拘禁の問題とも関連して，代用監獄に対する批判もあった。当時東京帝国大学教授であった小野清一郎は，法律時報誌上において，伏せ字を要しながらも次のように代用監獄制度を批判している。すなわち，「刑事司法の手續に於ける謂ゆる人權蹂躙の問題は今日に始まつたことではない。だが，近時特に勞働運動乃至共産主義運動に関聯する檢擧に於て警察權が濫用され，不當拘禁，さては拷問に近き暴行・陵虐の行はるることがあるといふ風評を耳にする」，「警察權の濫用，殊に不當拘禁に関聯して，何よりも問題とせねばならぬのは，警察署に於ける留置場である」，「更に進んでは監獄法を改正して留置場を監獄に代用することを斷然廢止しなければならぬ。此は刑事捜査のためにする不當拘禁の行はるることを防ぐべき何よりの方法である。また，序ながら，少年を警察署に留置することは絶對に之を許さぬといふことにしなければならぬ。此は最も緊急なる刑事政策の要求である」と[37]。

また，同法律時報誌上には，上記小野論文の後に，細迫兼光，渥美敏之，長谷川萬次郎による不当拘禁に関する諸論稿が続き，最後に末広厳太郎が，当時の警察留置場の惨状を訴え，時の渡邊千冬司法大臣（浜口内閣）に実態調査と責任ある回答を求めている[38]。

もっとも，このように戦前においても代用監獄に対する問題性が指摘され，批判されているものの，当時の代用監獄の運用実態は現在の代用監獄の運用状況とは異なっていたのではないかと思われる。たしかに，先に挙げた小野論文が指摘するように，代用監獄としての警察留置場が人権侵害的な捜査や取調べのために利用されているという点については，戦前も現在も共通の問題であるといえる。しかし，現在の代用監獄の問題が，通常の刑事手続における逮捕・勾留といういわゆる未決拘禁の問題であるのに対し，戦前の代用監獄問題は違警罪即決例と結びついた，むしろ既決の代用監獄の悪用の問題として取り上げられていたからである。というのも，監獄法と同日に施行された「警察犯処罰令」（内務省令16号，現在の軽犯罪法の前身）に規定されている軽犯罪については，違警罪即決例によって警察署長が即決で30日未満の拘留刑に処すことが可能であったからである。これによる拘留刑が代用監獄たる警察留置場で執行され，その拘禁中に行われていた人権侵害や拷問を小野論文は批判していたのであり[39]，それは現在的意味での未決の代用監

獄問題とは異なるもののように思われる[40]。

　もちろん戦前においても，例えば横浜事件にみられるように，未決の代用監獄が悪用された例も決して少なくなかったようである[41]。ただ，通常の刑事手続によらずとも，上記の違警罪即決例および行政執行法のよる行政検束の濫用によって警察拘禁を利用した取調べが十分可能であり[42]，現行刑訴法との違い（とりわけ予審制度があったこと）をも考慮すると[43]，未決の代用監獄の問題は現在ほど顕在化していなかったのではなかろうか。後に触れるように，むしろ未決の代用監獄は，戦後になって違警罪即決例や行政検束に代わるものとして利用されるようになり，現行刑訴法との関連においてその問題性が顕在化してきたのではないかと思われる。

4. 戦後の代用監獄

(1) 終戦直後の監獄法改正の動き

　監獄法の改正問題は，既に戦前のうちから持ち上がり，早くも1922年にはその改正作業が開始されるところとなった。そして，行刑制度調査会の結論を経て，監獄法改正委員会によって「行刑法案」，「予防拘禁法案」および「未決拘禁法案」が作成され，これらを一括して1925年には「刑務法予備草案」が出来上がった。さらに1927年には，刑務法案調査委員会によって検討事項が検討され，「修正刑務法案」として司法大臣に提出されるに至った。しかしながらこの法案は，結局，筐底に秘されるところとなった。その理由は，同法案中に不定期刑や保安処分が含まれていたため，まず刑法改正を待つべきであるとのことであったが，この数次の草案に盛り込まれていたヒューマニズムや自由主義的な精神に親しめなかった者達の形式的口実であろうとの指摘もなされている[44]。

　監獄法の改正の動きが再び本格化したのは戦後になってからのことである。1946年，刑務協会（後の矯正協会）は民間有識者と共に討議し，その結果「監獄法改正に関する建議要綱」17項目と「附帯建議要綱」9項目とが決定され，同年末司法大臣に提出することによって監獄法改正の要望を伝えた。同建議要綱が，刑罰の問題に関して，多数の民間人が集まりその民意をまとめたという点はたしかに評価しうるが[45]，代用監獄制度に関しては，その附帯建議要綱の1で，「代用監獄の内容の充実と改善を計ること」とされるに止まっており，残念ながら全体を通じて未決拘禁に対する関心は薄かっ

たように見受けられる[46]。

翌年7月10日には司法省に監獄法改正調査委員会が設置され，8月26日には早くも68項目からなる改正要綱が決議され，続く9月11日には委員長の名で司法大臣に答申され，これを基礎として草案が作成される運びとなった。この改正要綱は，監獄法を未決と既決に二分することを冒頭に掲げており，代用監獄については，第一の六で「代用監獄制度は，これを廃止すること。但し，經過的には現行制度を認めること」とし，さらに第三の「未決拘禁法」に關する總則的事項の四において，拘置所が財政的理由その他の事情によって，特設が困難な場合には，「(1)これを刑務所の一部に附設し，又は(2)警察署の留置場を拘置所に代用することができるものとすること」とし，六において，「警察署の留置場を拘置所に代用する場合に關し，署長以下警察官の未決勾留の執行に關する職責を明確にする規定を設けること」とした。

監獄法改正調査委員會の委員であった中尾文策行刑局法規部長は，以上の内容につき次のように説明している。まず代用監獄制度の廃止については，「[第一の]六の代用監獄制度の廃止は注目するに足るものである。代用監獄は必然的に多くの弊害を持つものとして行刑上のがんであると言われて來た。然し一面之を使用せざるを得ない事實上の必要がある為に止むなく此の現實に眼をおほつて來たのである。然し若し之が今後の行刑改革を阻害するがんであるとするならば，此のような機會に尚其の打開策を講じないで放置しておくことは出來ない。即ち要綱が其の廃止を決定した所以である。然し乍ら之が廃止には極めて多數の小刑務所を造らなければならぬ。之は到底一朝一夕に實現出來ることではないので，要綱も經過的には現行制度を認めることゝしたのである。眞の行刑刷新に不可欠なものとして，此の要綱の求める所のものが一日も早く來ることを祈つてやまない」と述べている。

次に，要綱十三に關しては，「今此の要綱の中に現われたものを拾つて見ると，人權擁護的なものとしては，未決拘禁の分離（要綱一）代用監獄制度の廃止が今後の理想として掲げられ……」とし，代用監獄制度の廃止を人權擁護の觀点からも捉えている。そして，代用監獄制度の經過的存續に關しては，当時の財政状態を理由として，「暫定的には刑務所の一部又は警察留置場を之に代用することを認めることにしたのである」，とあくまで暫定的措置に過ぎないとしていたのである[47]。

このように，監獄法改正要綱においては，経過的存続という一時的な留保を伴いながらも，代用監獄制度の廃止が明言されていたわけである[48]。

新監獄法は，この要綱を基礎として早急に立案され，通常議会に提出の運びとなる予定であった[49]。ところが，4度目の草案が書き直された段階で，監獄法改正作業はまたもや中止を余儀なくされた。その理由は，当時のGHQ当事者がこの改正に消極的であった（むしろ少年問題や保護問題に関心があった）ためであるとされているが[50]，さらにその背景として，GHQの対日政策に大きな転換があったことも指摘されている。というのも，GHQ内部の対日政策の主導権に関して，1947年の2・1スト問題以降勢力を伸ばし，治安維持・強化を主張する参謀第二部（G2）が，それまで日本の民主化を推進していた民政局（GS）に取って代わり，1948年末には完全に占領政策の転換が行われたということである[51]。

(2) GHQの構想

このようにGHQの政策変換が監獄法改正作業にも大きな影響を与えたのであるが，そのこととは別に，当のGHQ自身が，日本の代用監獄についてどれだけ正確に把握し，それを戦後どのようにしようとしていたのかは，実のところ明らかでない。

この点に関する手掛かりとしては，戦後日本の警察制度を新たに構築するためのいわば予備的研究であったものと思われる『警察制度に關する司令部側調査報告』が，1947年6月に内務省警保局から出されている[52]。その報告の1つ，「特別報告－都市警察企畫團（1946年5月17日報告第6號）ヴァレンタイン報告」には，刑事手続とも関連のある重要なものとして，「第10節　逮捕－法と手續」，「第11節　犯罪捜査部（刑事部）」，「第12節　検事と司法警察」，「第20節　警察に依る拘禁」等の諸節が設けられている[53]。また，「第1節　緒論」で，「日本の警察が民主々義の原則をよくのみこんでゐないで時には野蠻なる行動に出でてゐることを特別都市警察團が知るを得た實例が澤山ある。疾病者及び少年犯罪者が成人のしかも常習の犯人と一緒の留置場に入れられてゐる。これ等の人々の中或る者は正式の犯罪の云ひ渡しを受けることなくして三ケ月間も留置場に拘禁されてゐる」と述べていることから，戦前の日本に警察による長期拘禁が存在し，それが悪用されていた事実はかなりの程度把握されていたものと思われる[54]。これは，憲法改正の準備作業におけるいわゆるラウエル所見の中に見られるコメントとも一致するところである[55]。ところが，とりわけこの中で最も関連のある第20節は，現状，勧告および提案から成っているにもかかわらず，現状の部分の翻訳が

省略されており，勧告の中にも代用監獄に直接触れているものもない。しかし，当時，GHQが，警察拘禁についていかなる考えを持っていたのかを知る上で極めて重要であり，また間接的ながら代用監獄に関わることも読み取れなくもないので，これについて若干の検討を試みたい。

まず，勧告の1において，「警察の留置場はその全設備を改造修理すること」が挙げられ，続いて，英米の刑事手続のように，警察拘禁の段階での保釈制度（勧告2）や [56] 予備出頭（勧告3）[57] を設けることが挙げられている。本報告書の最後には，「我が特別都市警察企畫團は，この報告書の作成にあたつて，世に知れたる警察制度はすべて一應考慮に入れ，その長所をとり入れることを試みたのであるが，然し，こゝに調査をなした我々團員の出所の故に，必然，ニューヨーク市警察局の方法が基礎になつた」とあることから，これらの勧告はアメリカの警察制度や刑事手続を参考としたようである [58]。また，アメリカ本国においては，これより先の1943年に，既にマクナブ・ルールが連邦最高裁によって確立していたので，あるいはこれも念頭に置かれていたのかもしれない [59]。このような改革案は，戦後の刑事訴訟法改正の経過における，マニスカルコ大尉による刑事訴訟法修正意見（1946年3月）[60] や，オプラー，ブレイクモアによる試案（同年10月，通称「ブレイクモア試案」）[61] の内容とも一致するところである。

そして，勧告3の被逮捕者の24時間以内（マクナブ・ルールによれば遅滞なく直ちに）の裁判官引致に加え，その引致後に被逮捕者を警察に連れ戻すことはないということがその他の勧告から間接的ながらも読み取れる [62]。つまり，当時に限らず現在でも，欧米では裁判官引致は同時に捜査機関による拘禁の終了をも意味し，裁判官への引致後も被逮捕者を警察に連れ戻して拘禁するという日本の代用監獄制度というものは極めて不可解な制度なのである。したがって，当時のGHQがどれだけ代用監獄というものを理解していたかについての疑問もあわせて考慮すると，代用監獄の廃止を示唆しないまでも，その存続については考えていなかった，あるいは制度そのものが念頭になかったと考えるのが妥当であろう。だとすると，GHQの影響による先の監獄法改正作業の中止も，代用監獄の存続とは無関係であったものと思われる。

(3) 現行刑事訴訟法の成立と代用監獄問題

先述のように監獄法の全面的改正が頓挫し，改正作業が難航している間に，同時に改正作業が進行していた刑事訴訟法は，応急措置法を経て，1948年

に成立し，翌年施行された。ところで，現行刑事訴訟法は，代用監獄に対してどのようなスタンスで改正作業に臨み，そして制定されたのであろうか。

　刑事訴訟法の改正作業において，最も大きな議論を呼んだのは，予審の廃止と，それに伴う捜査機関への強制権限の付与についてであった。改正作業当初の1945年12月18日の第二諮問事項関係小委員会によりまとめられた「犯罪捜査ニ関スル人権擁護ノ具体的方策」には，人権保障の方策として，行政執行法および違警罪即決例の廃止と予審の廃止を挙げる一方で，捜査機関に対して強制権限を与えることとし，その中には捜査機関による勾留（検事勾留は1月，3月まで延長可，警察勾留は10日）さえ認めていた[63]。しかしその後，憲法改正作業との関係で，刑訴法改正の方針も変更を余儀なくされ，とりわけ令状主義との関係で，捜査のために強制処分を行うには，現行犯および要急事件の場合を除いて，常に裁判所の令状を求めなければならないものとされた[64]。しかし，この点についての日本側の抵抗は強く，令状主義を後退させ，捜査機関への強制権限付与の動きが再び浮上したが[65]，GHQ側の了承が得られず，結局，憲法上の令状主義に基づく現行法のような規定になったわけである。

　こうした現行刑訴法の制定過程において，代用監獄の是非はおろか，その関連性についてさえも議論された形跡は見当たらない[66]。それは，現行刑訴法の規定中に「代用監獄」の語も「警察留置場」の語も見出せないこととも関連があろう。ここから，現行刑訴法そのものは代用監獄というものを念頭に置いて制定されていないのではないかということが考えられる。その理由としては，上記のもののほか次のような点も挙げられる。1つ目は，同時に行われていた監獄法改正作業において代用監獄そのものの帰趨が，刑訴法制定過程の段階においてはいまだ定かではなかったということである。2つ目は，先にも触れたように，戦前においては未決の代用監獄問題が現在のように顕在化していなかったため，警察拘禁中の人権侵害の防止は行政執行法と違警罪即決例の廃止でもって十分であると考えられたためではないかということである[67]。

　そして，2つ目の点と関連してさらに考えられるのは，現在のような一般の刑事手続における未決拘禁をめぐる代用監獄の問題は，実は現行刑訴法になってから顕在化したのではないかということである。戦後，行政執行法による行政検束や違警罪即決例を使うことができなくなった捜査機関は，先にも述べたように，一般の刑事手続において強制権限が付与されることを期待

したが，結局それも叶わず，捜査のための強制処分も令状主義による司法的抑制や法定主義の下で許されるに過ぎなくなった。しかし，それらの制約はあるものの，今度は未決における代用監獄を活用することによって少なくとも 23 日間は合法的に自己の手中に被疑者を拘禁することができることを見出し，活用するようになったのではなかろうか[68]。その意味で，現在の未決における代用監獄の運用は，行政検束や違警罪即決例の濫用に代わって広範に使われるようになった捜査手法であるともいえる[69]。

(4) その後の監獄法改正作業と代用監獄の問題のされ方

　その後の監獄法改正作業の動向もまた，再開と挫折の連続であった。しかし，その改正作業を通じて，未決拘禁に関する代用監獄問題について，従来見られなかった新たな諸問題が提起されるようになった。

　とりわけ再審事件における誤判・冤罪の発生が刑事裁判上の重大な問題として取り上げられ，その原因が究明されていく中で，虚偽自白を生み出す自白強要システムとしての代用監獄制度がその元凶として指摘されるようになった[70]。つまり，代用監獄問題は，ひとり監獄法のみの問題としてではなく，刑事訴訟法あるいは刑事司法上の問題として認識されるようになってきたのである。そのような問題意識から，代用監獄問題は，諸外国における未決拘禁制度の研究を促し，さらには国際人権法の問題へと発展していった。現在，日本の代用監獄が世界でも類例を見ないきわめて特殊なものであり，さまざまな国際人権法規に違反するものとして国際諸機関から非難され，その廃止が求められるようになったのも，まさにそういった流れからの帰結である[71]。さらに，本来法務省の所管事務である勾留事務を警察が行うことの根拠について，それは機関委任によるのか団体委任によるのかなど，行政法上の問題も取り上げられることとなった[72]。このように，いまや代用監獄をめぐる問題は非常に多岐にわたり，さまざまな法分野にわたって議論されるようになったのである。

　その一方で，代用監獄を必要とする理由についても変化が見られるようになった。戦後しばらくは一貫して，拘置所増設のための財政的な問題を理由に，代用監獄の将来的な廃止を目指しつつも当面の間の存続はやむをえないという考え方が主流であったのが，監獄法改正作業における代用監獄存続への方針転換を機に，次第に正面から捜査の必要性が強調されるようになった。

　その転機となったのが，1967 年 7 月から始まった監獄法改正準備会の審議であった。当初，法務省矯正局法規室によって作成された「刑事施設法案

構想―素案―」(1968 年 4 月) の附則では，代用監獄の漸次廃止とその弊害を考慮して，「拘置所の施設の収容能力が十分でないため特に必要があるとき」期限付きで留置場を代用することができるとし，限時的に廃止する方向で検討されていたにもかかわらず[73]，1972 年 2 月の「刑事施設法案 (三次案)」で，「警察官署の留置場は，刑事施設に代用することができる」とされ，代用監獄存続のスタンスはそれ以降の「監獄法改正の構想」(1976 年 3 月)，「監獄法改正の骨子となる要綱案」(1979 年 12 月) および同「要綱」(1980 年 11 月) を経て，最終的にはいわゆる拘禁二法案 (「刑事施設法案」および「留置施設法案」〔1982 年，1987 年および 1990 年国会提出。いずれも廃案〕) へと踏襲されていくこととなる[74]。

　ここで注目すべきは，監獄法改正作業における代用監獄へのスタンスが変更された時期と，いわゆる司法反動と呼ばれる時期とが一致している点である[75]。実際この時期に，勾留の場所に関する裁判官の令状実務についても，それまで有力であった代用監獄「例外説」が次第に影を潜め，代わって代用監獄の「代用」は必ずしも例外を意味しないという「裁量説」が台頭するようになった[76]。さらにこの時期，監獄法改正作業に警察サイドが積極的に乗り出し，代用監獄存置のために捜査の必要性や治安の維持を強調し始め[77]，ついには刑事施設法案に乗じて留置施設法案を国会に提出したことも[78]，その後の代用監獄の問題のされ方に大きな影響を与えることとなる。現に，警察サイドからの代用監獄擁護そして恒久化の動きは，例えば被逮捕者の取扱いをめぐる法的問題や捜査と拘禁の分離の問題など，次々に新たな問題を生み出してきた。さらに近年では，過剰収容の問題に加えて，さらにそこから留置場の民営化問題や警察官署に附属しない独立巨大留置施設の問題まで登場している[79]。これら代用監獄をめぐる状況の変化や新たな諸問題の登場は，代用監獄の問題を深化させていると同時に，複雑化させており，またその運用状況はますます立法趣旨との乖離を生じさせ，その解決をより困難なものにしているように思われる。

5. おわりに
　　──立法趣旨に立ち返った議論と解決策を求めて

　以上，代用監獄誕生の由来に始まり，その立法趣旨の解明，戦前・戦後を通じての運用実態および代用監獄の問題のされ方に関する動向などを概観し

てきたが，最後に本稿の検討によって指摘しうる点，とりわけ今後の未決拘禁に関する立法とも関連するものを中心にまとめて終えることにしたい。

まず，代用監獄規定の立法趣旨から，監獄法1条3項の「代用」の語の本来的意義として，「例外性」，「限定性」，「暫定性」の3点が挙げられよう。第1の「例外性」は，監獄業務の歴史的な移管の経緯により留置場がもはや監獄法上の正規の監獄の1種ではないことから明らかである。それにもかかわらず，やむをえず監獄に代えて用いることができるとしたのは，立法当時，裁判所の所在地に拘置所が存在しない場合があったためであり，捜査の便宜のために用いることができないのはもちろん，立法趣旨を厳格に解するなら，拘置所の収容能力の不足でさえも代用監獄適用の理由とはならないことになる。たしかに，その地域に収容すべき拘置所がないことと，拘置所はあっても収容力がないこととは物理的に収容が不可能という意味で同じであるから，拘置所の収容能力の限界もまた代用監獄適用の理由となりうるようにも思える。しかし，代用監獄の例外性という立法趣旨に鑑みれば，収容力不足を拘置所の不存在と同視し，その適用範囲を安易に拡大すべきではなく，収容力の不足のために拘置所に収容できない場合には，近隣の空きのある拘置所に収容すべきこととなろう[80]。

このように，例外的に警察留置場を代用監獄として用いることができるのは，拘置所の存在しない限られた地域のみであり，その意味で「地域限定」なのである。そして，この代用監獄の「限定性」は，使用可能地域のみならず，使用可能施設をも限定する。つまり，代用監獄の使用可能地域における警察留置場であればどこを使用してもよいというのではなく，法務大臣の指定する一定の条件を充たす留置場で，かつその監督下に置かれなければならないのである。

さらに，先にみたように，監獄業務の内務省から司法省への移行期にかろうじて認められることとなった代用監獄の成立経緯や，立案者が帝国議会の審議において代用監獄を将来は用いない方針をとると述べていることから，代用監獄の適用を漸次縮小し，将来的にはこれを廃止するという「暫定性」も明らかである。つまり，代用監獄の使用が許されるのは裁判所の所在地に監獄（拘置所）ができるまでの間だけのいわば「期間限定」ということであり，国は拘置所の不在地域をなくし，収容力の確保に努める義務を負っているのである。もっとも，立案者から代用監獄適用の漸次縮小のための具体的方策は何ら示されてはいない。ただ，代用監獄の適用を緊縮するための不完

全な小監獄の増設にはむしろ反対しており[81]，また拘置監は本来，刑事裁判上の機関に止まるもので，それを監獄の一種とすることにも疑問を持っていたことなどからすると，少なくとも未決拘禁については裁判所内にその施設を設けることを構想していたのではないかと考えられる[82]。

このような未決拘禁施設は裁判所内に設けるべきであるとの見解は，ほかにも多くみられるところである[83]。最近の報道によれば，最高裁は全国の裁判所にあるテニスコートなどの運動施設について近く全廃することを決め，その土地を売却したり，駐車場に転用する考えのようであるが[84]，この跡地に未決拘禁施設を設ければ，理想的な未決拘禁施設の実現と代用監獄の廃止に向けた改善が見込まれるのではなかろうか。

次に，戦前・戦後の代用監獄の運用状況についてみると，すでに代用監獄の立法当初からその立法趣旨とかけ離れた運用がなされてきたことがわかる。ただ，戦前においては主として違警罪即決例と結びついて既決の代用監獄が，戦後においては通常の刑事手続において未決の代用監獄がそれぞれ利用されてきたという点で違いがあるものの，いずれも純粋な司法上の拘禁作用（拘禁目的）としてではなく，捜査（強制的取調べ）目的のために治安政策的な運用がなされてきたという共通点がみられる[85]。このような歴史的経緯を踏まえたうえで今後の未決拘禁のあり方を考えるならば，取調べ目的の拘禁をいかにして防止するかという視角からの検討が不可欠となるであろう[86]。

さらに，戦後改革において代用監獄が廃止されなかった理由についてみると，これも違警罪即決例および行政検束との関係で，戦前においては未決の代用監獄問題が未だ明確な形で認識されておらず，むしろ違警罪即決例および行政検束に代わるものとして現行刑訴法のもとで未決の代用監獄が利用されるようになったためではないかと推察される。ただ，その制定過程をみても，現行刑訴法そのものは，少なくとも代用監獄というものを念頭に置いて制定されていないものと思われる。だとすれば，刑訴法の解釈や運用において代用監獄を是認すること（例えば，捜査の便宜のために拘禁場所を警察留置場に指定するなど）は許されないことになるであろう。また，捜査のあり方そのものについては刑訴法において規定されるべきものであって，そもそも施設法の内容如何（代用監獄を認めるか認めないか）によって捜査のあり方（強制的取調べの可否）までもが左右されることは本来ありえないはずであり，またあってはならないのである[87]。

その立法以来，代用監獄の運用とその問題に対する扱いは，その立法趣旨

とは大きくかけ離れ，治安政策的な意図の下で翻弄され続け，現在もその延長線上にあるといえる[88]。そして，そのような立法趣旨との乖離は，もはや代用監獄存続の正当性をも歪めてしまっているとも言いうるであろう。だからこそ，代用監獄の立法的解決が迫られている現在，今一度立法趣旨に立ち返り，それに沿った形での解決方法が望まれるところである。本稿で指摘した代用監獄の立法趣旨としての「例外性」，「限定性」，「暫定性」という特質は，今後の代用監獄をめぐる議論においても十分意識したうえで検討される必要があろう。

1　この点について勾留の場所に関する裁判例も，かつては代用監獄例外説に立つものもみられたが，近年では非例外説に立ついわゆる「裁量説」が主流であるとされている。植村立郎「逮捕・勾留の場所をめぐる問題点」現代刑事法5巻2号（2003年）29頁以下参照。

2　例えば，田宮裕『刑事訴訟法［新版］』（有斐閣，1996年）87頁（注1）は，「代用」は必ずしも「例外」性を意味しないとするが，これに対して白取祐司『刑事訴訟法［第3版］』（日本評論社，2004年）158頁（注62）は，「代用」という日本語は，本来のもの（こと）の「間に合わせ」という意味であるとし，田宮説を批判する。

3　代用監獄に関する歴史を扱ったものとしては，東京三会合同代用監獄調査委員会編『代用監獄に関する監獄法改正意見書』（1974年），庭山英雄＝五十嵐二葉『代用監獄制度と市民的自由』（成文堂，1981年）111頁以下［庭山英雄］，小田中聰樹『現代司法と刑事訴訟の改革課題』（日本評論社，1995年）198頁以下，村井敏邦『刑事訴訟法』（日本評論社，1996年）124頁以下などがある。

4　朝倉京一「行刑施設の変遷と現況」朝倉ほか編『日本の矯正と保護　第1巻　行刑編』（有斐閣，1980年）44頁参照。

5　尾佐竹猛『明治警察・裁判史』（邦光堂，1926年）75頁によれば，「明治8年12月には東京府管掌の囚獄懲役の事務を同庁［東京警視庁：筆者記］に属しめ，明治9年2月には同庁より　―従来監倉ノ主管ヲ裁判官ニ委スルハ其当ヲ失スルモノニシイテ云々―　と禀申し，府下所在の監倉禁囚（未決監）をも之に属せしむるに至りしが，明治10年1月東京警視庁を廃し，内務省に警視局を置き，東京に東京警視本署を置いたが，二者何れも旧警視庁舎内であった」とのことである。

6　本文の理由に加えて，稲田俊秀「代用監獄制度について」刑政82巻10号（1971年）13頁は，司法卿江藤新平の失脚と後世専制国家主義の権化と呼ばれた内務卿大久保

利通の政治指導権掌握という当時の政治的背景も指摘している。また，監獄行政が内務省所管とされ，後に再び司法省に移管された理由について，大霞会編『内務省史第3巻』(1971年) 605頁は，「内務省の設置，警保寮の内務省移管，東京警視庁の設置とともに，当時の警保助川路利良の建白に基づき，裁判権の司法省移管の代償として，監獄事務は内務省の所管とされたといわれているが，当時，内務省の指揮監督下にあった庁府県が監獄を管理していたのであるから，監獄に関する予算・人事の問題や，監獄と警察との関係などを考えると，内務省を監獄行政の所管省とすることは十分理由があったと思われる。ことに明治の初め頃の国情は混沌として安定せず，囚人の集団脱走や監獄襲撃事件などが頻発し，司法省はその対策に困惑していたので，全国の治安を担当する内務省を所管省とした政府の措置は適切であったといえる。しかし，その後，治安が安定してくると，元来，監獄行政は司法行政と密接な関係があり，とくに裁判検察事務と連繋が深いので，これを司法省の所管としたこともまた，当然の措置であった」としている。

7 以上につき，朝倉・前掲注 (4) 42～43頁。なお，庭山＝五十嵐・前掲注 (3) 112～113頁 [庭山英雄] は，施行停止の理由として，さらにその政治的背景に民衆司法的なイギリス法制度に対する当時の政府の警戒があったのではないかと指摘し，「代用監獄制度は明治41年の現行監獄法の公布施行とともに始まったという人が多いが，イギリス的な小原監獄則が施行停止となったとき，すでにその基本方向が定まったというべきであろう」としている。

8 朝倉・前掲注 (4) 45頁。

9 なお，監獄則には債務履行の確保のための「民事監」に関する規定は設けられていないが，当時の商法施行条例45～49条には，債権者の申立てにより債務者を警察署所属の留置場に拘留するという規定があったため，民事監を設ける必要があることも説かれていた。小河滋次郎『監獄学』(警察監獄学会，1894年) 202頁参照。

10 監獄則も，拘置監については「拘禁」，留置場については「留置」と区別して規定している。なお，小河・前掲注 (9) 194頁にも，「留置場ニ於ケル拘禁ハ通例，短日数ニ過キサル……」とある。

11 小河・前掲注 (9) 203頁。もっとも，拘留刑の執行は警察留置場のみで可能であったようである。なお，警察留置場の設置基準については，1899年8月の内務省訓令762号によって，21項目にわたってその詳細が定められている。監獄協会編纂『監獄法令類纂』(監獄協会，1911年) 504～505頁。

12 村井・前掲注 (3) 124頁。

13 司法省編『司法沿革史』(1939年) 175頁によると，静岡地方裁判所沼津支部ほ

か 18 ヶ所において「九月十日ヨリ豫審事務ヲ取扱フ」とある。

14　以下の内容について、「警察署留置場を以て拘置監に代用の件に就て」監獄雑誌8巻10号（1897年）25〜27頁。

15　1889年の改正監獄則2条でも、「監獄ハ内務大臣ノ監督ニ属ス」と規定されていた。その理由につき、小河滋次郎（重松一義解説）『日本監獄法講義―明治22年改正監獄則の復刻解説―』（日本行刑史研究会、1976年；原典は1890年刊行）16頁は、「蓋シ監獄ノ目的ハ拘置監ニアツテハ證拠ノ湮滅犯人ノ逃逸若クハ犯罪ノ繼續ヲ防キ已決監（拘置監外ノ監獄ヲ指ス）ニアツテハ正確ニ刑罰執行ノ目的ヲ貫徹スルニアリテ要スルニ社會ノ公安ヲ維持シ刑罰權ノ實行ヲ確保スルニアルカ故ニ行政事務トシテ之ヲ刑事警察權ヲ掌有スル所ノ内務大臣ニ管督セシムルハ事体ノ宜シキヲ得タルモノナリト謂フヘシ」と説明している。もっとも、拘置監の所管に関しては、洋々散士「拘置監は司法省に属すべきことの当然なるを論ず」監獄雑誌8巻6号（1897年）24頁以下のように批判もあった。

16　瀧川政次郎『日本行刑史』（青蛙房、1961年）226頁。さらに、「清浦伯としては、当時国会の有力者によって唱えられていた司法省廃止論に備えるために、画策するところがあったものと推察せられる」とも述べている。

17　刑務協会編『日本近世行刑史稿（下）』（刑務協会、1943年）316頁。

18　村井・前掲注（3）124〜125頁参照。また、東京三会合同代用監獄調査委員会・前掲注（3）7頁も、「不平等条約の改正の必要に迫られていたわが国が、刑法（治罪法）を制定すると同時に、監獄制度をも欧米式に改めるため、必然的にとり入れざるをえなかった『警察と行刑の分離』の結末であったとみるべきであろう」と述べている。なお、若山茂雄「警察署に属する留置場」監獄雑誌10巻4号（1899年）28頁は、当時の警察留置場の状況の劣悪さについてではあるが、「若し改正條約實施の暁に於て現在の留置場に外人を留置するとせんか忽地苦情の種となり一問題を惹起するを疑わず……」と述べている。

19　治安警察法と当時のその他の治安立法につき、宮内裕「治安警察法序説（3・完）」法学論叢80巻5号（1967年）1頁以下、小田中聰樹『治安政策と法の展開過程』（法律文化社、1982年）7頁以下参照。

20　以上につき、小田中聰樹『刑事訴訟法の歴史的分析』（日本評論社、1976年）20頁参照。

21　もっとも、行政執行法制定以前においても、行政検束は非合法のうちに行われていたが、同法の制定により、何らその濫用の抑制措置もないままに法律上の根拠が与えられたのである。小田中・前掲注（20）174〜175頁参照。

22　村井・前掲注（3）125 頁。

23　稲田・前掲注（6）13 頁。さらに，留置場を警察の管理下に置いたまま監督業務の所在だけが改められたところに問題があると指摘する。

24　以上の点につき，鴨下守孝「代用監獄制度を考える」刑政 82 巻 5 号（1971 年）99 頁，稲田・前掲注（6）13 頁。もっとも，若山・前掲注（18）28 頁によれば，この典獄による巡視制度は，1903 年の訓令以前にも行われていたようであるが，早くもこの時点で，「然して平素にありても赤府縣典獄が實際に之れが監督を勵行する事に至らば蓋し今日の状況を改善する左程の難事にもあらざるべし今日の如く典獄は數年に一回若くは一年一回と儀式的に挨拶半分に留置場を廻觀するが如きは何等の功能をもあらざるなり」とその形骸化が嘆かれていた。

25　小河滋次郎『監獄法講義［小河文庫版］』（法律研究社，1967 年；原典は 1912 年）557 頁以下に「付録Ｉ」として掲載されている小河滋次郎による「監獄法案（草稿）」には，法案 3 条に監獄の種類として，懲役監，拘置監，労役場の 3 種とし警察留置場を拘置監の代用監獄とする案のほか，懲役監，禁錮監，拘留場，留置場，労役場の 5 種を監獄とする案も示されている。もっとも，これらの案の詳細，および監獄法の規定との関係については不明である。

26　同上 49 頁。

27　小河滋次郎「新監獄法第 1 条の規定に付て」同・前掲注（25）506 頁（原典は監獄協会雑誌 21 巻 3 号〔1908 年〕1 頁以下所収）。なお，本文での引用部分を含め，同箇所では次のように述べている。

　「留置場は警察行政の機關にして監獄とは全然其の性質を同じふすべきものに非ず。留置場は通例，警察官署に附属して建設しあるの實況なりと雖も，警察官署以外にもまた建設せらるることあるべきを予想し得られざるにあらず，本条第三項に特に『警察官署に附属する』の文字を用ひたるは其の以外の留置場を包含せざるの精神を明らかならしめんが為めなり。留置場を以て監獄の一種なりと認めたる旧監獄則の規定は本法に依り全然廃止を見るに至りたるは勿論，旧監獄則に於ける『警察官署内』と本法に所謂『警察官署に附属する』とは全く其の字義を異にするものなりと解すべく，将来に在ては裁判所内の拘置監の一部，即ち従前の所謂留置場に対して最早，留置場の名称を用ふることを許さざるものとす」。

　ここから，監獄法 1 条 3 項の規定により，留置場がもはや「警察官署内」の監獄ではなく，本来的に警察の「附属」施設にすぎないとした立案者の意図が読み取れる。しかも，警察官署以外に建設される留置場が，代用監獄としての留置場から除外されることさえ明言しているのである。したがって，現在問題となっている警察官署に附

属しない独立大型留置場を代用監獄として用いることが監獄法1条3項の立法趣旨に反することは明らかである。

28 「第24回帝国議会衆議院監獄法案外四件委員（委員中特別調査委員）會議録（速記）第四回（明治41年3月5日）」28頁（『帝國議會衆議院委員會議録47』東京大学出版会，1988年，128頁）。

29 小河・前掲注（25）49～50頁にもこれと同内容のことが記されている。

30 以上につき，小河・前掲注（27）506～508頁。

31 さらに，花井卓蔵委員は，「……代用監獄ノ規定ノ如キハ，今質問ノ御趣意［拘留場と労役場について：筆者注］ヨリ一層進ンデ監獄法ノタメニ惜ム規定デアルケレドモ，已ムヲ得ナイ規定デアルト云フコトデ我慢シテ居ルノデアリマス」と述べている。第24回帝国議会會議録・前掲注（28）28頁。

32 同上。もっとも，人見信男「いわゆる代用監獄の歴史的位置づけとその将来」警察学論集30巻8号（1977年）52～53頁が指摘するように，ここでいう「弊害」には，小河委員の答弁をみると，留置場の環境や設備の劣悪さも含まれているようであるが，宮古委員が指摘している「弊害」が人権上の（虐待による）ものであることは明らかである。

33 同上。なお，人見・前掲注（32）53～54頁は，監獄法が経過的規定を置かなかったことを理由に，立案者は代用監獄を将来廃止することまで考えていなかったとしている。たしかに立案者によって具体的な廃止のプランが提示されていなかった点は後に本文でも触れるところであるが，将来用いない方針を採ると明言していることは将来的な廃止の意向を意味し，また経過的規定がないから廃止は予定されていなかったとするのは論理の飛躍かと思われる。

34 例えば，戦前の監獄法の概説書である，正木亮『［新訂・増補］監獄法概論』（有斐閣，1937年）36頁は，「代用監獄は行刑の便宜より起る一變例である。例えば，監獄なき地方に於て裁判を受くる被疑者及び刑事被告人の勾留及び短期の受刑者を監獄に送付することが，より不利益なる場合に於ては，留置場を監獄に代用することが出來る」としている。ところが，戦後の概説書である，綿引紳郎＝藤平英夫＝大川新作共著『［全訂］監獄法概論』（有信堂，1955年）50頁では，「代用監獄を設けなければならない事由は已むを得ない事實上の必要に基づくものであつて，主に左の三つの事由を上げることが出来る。㈠監獄のない地方で刑事被告人及び被疑者並びに拘留，懲役，禁錮の短期受刑者を拘禁する必要がある場合　㈡護送途中受刑者若くは刑事被告人及び被疑者を宿泊せしめる必要がある時　㈢其の地方に監獄があつても収容力の關係で拘禁出來ない時」としている。このように，拘置監（所）の収容能力の問題が代

用監獄を必要とする理由とされたのは，戦後になってからのようである。

35 庭山＝五十嵐・前掲注（3）37〜38頁［五十嵐二葉］参照。また，小野清一郎＝朝倉京一『［改訂］監獄法』（有斐閣，1972年）42頁も，「代用監獄としての留置場については，すべての警察官署の留置場を充てることができ，特に指定を要しないというのが実際である」としている。

36 庭山＝五十嵐・前掲注（3）38頁［五十嵐二葉］。

37 小野清一郎「不當拘禁の問題」法律時報2巻11号（1930年）3〜6頁。この法律時報誌上では，文中の「拷問」の語が「××」と伏せ字となっているが，後に同論文が収録され，戦後再刊された同『刑の執行猶豫と有罪判決の宣告猶豫及び其の他』（有斐閣，1955年）287頁から伏せ字の部分が明らかとなる。なお，小野清一郎の代用監獄廃止論ついては，庭山＝五十嵐・前掲注（3）114頁［庭山英雄］参照。

38 細迫兼光「檢束及び拘留の實際について」前掲注・法律時報（37）6頁以下，渥美敏之「階級支配に於ける不當拘禁」同9頁以下，長谷川萬次郎「『人身の自由』の喪失と囘復」同15頁以下，末広厳太郎「これでも差支ないのでせうか？ －警察署の留置場について－ －渡邊司法大臣への公開状－」同20頁以下。

39 小野・前掲注（37）4〜5頁参照。しかし，先述のように，この問題を代用監獄の問題として捉え，その廃止を提言していた点は注目に値する。また，この小野論文の主張に賛同し，「代用監獄は理論としては勿論廃止すべきである」とする正木亮「代用監獄としての留置場に於ける受刑者の処遇」警察研究1巻12号（1930年）も，「代用監獄の問題は拘留刑を留置場に於て執行する場合だと考へていゝ」（9頁）と述べている。

40 戦前における違警罪即決例と代用監獄との関連については，竹澤哲夫『裁判が誤ったとき』（イクォリティ，1990年）246〜248頁参照。

41 横浜事件における警察留置場での拷問の事実（治安維持法違反被疑事件により勾引されて警察署に引致された直後ころから，警察留置場に勾留されている間，その取調べ中に相当回数にわたり拷問を受けたこと，そのためやむなく司法警察官の取調べに対し虚偽の疑いのある自白をし，訊問調書に署名押印したこと）は，第3次再審請求事件抗告審決定においても認められたところである。判例タイムズ1179号（2005年）147頁参照。また渥美・前掲注（38）10頁にも刑事訴訟法による起訴前の拘禁の問題が取り上げられている。

42 行政執行法1条の規定に基づいて行われていた行政檢束は，実際には，規定の要件など完全に無視され，取調べ目的のために被檢束者を警察に長期にわたって留置する運用が公然と行われていた。行政檢束の実態については『司法研究第1部第21回

実務家会同議事録』(青木英五郎「『罪と罰』の意識——裁判官・検察官について」同著作集Ⅰ〔田畑書店，1986年〕365～366頁参照)。

43　小野清一郎『刑事訴訟法講義[全訂第3版]』(有斐閣，1933年)345頁は，「現行法(旧刑訴法：筆者注)は，後に述ぶる如く当事者対等主義の理念に依り原則として捜査手続上強制の処分を為すことを得ざるものと為すと同時に，捜査の手続を全く捜査機関の行政的裁量に任せ，其の法律的統制を断念してゐる」ため，行政検束等が濫用され不当拘禁の弊害を生じているとしている。

44　さらに，当時の行刑の状況から，とりわけ監獄法改正を急がねばならない内的理由が乏しかったことも草案の処理を楽にした理由の1つであるとされている。以上につき，中尾文策「監獄法改正について」木村博士還暦祝賀『刑事法学の基本問題（下）』(有斐閣，1958年) 1067頁参照。

45　この建議要綱については，正木亮「監獄法の改正」法律時報29巻2号（1957年）74頁以下参照。

46　未決拘禁に関しても，建議要綱2が，「監獄法を自由刑の執行と，未決拘禁に関する二法に分け，刑事被告人について新たな構想のもとにその取扱方法を定めること」とするのみである。

47　以上につき，中尾文策「監獄法改正要綱について」刑政59巻3号（1948年）9頁以下参照。

48　綿引＝藤平＝大川・前掲注（34）379頁も，「代用監獄は，現行監獄法立法當時から暫定的な制度として認められて來たものであり，その有する弊害のために，絶えず廢止が唱えられて來たのである。從つて，代用監獄制度の廢止は，もはや異論のないところであるが，一度これを廢止することは，主として豫算上の關係から困難であろう。そこで，要綱も，原則として代用監獄制度は，これを廢止すべきものとしているのであるが，ただ經過的には現行制度を認めることとしているのである」と述べている。

49　中尾・前掲注（47）4頁参照。

50　中尾・前掲注（44）1068頁。羽柴健一「監獄法改正作業の概要」法律のひろば23巻7号（1970年）21頁。

51　庭山＝五十嵐・前掲注（3）117～118頁［庭山英雄］参照。

52　内務省警保局『警察制度に關する司令部側調査報告』（1947年6月。以下，司令部報告と略す）。本資料には，本文で取り上げたヴァレンタイン報告(1～94頁)のほか，オランダー報告書（原報告書より要旨抄出，95～149頁）と日本国家警察に関する報告書（バイロン・エングル　Ａ・Ｅ・キンバーリング，151～216頁）も掲載されてい

る。なお，英文による原典は参照しえなかったので，本稿では翻訳の原文のまま掲載する。さらに，本司令部報告に関しては，古川純「警察改革―民生局（GS）と公安課（PSD/CIS）の対立を中心に」法学セミナー増刊『現代の警察』（日本評論社，1980年）194〜195頁，GHQ日本占領史第15巻（荒敬解説・訳）『警察改革と治安政策』（日本図書センター，2000年）19頁以下参照。

53　本報告の経緯に関して，第1節緒論の冒頭には，「1946年3月12日，H・E・プリアム大佐は・ルイス・J・ヴアレンタイン氏に対して，總司令部保安課は我が都市警察改革企畫團が日本の警察隊に關して調査をなし，以て日本の都市地區に於ける警察の組織に關する計畫及び其の他の勸告を提出することを望む旨のデイレクテイーブを手交した」とある。司令部報告・前掲注（52）1頁。

54　司令部報告・前掲注（52）8頁。また，これに引き続き，「又次のことが解つた，即ち警察もまた犯人を起訴し，刑罰を課すか否かを決定しうると云ふことである。日本の警察の司法上の権限（Judicial powers）は民主々義の原則と合致するものではない」と違警罪即決例のことにも触れ，警察が司法的機能をなすことを禁止すべきである（58頁）としている。

55　ラウエル所見とは，占領軍総司令部民政局法規課長マロイ・E・ラウエルが憲法研究会の憲法草案要綱に付したコメント「幕僚長に対する覚え書き・[案件]私的グループによる憲法改正草案に対する所見」のことである。この中でラウエルは，「日本では，個人の権利の最も重大な侵害は，種々の警察機関，とくに特別高等警察および憲兵隊の何ら制限されない行動並びに検察官（検事）の行為を通じて行われた。あらゆる形態の侵害が，警察および検事により，一般の法律の実施に際し，とりわけ思想統制法の実施に際して行われた。訴追されることなくして何ヵ月も何年間も監禁されることは，国民にとって異例のことではなく，しかもその間中，被疑者から自白を強要する企てがなされたのである」と述べている。以上につき，小田中聰樹『現代刑事訴訟法論』（勁草書房，1977年）47頁参照。

56　勧告の2は，「警察による現在行はれてゐるが如き逮捕の制度はやめて，之に代つて本報告が他所に於て勧告せるところの逮捕に関する法律にかなつた手續方法を採用すること。呼出状（Summons）及び保釋（Bail）の制度を，新手續中にとり入れること」としている。なお，逮捕に関する他所での勧告とは，第10節の逮捕の項目（司令部報告・前掲注（52）54頁以下）を指し，ここではかなり広範な無令状逮捕を掲げている。また，新刑事訴訟法の総則で刑法上の犯罪を重罪（Felony）と軽罪（Misdemeanor）に分けることや，保安官（Peace officer）を設けることなども提案している。

57　勧告の3は，「警察に対し，次期裁判の開廷に於て，但し逮捕後24時間以内にす

べての留置人を訊問（罪状の認否 Arraign）に出頭せしめる権限を附与する新法律を制定すること」としており、その内容は、いわゆる起訴後の罪状認否手続（有罪の答弁が行われるアレインメント）のことではなく、「逮捕後 24 時間以内に」の文言に鑑みても、逮捕後の予備出頭を指すものと考えられる。松尾浩也＝田宮裕『刑事訴訟法の基礎知識』（有斐閣双書，1966 年）171 頁［田宮裕］参照。

58　司令部報告・前掲注(52)94 頁。ほかにも興味を引くものとして、「新法律によって、少年を 29 日間監禁することを禁止し所謂『保護室』なるものを廃止すること（勧告 5）」、「留置人を分離すること（勧告 6）」、「何人をも『保護検束』の名のもとに留置してはならぬこと（勧告 7）」、「留置人が，その友人，縁者或は辯護士等と電話，郵便又は使を以つて通信しうる方法を確立すること（勧告 13）」、「刑事部鑑識課の留置人係を廃止すること。署長が留置の責任となるべきこと（勧告 14）」、「警察が留置人の有罪又は無罪を審査（Examination）し，検事に対し，勧告を付してその報告書を提出することを廃止すること（勧告 15）」などが挙げられる。

59　マクナブ・ルールとは、アメリカ合衆国最高裁判所が、逮捕された被疑者は遅滞なく勾留裁判官のもとへ引致しなければならず、それに反して得られた自白は証拠排除されるとしたマクナブ事件判決（McNabb v. United States, 318 U.S.332［1943］）に基づいて形成された規範のことである。田宮裕「マクナブ・ルール―自白法則の発展―」ジュリスト臨時増刊『英米判例百選』（有斐閣, 1964 年）76 ～ 77 頁, 松尾＝田宮・前掲注（57）64 頁以下［松尾浩也］参照。なお、この点に関して、小田中・前掲注（55）128 頁（注 72）は、「憲法改正草案 35 条［現 38 条：筆者注］を起草するに当って占領軍係官にマクナブ・ルールを直接に日本国憲法に導入しようとする意図があったか否かは、資料的に不明であるが、客観的な連関は否定しえない」としている。

60　旧刑事訴訟法を遂条的に検討して修正意見をコメントするという形式をとったマニスカルコの刑事訴訟法修正意見の中には、保釈に関して、「被疑者にも保釈請求権を認める」、「死刑，無期を除き権利保釈とする」という内容が含まれていた。以上につき、刑事訴訟法制定過程研究会「刑事訴訟法の制定過程(6)」法学協会雑誌 92 巻 5 号 105 頁以下［小田中聰樹］、小田中・前掲注（55）60 頁参照。

61　ブレイクモア試案とは、日本政府側の臨時法制調査会による刑事訴訟法改正要綱を受け取り検討した民政局のオプラーとブレイクモアが、1946 年 10 月 11 日頃に、勾引（逮捕），予備審問，勾留，保釈に関して日本政府側に提示した 25 項目からなる試案のことである。その 6 には、「若し，拘禁した後 24 時間以内に釈放しない時は、勾引（逮捕）された者を裁判官又は審問官の前に連れて来なければならない。若し，やむを得ない理由によって 24 時間以内に之を行ふことができないときは，なるべく

速かに裁判官又は審問官の前に連れて来なければならない」とある。以上につき，刑事訴訟法制定過程研究会「刑事訴訟法の制定過程（16）」法学協会雑誌95巻9号128頁以下［小田中聰樹］，小田中・前掲注（55）76～77頁参照。

62　例えば勧告4は，「犯人を逮捕せる場所より留置場及び留置場より裁判所に護送することは現在の通り警察に依つて引き續き行ふべきであるが，裁判所に於いて留置人の罪状の認否が行はれた以後に於ては犯人の護送は警察以外の機関によつて行はれること」としているが，もし裁判官への引致後に再び警察に連れ戻すことがあれば，警察によって護送されることになるはずであろう。

63　小田中・前掲注（55）44～45頁。

64　小田中・前掲注（55）56頁。

65　小田中・前掲注（55）59頁以下。

66　座談会「監獄法改正はどうするか」刑政64巻1号（1953年）28頁で，大井久・豊多摩刑務所長は，「改正された刑事訴訟法は監獄法との関連を相当無視して規定されていると思います」と述べている。

67　当時のものではないが，例えば，松尾浩也「刑事訴訟法と条文」法学教室197号（1997年）9頁は，違警罪即決例および行政執行法の廃止による「人権蹂躙」の状態の是正という官民挙げての願いは，戦後改革の激浪の中で抵抗なく実現し，その結果，捜査は刑訴法の条文に従って運用され，条文と現実とのギャップが消滅ないし縮小したとする。

68　三堀博「新刑訴のあらまし」月刊刑政61巻6号（1950年）46頁が，「勾留の場所は，刑務所の拘置監を原則としますが，警察官署に附属する留置場は，いわゆる代用監獄になるので（監獄法第1條），最近は，被疑者の勾留によく使われております」と述べていることからも，以前（旧刑訴法時代）にはそれほど活用されていなかったのではないかと思われる。むしろ，現行刑訴法における，二重の司法的チェックを受けさせるための合理的な制度（白取・前掲注（2）154頁）とされる起訴前勾留における逮捕前置が，令状主義の形骸化と相俟ってその本旨に反し，かえって警察拘禁の機会を与えるものとして，裏目に出たとも考えられなくもない。

69　松尾浩也「刑事訴訟法はだれのためにあるか」同『刑事訴訟法講演集』（有斐閣，2004年）373～374頁は，戦前，刑事訴訟法によらず強制捜査のために活用ないし濫用された違警罪即決例および行政執行法を「いわば捜査側の含み資産」と呼んでいるが，戦後の未決の代用監獄の運用は，まさに同様の捜査側の含み資産であるといえる。例えば，代用監獄を利用した別件逮捕・勾留は，行政検束で利用されたいわゆる「蒸し返し」「たらい廻し」による捜査手法と発想的には同じであろう。伊達秋雄「いわ

ゆる『逮捕，勾留の蒸し返し』の違法性について」ジュリスト 279 号（1963 年）43 頁参照。

70　例えば，小田中・前掲注（3）204〜205 頁など参照。

71　これらを取りまとめたものとして，庭山英雄ほか編『世界に問われる日本の刑事司法』（現代人文社，1997 年），代用監獄が厳しく非難された国際人権（自由権）規約第 4 回政府報告書審査については，日本弁護士連合会編『日本の人権　21 世紀への課題』（現代人文社，1999 年）がある。

72　庭山＝五十嵐・前掲注（3）3 頁以下［五十嵐二葉］，神長勲「事実としての代用監獄」自由と正義 29 巻 10 号（1978 年）32 頁以下，小田中・前掲注（3）202〜204 頁など。

73　勝尾鐐三「監獄法改正の動向」自由と正義 20 巻 2 号（1969 年）6 頁。なお限時的廃止の方向で検討されていたこの構想は，東京，大阪では 10 年間，その他の地域では 20 年間に限って代用監獄の使用を認めることとしていた。中田直人「刑事司法と警察」松井康浩弁護士還暦記念『現代司法の課題』（勁草書房，1982 年）157 頁参照。

74　以上までの内容につき，中田・前掲注（73）156 頁以下参照。とりわけ代用監獄問題がその争点の中心となった拘禁二法案をめぐる論争については，既に多くの文献・資料があり，また紙幅の関係もあるので本稿では割愛せざるをえない。さしあたり弁護士会のものとして，日本弁護士連合会拘禁二法案対策本部編『拘禁二法をめぐる八年』（1990 年）を挙げるに止めておきたい。

75　当時の司法反動については，吉川経夫＝小田中聰樹『治安と人権』（法律文化社，1974 年）11 頁以下参照。

76　中田・前掲注（73）171 頁参照。

77　警察庁刑事局「警察の留置場を勾留施設とする必要性」警察研究 49 巻 2 号（1978 年）85 頁以下，同「警察の留置場を勾留施設として用いる制度に関する警察の考え方」警察研究 50 巻 10 号（1979 年）111 頁以下。

78　小田中・前掲注（3）221 頁は，留置施設法案策定の狙いが，代用監獄制度の代用性，暫時性の抹消，その再編強化にあると指摘する。さらに，同法案の問題性の詳細については，同『刑事訴訟と人権の理論』（成文堂，1983 年）154 頁以下参照。

79　最近の代用監獄をめぐる動向については，拙稿「監獄法改正における未決拘禁の議論のあり方」刑事立法研究会編『刑務所改革のゆくえ』（現代人文社，2005 年）113 頁以下，同「転換期の代用監獄問題とその改革課題」龍谷大学矯正・保護研究センター研究年報 2 号（2005 年）87 頁以下参照。

80　なお，既にみてきたように，拘置所の収容能力の不足による代用監獄を必要とする理由は，少なくとも代用監獄の立法当時には見られなかったものであり，それは主

として戦後になってから主張され始めたものである（前掲注（34）参照）。また、立法趣旨が監獄の不存在の場合に近隣の拘置監に収容するのではなく代用監獄を使用するとしたのは、従来からの慣例に加えて、当時の交通事情などからそれが困難であったためではないかと思われる（なお、正木・前掲注（34））36頁も、監獄に送付することがより不利益な場合としている）。

81　小河・前掲注（27）506〜507頁。

82　小河・前掲注（25）46〜47頁。同・前掲注（27）500頁。

83　例えば、座談会「未決拘禁の諸問題」刑政64巻6号（1953年）26〜27頁、兒島武雄「刑事訴訟法をめぐる若干の問題」季刊法律学24号（1957年）62頁、小田中・前掲注（3）210頁、村井・前掲注（3）129頁、同「未決拘禁制度の改革と展望」自由と正義56巻10号（2005年）46頁、拙稿・前掲『刑務所改革のゆくえ』（79）119頁、拙稿・前掲研究年報（79）96頁など。なお戦前のものとして、「［資料］司法制度改善に関する学会の意見」法律時報7巻3号（1935年）61頁（東京帝国大学法学部の意見を参照）。また、重松一義『近代監獄則の推移と解説』（北樹出版、1979年）134頁も、「未決監は今後、……独立した未決拘禁法により、刑事訴訟法上やむを得ぬ措置としての強制宿泊施設であるとする"司法ホテル"的な考え方が次第に肯定されよう」としている。

84　毎日新聞2005年9月22日東京夕刊。

85　このような代用監獄の歴史的な経緯を踏まえるならば、先に成立した受刑者処遇法に警察留置場に関する規定を設けたことには、やはり大きな問題があると言わなければならないであろう。

86　中川孝博「未決拘禁制度についての理論的課題」自由と正義56巻10号（2005年）54頁も、「未決拘禁の現状は、代用監獄廃止論が取調べ目的の身体拘束自体の廃止論へと昇華することを迫っている」という。

87　訴訟法と施設法との関係について、いわゆる一元主義的な考え方によれば、訴訟法によって施設法の内容が規制されるのが当然であり、その逆は本末転倒である。後藤昭『捜査法の論理』（岩波書店、2001年）115頁参照。

88　近年の刑事警察の展開と代用監獄との関係については、大出良知「90年代刑事警察の展開と代用監獄問題」秋山賢三ほか編『庭山英雄先生古稀祝賀記念論文集　民衆司法と刑事法学』（現代人文社、1999年）111頁以下参照。

（佐藤元治／さとう・もとはる）

第3章 未決拘禁の司法的コントロールと代用監獄

1. 代用監獄問題の本質

(1) 代用監獄の現在

　刑事訴訟法上，被疑者・被告人の勾留状には「勾留すべき監獄」の記載が要求されており（64条1項，207条1項），勾留場所として予定されているのは「監獄」である。監獄法が勾留された被疑者・被告人を収容する監獄として定めているのは，「拘置監」である（1条1項4号）。しかし，監獄法1条3項は警察留置場を監獄に「代用」することを認めており，実際，勾留された被疑者のほぼすべてが，代用監獄としての警察留置場に収容されている。2004年の1日平均被収容者数をみると，刑事施設の被疑者が96人であったのに対し，移監待機中の起訴後の被勾留者が19.3％を占めるとはいえ，警察留置場の被留置者は14,908人であった。

　代用監獄は，逮捕・勾留された被疑者に取調受忍義務を課すことと相俟って，細部にわたる実体的真実発見を重視し，そのために濃密で徹底した捜査・取調べを求める「精密司法」を支えてきた。警察庁によれば，「留置場を勾留場所とする制度は，捜査を適正かつ迅速に行い，事案の真相を明らかにする上で極めて大きな役割を果たしており，今や刑事司法の運用上必要欠くべからざるもの」であるとされる。とくに，「臨機適切な取調べを行うためには，……被疑者の勾留場所が捜査機関と近接した場所であること，取調等の施設が十分に整備されていること，の二つの条件が必要」であるが，拘置所はこのような条件を満たさないから，代用監獄は「効果的な被疑者取調べの実施」にとって不可欠だというのである[1]。検察の立場からも，「最長23日間という短期間に被疑者からの十分な弁解の聴取その他の捜査を円滑かつ効率的に実施しつつ，被疑者と家族・弁護人等との接見が便利に行われるには，多数

の警察官が常駐し，各地域の中心部にきめ細かく設置されている警察署の留置場に被疑者を勾留することが最も現実的な方法」であるとされている[2]。

1972年頃までは，代用監獄は勾留場所として例外であるとする裁判例もみられたものの（例外説），現在までに，判例上，裁判官は諸事情を勘案したうえで勾留場所を指定することができるとする裁量説が完全に定着するに至っている。実務上，いずれの立場からも，勾留場所の決定においては，捜査上の必要ないし取調べの便宜を考慮することが認められている。裁量説の立場からも，自白強要の危険を理由にして，被疑者が被疑事実の全部または重要部分を否認し，かつ物証が乏しい場合には，拘置所を勾留場所に指定するのが相当との指摘があるものの[3]，「物証の乏しい否認事件でも，検察官の請求どおりに，ほとんど代用監獄を指定している」というのが令状実務の現状であるといわれる[4]。

1999年7月に開始された司法制度改革審議会の審議においては，当初，代用監獄の廃止という方向が打ち出されるのではないかともみられた。審議の過程において厳しい批判と廃止要求が提起される一方，肯定論もなお強かった。結局，意見の一致がみられないままに，2001年6月の『司法制度改革審議会意見書』は，被疑者・被告人の身体拘束に関して「刑事手続全体の中で，制度面，運用面の双方において改革，改善のための検討を続けるべきである」とするにとどまった。

1982年以降，刑事施設法案とあわせ3次にわたり提出された留置施設法案は，警察留置場への被疑者拘禁を正式の法制度として恒久化することを意図していた。2002年に表面化した名古屋刑務所受刑者死亡・暴行事件を契機に設置された行刑改革会議は，2003年12月，その活動の集大成として『行刑改革会議提言』を発表したが，議論の対象が受刑者処遇の問題に限定されたことから，代用監獄の問題を含め，未決拘禁のあり方については言及がなかった。その後，2005年5月には受刑者処遇法が制定され，未決拘禁に関する法改正は持ち越された[5]。

これまで，警察留置場の新築・増設が進められてきたが，設備面においては改善が顕著であるという。また，近時，拘置所同様，警察留置場についても実質的な過剰収容状況が生じており，収容条件の悪化が危惧されている。現在，収容定員増加のために，警察署に付属しない大規模独立留置場の建設が進められている。事態は代用監獄の廃止とは逆方向に進んでいるかにみえる。

(2) 捜査と拘禁の結合

　代用監獄は、「冤罪の温床」として厳しい批判を受けてきた。代用監獄の廃止こそ監獄法改正、さらには刑事司法改革全体の最重要課題とすべきとされたのもそれゆえである。

　代用監獄は、捜査機関が「被疑者の身柄を拘束・管理しその日常生活を支配することから生ずる心理的圧力を取調に利用するシステム」[6]であるといわれる。このことは、被疑者の身体拘束を取調べのために活用することにほかならず、ここにおいて、捜査と拘禁の結合がある。このような形での捜査と拘禁の結合は、取調べ目的の未決拘禁が認められるかという問題とは一応区別される。たしかに、未決拘禁が取調べ目的で行われる場合、取調受忍義務を媒介としつつ、取調べのための拘禁の利用が促進されることになるであろう。しかし、取調べ目的の拘禁を認めない場合でも、逃亡・罪証隠滅の防止を理由に拘禁したうえで、その拘禁期間を取調べのために利用することができるとの立場もありうるからである。

　日本弁護士連合会（以下、日弁連）人権擁護委員会に設置された誤判原因調査研究委員会は、誤判原因を解明すべく、1960年代後期から1970年代後期に発生し無罪判決を得た14事件を緻密に分析した結果、代用監獄について次のように指摘した。「苛酷な長時間の取調、拷問に近い暴行、脅迫、誘導、あるいは自白した被告人に対する優遇などは、全て代用監獄という密室内の取調だからこそ可能なのである。密室におかれ接見禁止により、家族、友人とも切り離され、取調も看守も全て警察官という孤立した状況下で、前記のような暴行、脅迫、誘導が行われたとき、これに抵抗しうる被告人は少ない。／しかも、代用監獄は、虚偽の自白を作り出すだけでなく、一度した虚偽自白を維持させる強い機能も持つ。時としては、その力は公判の最初の段階までも及んでいる」。「日常生活から全く切り離され、平静に考えることもできない状況下では、過去の出来事や自己の行動の想起という点でも大きな障害があり、被告人の防御権は有名無実となっている」。このように指摘したうえで、同委員会は、「代用監獄は多くの面から、いわば総合的に冤罪の温床となっている」と結論付けた[7]。

　心理学者の浜田寿美男は、被疑者取調べが自白への圧力をはらむ場であり、そこにおける被疑者と取調官の相互作用のなかで虚偽自白が生まれるプロセスを克明に分析した。このプロセスにおいて、とくに暴行、脅迫がなされなくとも、身体を拘束され取調べを受ける被疑者にとっては自白「強要」的と

いうべき圧力が作用することがあるとするのである。身体拘束中の被疑者に対する「普通の」取調べが，実は自白強要的圧力をはらんでいることに注意しなければならない。浜田寿美男によれば，この自白強要的圧力を生み出す要因として重要なのが，社会生活・情報からの遮断と被疑者の生活の支配・統制である[8]。代用監獄は，まさに被疑者を社会生活・情報から遮断し，その生活を支配・統制するシステムとして機能している。かくして，代用監獄によって捜査と拘禁が結合するとき，被疑者の黙秘権は，取調べのなかに生じた自白強要的圧力によって危機にさらされるのである。

注目すべきことは，警察の取調べによりすでに自白させられた被疑者が，勾留質問（刑訴法61条，207条）のさい裁判官の面前で否認した場合でも，勾留が決定されると警察留置場に連れ戻されたうえで取調べを継続され，否認したことを警察官から責められた結果，その後は否認することの断念を余儀なくされた事例があるという点である。勾留質問のさいの裁判官との対面は，本来，被疑者が警察取調べの重圧から解放される恰好の機会となりうる。しかし実際には，勾留決定後も再び警察のコントロール下で身体拘束が継続されることにより，この勾留質問のときでさえ，被疑者は警察取調べの重圧から実質的に解放されることはないのである。

刑事手続や刑事拘禁，刑罰のあり方に関する国際人権法への関心が高まり，その重要性が広く認められるなか，代用監獄をめぐる議論は，近年，代用監獄が「市民的及び政治的権利に関する国際規約」（以下，規約または自由権規約）9条3項に違反するのではないかという論点を機軸にして展開してきた。このような議論の展開は，代用監獄問題の本質を反映しているように思われる。被疑者の身体を警察のコントロール下に置き続けること，代用監獄による捜査と拘禁の結合という点にこそ，代用監獄問題の本質があるからである。

規約9条3項は，未決拘禁の司法的コントロールを要請していると理解されている。代用監獄は，被疑者を逮捕後速やかに裁判官の面前に連れて行くことによって，警察のコントロール下にある身体拘束を極小化しようとしている規約9条3項に違反しないのであろうか。警察内部での業務分担によって，捜査と拘禁の分離という規約9条3項の要請は満たされるのであろうか。さらに，勾留請求までの72時間を捜査機関の「手持ち時間」として，捜査・取調べのためにフル活用するという現在の逮捕留置の実務は，被疑者の身体を速やかに警察のコントロールから引き離すという規約9条3項の要請に反

しないのであろうか。また，このような意味における未決拘禁の司法的コントロールは，憲法上も要請されるのではなかろうか。

新しい未決拘禁法が国際人権法の水準を満たし，憲法の想定する刑事司法を具体化するものでなければならない以上，これらの問題が解決されなければならない。このとき，上述のように，代用監獄によって被疑者が社会生活・情報から遮断され，その生活が支配・統制されることによって，外見上明白な暴行，脅迫などのない「普通の」取調べにおいてさえ，強い自白強要的圧力が生じ，それによって被疑者の黙秘権が危険にさらされていることからすれば，取調べ状況報告書の作成，取調べ過程の録音・録画など，取調べの可視化・適正化によっては解消しきらない代用監獄固有の問題があることに注意すべきである。

2. 自由権規約と代用監獄

(1) 自由権規約違反をめぐる対立

規約は最も重要な国際人権条約であり，日本もすでに批准している（昭和54年8月4日条約第7号）。規約9条3項は，「刑事上の罪に問われて逮捕され又は抑留された者は，裁判官又は司法権を行使することが法律によって認められている他の官憲の面前にすみやかに連れて行かれるものとし……」と定めている[9]。代用監獄はこの規定に違反するのではないか。これが，1980年代末以降，代用監獄をめぐる最大の論点となった。

日弁連，国内外の人権NGOなどが規約違反を主張したのに対して，日本政府はこれを否定し続けてきた。この対立のメイン・ステージは，規約の実施のために規約28条により設置された人権委員会（以下，規約人権委員会）による日本政府報告書（規約40条）の審査である。第2回政府報告書の審査以来，代用監獄の問題は最大の焦点となってきたが，もちろんそれは，国内での廃止要求の高まりを反映してのことであった。

1987年12月の第2回日本政府報告書は，関係法令や統計の引用などにより法制度を簡単に説明するものでしかなく，代用監獄についての記述はまったくなかった。しかし，オルタナティブ・リポートの提出などにより，弁護士有志と国内のNGOが規約違反を積極的に訴えた結果，規約人権委員会は代用監獄問題をはじめてとりあげた。審議においては，何人かの委員が，警察留置場への被疑者の勾留それ自体が人権侵害の危険をともなうと指摘し，

規約9条3項違反の懸念を提起した。規約人権委員会は，審査を経て作成した報告書において，規約に適合するために明らかに改善を要する点として，「裁判を待つ被拘禁者の拘禁に警察留置場を用いる点」を挙げた[10]。

第3回政府報告書は，代用監獄への勾留は裁判官が決定すること，プライバシー保護などの点において留置場の構造・設備は適切であること，被留置者の取扱いには捜査とは身分的に別の警察職員が当たっており，捜査の状況が処遇に影響することはないことなどを挙げたうえで，警察留置場における被疑者の取扱いは「被留置者の人権を十分に保障したものであり，国連の被拘禁者処遇最低基準規則の趣旨を満たしている」と結論付けた。

しかし，国際人権NGOが代用監獄の規約違反を指摘する調査報告を相次いで発表し，日弁連が詳細なオルタナティブ・リポートを提出したこともあって[11]，審議においては，多くの委員から，代用監獄が自白への圧力のためにのみ存在していること，代用監獄の制度自体が非人間的な品位を傷つける取扱いに当たりうること，財政的理由などは代用監獄を正当化する理由としては十分ではないことなどが厳しく指摘され，規約違反との意見が表明された。代用監獄に批判的意見を明らかにした委員は，18人中12人に及んだ。

規約人権委員会は，審査を経て発表した1993年の最終見解において，「主要な懸念事項」として，起訴前の拘禁が迅速かつ実効的に裁判官のコントロール下に置かれることなく，警察のコントロールに服している点，代用監獄が警察とは別個の官庁のコントロール下にない点において，規約9条3項の保障が完全には守られていないことに懸念を有していると述べた。そして，この規定の完全な適用を確保するために，代用監獄が規約のすべての要請に適合するように実施されなければならないことを勧告した[12]。しかし，日本政府は，この勧告は代用監獄の制度自体を容認したうえでの「運用」改善の勧告であるとの理解に立って，代用監獄の廃止に向けた措置を講じることはなかった。

規約人権委員会の審査と並行する形で，1989年の国際人権連盟，1991年のアムネスティ・インターナショナル，1995年の国際法曹協会，同年のヒューマン・ライツ・ウォッチが，代用監獄に関する調査報告を相次いで発表し，規約その他の国際人権法違反を指摘した[13]。いずれも，国連NGOの資格を有する団体であった。

たとえば，世界最大規模の国際人権NGOであり，国際赤十字と並んで国連NGOの代表的存在でもあるアムネスティ・インターナショナルの調査

報告は,「取調当局と拘禁当局の分離」として,勾留が裁判官により決定されていること,1980年以来警察内部で捜査と留置業務は別部門が担当していることなどに言及したうえで,取調当局と拘禁当局の正式な分離が,拷問,虐待などの人権侵害的取扱いから被拘禁者をより実効的に保護することにつながると指摘し,「当局が,この点に関して現行の実務を検討し,取り調べ担当官と囚人の拘禁と福祉を担当する当局者を正式に分離する保障措置を導入し,そのような責任体制の導入が被拘禁者に確実に認識されるよう要請する」[14]と結論付けた。

これらの報告書が規約人権委員会の審査に大きな影響を与えたことに疑いはない。一般に,オルタナティブ・リポート,調査報告などを通じて,規約人権委員会の政府報告書審査に対してNGOの与える影響は大きく,規約人権委員会の審査は,このようなNGOの活動を前提として,それを組み込んだ形で成り立っているからである。

(2) 第4回日本政府報告書の審査

1997年6月に提出された第4回日本政府報告書[15]は,勾留場所を含めて勾留が裁判官により決定されることなど,被疑者勾留に関する法制度を説明した後,まず,「警察留置場における生活」について,留置場の構造・設備はプライバシー保護に配慮し,処遇条件も良好であること,健康保持は十分配慮されていること,面会・信書発受は法令に基づき適切に行われていることなどを挙げたうえで,「日本の留置場において行われている被留置者の処遇は,留置者の人権を十分に保障したものであり,国連の被拘禁者処遇最低基準規則の趣旨を満たしている」と結んだ。続いて「捜査と留置の分離」について,政府報告書は,警察内部の留置管理制度を挙げつつ,留置開始時の告知,留置場出入場のチェック等,日課時限の確保,食事の提供,接見や差入れの扱い,身体検査や所持品検査,所持品保管,検事調べ,医療等のための護送について説明した後,「被留置者の人権を保障するために,警察においては,被留置者の処遇を担当する部門と犯罪の捜査を担当する部門は厳格に分離されている。被留置者の処遇は,留置部門の職員の責任と判断によってのみ行われ,捜査官が警察留置場内に収容されている被疑者の処遇をコントロールしたり,これに影響力を行使することは不可能である」とした。かくして,政府報告書は,代用監獄「制度は極めて適切に運用されており,被留置者の人権は十全に保障されている」と結論付けた。

今回も，日本政府報告書に対して，いくつかのオルタナティブ・リポートが提出された。日弁連リポートは政府報告書を厳しく批判し，代用監獄が規約違反であることを主張した[16]。日弁連リポートは，警察留置場における近時の被疑者取扱い条件の向上は代用監獄存続のために作り出された不当な処遇格差であり，そもそも警察留置場と拘置所のあいだで処遇格差を設けるべきではないこと，裁判官の令状審査は実効的に機能していないことを指摘した。そして，「警察による拘禁期間の短縮は刑事被拘禁者の人権保障のために最も重要な措置の一つである。代用監獄制度とそのもとにおける警察による自白強要のための取調は，国際人権（自由権）規約委員会が指摘してきたように，明らかに規約7条，9条，10条，14条3項(b)及び(d)に違反する」と結論付け，代用監獄を直ちに廃止すべきと主張した。

上述のように，日本政府は，第3回政府報告書の審査において代用監獄の廃止が勧告されたわけではないとの理解に立っていた。しかし，規約人権委員会が審査に先立ち発表していた「最終質問事項」のなかには，「政府は，代用監獄の廃止に関する委員会の最終見解に従うために，どのような手段をとったのか」という質問が含まれていた。日本政府の理解の仕方にはやはり疑問が生じる。

審議においては，何人かの委員が，前回勧告は代用監獄の廃止を含意していたことを示唆し，また，警察内部での業務分担は捜査と拘禁の分離にとって不十分であることなど，厳しい批判的意見を表明した。審査の結果，1998年に発表された最終見解は，規約人権「委員会は，規約9条，10条および14条で定められている権利が起訴前の勾留においては次のような点で十分に保障されていないことに深い懸念を有する。起訴前勾留は警察のコントロール下で最大23日間可能であり，被疑者は速やかでかつ実効的な司法的コントロールのもとに置かれ」ていないと指摘したうえで，日本の起訴前勾留制度の速やかな改革を「強く勧告」した（22項）。さらに，「委員会は，取調をしない警察の部署のもとにあるとはいえ，『代用監獄』が別の機関のコントロール下にないことに懸念を有する。このことは，規約9条および14条に定められている被拘禁者の権利が侵害される可能性を大きくしかねない。委員会は，『代用監獄』制度を規約の要求をすべて満たすものにすべきであるとした第3回定期報告書の審査後の勧告を再度表明する」とした（23項）。

このように，規約人権委員会は，警察内部の留置管理制度は捜査と拘禁

の分離にとって不十分なものでしかなく，代用監獄が被拘禁者の権利侵害の危険を内在する制度であると指摘し，代用監獄「制度」自体を規約に完全に適合させるよう厳しく要求した。今回の勧告が代用監獄の「制度」(the substitute prison system) という言葉を用いたのは，第3回政府報告書審査の勧告が代用監獄制度の運営 (the operation of the substitute prison system [Daiyo Kangoku]) と表現したことにより，代用監獄という制度自体の廃止が勧告されたわけではないとの日本政府の理解を，それは文脈全体からは無理のある理解ではあるものの，招いたためであろう。廃止勧告であることをより分かりやすい形で表明するよう意図したのである。

3. 未決拘禁の司法的コントロール

(1) 警察留置場への再度の連れ戻し

規約9条3項は，被疑者を逮捕後速やかに裁判官の面前に連れて行かなければならないと定めている。このような手続保障によって，被疑者の身体拘束を開始後速やかに司法的コントロール下に置くことを要請するものであり，刑事拘禁に関する最も重要な手続保障の1つと目されている[17]。

未決拘禁の司法的コントロールという要請については，規約のほかにも，1988年に国連総会が採択した「あらゆる被拘禁者および受刑者の保護のための原則」(以下，保護原則) 4は，被拘禁者の人権に影響を及ぼすすべての措置は裁判官によって命じられ，またはその実効的コントロール下に置かれなければならないと定め，保護原則11・1は，裁判官により速やかに聴聞される機会を与えられることなく拘禁することを禁じている。また，保護原則37は，被拘禁者を逮捕後速やかに裁判官の面前に連れて行くこと，裁判官が遅滞なく拘禁の適法性・必要性を判断すること，裁判官の書面の命令がなければ起訴の前後を問わず拘禁は許されないこと，被拘禁者は裁判官と対面したさいに拘束中に受けた取扱いについて意見を述べる権利を与えられることを定めている。ほかにも，地域的人権条約として，ヨーロッパ人権条約(以下，人権条約) 5条3項および米州人権条約7条5項が，規約9条3項と同様な文言を用いた規定を有している。

規約9条3項は，被疑者を逮捕後速やかに裁判官の面前に連れて行くことを明文で要求している。それでは，被疑者をいったん裁判官の面前に連れて行った後，警察留置場に再度連れ戻して拘禁することは許されるのか。文

言上は明確でない。日本政府は，勾留場所が裁判官によって決定される以上，被疑者を勾留質問のために裁判官の面前に連れて行った後，警察留置場に再度連れ戻して勾留することは禁じられていないとの立場をとっている。しかし，未決拘禁の司法的コントロールという要請が，勾留場所を含む勾留の決定が裁判官によって行われるべきことのみならず，勾留決定後に警察留置場へと被疑者を連れ戻すことを禁じているのだとすれば，代用監獄は規約9条3項違反ということになる。

(2) ヨーロッパ人権条約5条3項の保障

規約9条3項の手続保障の意義を明らかにするうえで，これと同じ文言により規定された人権条約5条3項をめぐるヨーロッパ人権裁判所（以下，人権裁判所）の判例や学説の展開を参照することが有益であろう。

人権条約5条3項の要請する手続保障の意義について，被疑者を裁判官ではなく地区検事の面前に連れて行ったことが問題とされたスイスのシーザー事件において，1979年の人権裁判所判決は，この規定は裁判官が「自己の面前に連れてこられた者を自ら直接聴聞する義務を負う」こととともに，「拘禁の適法性に有利・不利に作用する諸事情を審査し，法的基準に従って拘禁を正当化する理由が存在するか否かを判断し，それが存在しない場合には釈放を命じる義務を負う」ことを定めていると述べた[18]。また，裁判官の面前に連れて行くまでの制限時間が問題になったイギリスのブローガン事件において，1984年の人権裁判所判決は，人権条約5条3項の目的は，「人身の自由に対する国の恣意的干渉から個人を保護することにある」とし，「個人の自由権への行政機関の干渉に対して司法的コントロールを及ぼすこと」がこの規定による手続保障の眼目であり，それは「恣意的な行政権限行使の危険を極小化することを意図している」のであり，「司法的コントロールは，民主主義社会の基本原理の1つであり，人権条約全体が拠って立っている法の支配が含意するものである」と述べた[19]。

人権条約5条3項が定める未決拘禁の司法的コントロールは，どのような目的を有するのか。第1の目的は，裁判官の速やかな直接審査である。刑事拘禁による自由剥奪は基本的人権の重大な制約であるから，警察その他の行政機関の判断による身体拘束は一時的・過渡的な仮のものとしてしか認められず，裁判官が逮捕後速やかに被疑者と対面して直接審問したうえで，身体拘束の適法性を判断しなければならないとされるのである[20]。

第2に，人権条約5条3項は，警察のコントロール下にある身体拘束を極小化するという目的を有している[21]。被疑者の身体が警察のコントロール下にあるとき，被疑者に対する拷問・虐待など人権侵害的取扱い，自白強要的取調べが行われる危険が高まる。それゆえ，逮捕後被疑者を速やかに裁判官の面前に連れて行くことによって，被疑者の身体を警察のコントロールから速やかに引き離し，被疑者に対する人権侵害的取扱い，自白強要的取調べの危険が現実化しないようにしたのである[22]。

　被疑者を逮捕後裁判官の面前に連れて行くことが人権侵害的取扱い，自白強要的取調べの危険の排除にとって実効的に機能するためには，その時点以降は被疑者の身体を警察のコントロール下には置かない，すなわち被疑者を警察留置場に再度連れ戻して拘禁することはしないという手続保障を確保しなければならない。もし被疑者を警察留置場に再度連れ戻して拘禁することを許したならば，それによって未決拘禁は司法的コントロールから離脱することになる。人権条約5条3項の下では，このような被疑者の身体拘束が許されない所以である[23]。

(3) 自由権規約9条3項における司法的コントロール

　規約9条3項の手続保障の意義についても，同様に理解すべきである。ナイジェル・ロドリーが指摘するように，規約9条3項と人権条約5条3項という同じ文言を用いた規定について，ことさらに異なる解釈を行うことはむしろ不合理であろう[24]。日本の裁判例においても，すでに徳島刑務所事件の高松高裁判決[25]が，条約解釈に関するウィーン条約を参照しつつ，「直ちにB規約14条1項においても全く同一の解釈が妥当するとは断定できないとしても，B規約14条1項の解釈に際して（同じ文言により規定された人権条約6条1項の解釈が・引用者）一定の比重を有することは認められよう」とし，人権裁判所の判例は「受刑者の裁判を受ける権利についてその内実を明らかにしている点において解釈の指針として考慮しうる」としたうえで，規約14条1項は受刑者が民事訴訟に関して弁護士と接見する権利を保障しており，接見時間の制限や職員立会いの許否については，そのような規約の趣旨に従って判断されるべきと判示している。規約の解釈において，人権条約に関する判例の展開を積極的に活用するという姿勢がとられたのである[26]。

　人権条約5条3項による手続保障の意義と目的に照らしたとき，規約9

条3項が被疑者を逮捕後速やかに裁判官の面前に連れて行かなければならないと定めているのは，第1に，身体拘束の適法性について速やかに裁判官に直接審査させることによって，違法な身体拘束を排除するためであり，第2に，拷問，虐待などの人権侵害的取扱い，自白強要的取調べの危険が現実化しないように，警察のコントロール下にある身体拘束を極小化するためであると理解される。規約9条3項の要請する未決拘禁の司法的コントロールは，このような二重の目的を有する。規約9条3項が捜査と拘禁の分離を要請し，警察のコントロール下での身体拘束を一時的・過渡的なものとしてしか認めていないとされるのは[27]，このような意味においてである。

かくして，勾留決定後，被疑者を代用監獄に勾留することは，未決拘禁を司法的コントロールから離脱させることにほかならず，規約9条3項に違反する[28]。代用監獄は勾留された被疑者の身体を警察のコントロール下に置き続けるものであり，規約9条3項の許すところではない。勾留質問のために被疑者が裁判官の面前に引致され，勾留場所を含む勾留決定が裁判官によって行われるだけで，未決拘禁の司法的コントロールという規約9条3項の要請が満たされるわけではない。とくに日本においては，上述のように，代用監獄によって捜査と拘禁が結合するなか，特別な暴行，脅迫のない「普通の」取調べでさえもが自白強要的圧力をはらみ，被疑者の黙秘権を危機にさらしている。このことからすれば，被疑者の身体を警察のコントロールから速やかに引き離すことによって，捜査と拘禁の分離を確保しなければならない。第4回日本政府報告書の審査の結果，規約人権委員会が代用監獄の廃止を勧告したのはそれゆえである。ララー委員の発言にあるように，「裁判所は，ある者の拘禁命令を発する際に，その者の身体的安全およびその他の取扱いにおいて人権が侵害されることのないよう取り計らう権限を裁判所が保持すべきことを，その責任として確保しなくてはならない」のである[29]。

国連NGOの資格を有する国際刑法学会の1979年ハンブルグ決議7-eによって，規約9条3項の要請する未決拘禁の司法的コントロールがこのような意義を有することが，さらに明確なものとなる。決議は，「何人も逮捕もしくは身柄拘束を受けた場合にはすみやかに裁判官ないしそれに代わる司法官憲のもとに引致され，被疑事実を告知されなければならない。右司法官憲のもとに出頭後においては被疑者は捜査官憲の拘束下に戻されてはならず，通常の刑務職員の拘束下に置かれなければならない」と述べているが，これは，日本の代用監獄が規約9条3項に違反するという問題提起を踏まえて決

議されたものである[30]。

　また，国連人権センターと犯罪防止刑事司法部門が共同作成したハンドブック『人権と未決拘禁』は，実務ガイドラインとして，「被拘禁者の処遇に関する国際基準を満たすためには，官憲は，犯罪捜査および被疑者の逮捕に責任を有する当局によって管理運営されている場所に被疑者を拘禁してはならない。可能な場合には，被逮捕者の拘禁に責任を有する当局は，別個の指揮命令系統下で監督される施設のなかに位置していなければならない。警察留置場に被疑者を拘禁しないため，それに代わる措置をとることが不可能な場合でも，その拘禁はきわめて短時間のうちに終了しなければならず，被拘禁者の監督に責任を有する官憲は，逮捕を行う官憲および犯罪捜査を実行する官憲から独立していなければならない」と述べている[31]。この叙述も，規約9条3項が上述の二重の目的を有する未決拘禁の司法的コントロールを要請しているとの理解に立つものである。

(4) 代用監獄をめぐる捜査と拘禁の分離

　規約人権委員会の政府報告書審査において，日本政府は，警察内部の留置管理制度により捜査と拘禁の分離が徹底しており，警察留置場における身体拘束は捜査部門のコントロール下には置かれていないから，規約違反はないと主張してきた。

　これに対しては，委員のなかから，「警察職員内部の2つの部署は，同じ1つの機関に対して責任を負っているにすぎないのではないか」という厳しい意見も寄せられた[32]。第4回政府報告書の審査の結果，規約人権委員会が「取調べをしない警察の部署の管理下にあるとはいえ，『代用監獄』が別の機関の管理下にないことに懸念を有する。このことは，規約9条および14条に定められている被拘禁者の権利が侵害される可能性を大きくしかねない」（23項）との最終見解を発表したことは，日本政府の主張が説得力を有しなかったことを示している。たとえ警察内部で捜査と拘禁の担当部門が分離されても，警察留置場における被疑者の身体拘束は司法的コントロールに服しているとはいえず，なお警察のコントロール下にあると判断されたのである（22項）[33]。

　第4回政府報告書は，代用監獄における「日課時限の確保」について，「必要な場合には留置担当者から捜査主任官に対し取調等の打ち切り又は中断を要請し，日課時限の確保に努めている」と述べているが，この叙述からは，

実務上，日課時限に抵触する捜査・取調べが行われた場合でも，留置担当者は捜査担当者にそれを打ち切らせる権限を与えられてはおらず，日課時限を遵守した拘禁業務に対して捜査・取調べの方が優越していることが示唆されている[34]。

　実際の運用をみても，警察内部の業務分担による捜査と拘禁の分離については，その実効性に疑問が呈されている。1980年，警察庁が留置業務を捜査部門から総務部門に移管する通達を発した後も，食事時間や用便について留置担当官ではなく捜査官が指図する，取調警察官が被疑者を検察官のもとに連れて行き，取調べに同席するなどの例が報告されており，捜査と拘禁の「両者はともに警察署長の指揮下に統一され，通達後も留置部門が捜査部門に従属する実態がある」と指摘されているのである[35]。規約人権委員会が「取調べをしない警察の部署の管理下にあるとはいえ，『代用監獄』が別の機関の管理下にないことに懸念を有する」との最終見解を発表したのは，それゆえである。

(5) 取調受忍義務と「捜査と拘禁の分離」

　逮捕・勾留中の被疑者について取調室への出頭・滞在義務を肯定する見解が実務を支配している。この取調受忍義務肯定論のもとでは，実際上，警察の留置業務は捜査・取調べに従属せざるをえないことになる。

　被疑者が取調室に出頭する義務を負うとされる以上，捜査担当者が被疑者を取り調べるために取調室への出頭を要求したとき，留置担当者は留置業務を遂行するにあたって，被疑者に取調室に出頭するよう指示をするなど，出頭の確保に協力しなければならない，ということになるであろう。被疑者がこの指示に従わないときは懲罰を受ける可能性も否定できないから，留置担当者の指示は，被疑者に取調べを受けることを間接的に強制する効果をもつことになる[36]。また，出頭確保のために一定の有形力行使までもが認められる[37]との理解に立つならば，留置担当者は一定の有形力を用いて被疑者を取調室に出頭させることもできるということになる。ここにおいて，捜査と拘禁の分離はありえない。

　取調受忍義務が肯定されるとき，実は，被疑者が法務省矯正局の管理運営する拘置所に勾留されている場合でも，捜査機関による被疑者の出頭要求に拘置所職員が協力しなければならないとすれば，代用監獄としての警察留置場に勾留されている場合と同様，取調受忍義務を媒介とした捜査と拘禁の結

合，捜査に対する拘禁の従属が生じうることになる。取調受忍義務の本質が被疑者の身体拘束と取調べの強制とを結合させることにある以上，捜査と拘禁の分離と取調受忍義務とのあいだには本質的な矛盾がある。捜査と拘禁の分離を徹底するためには，取調受忍義務が否定されなければならない。本来，刑事訴訟法の定める未決拘禁の目的，被疑者の黙秘権保障の趣旨に照らしても，取調受忍義務は否定されるべきであり，そのうえで，被拘禁者が本人の意思に反して取調べのために拘禁施設から連れ出されることはないこと，被疑者が取調室への出頭を拒否する場合，拘禁担当者は捜査担当者の出頭要求を拒否することができることが，法律上明記されるべきである[38]。もちろんこのことは，被疑者が警察留置場に勾留されるという現行実務を前提としたときも，同じくいえることである。

かりに取調受忍義務の肯定という前提に立ったとしても，理論的には本来，留置担当者は，被拘禁者の健康保持，留置業務の円滑な執行など適正な処遇の確保という観点から，日課時限に抵触するなどの場合，捜査担当者に対して捜査・取調べの打切りを求めることが認められ，捜査担当者はこれに従わなければならないと理解すべきであろう[39]。しかし，1980年通達以降の実務の状況に照らしたとき，留置担当者にこのような権限が認められているとはいえない。捜査に対する拘禁の従属という形において，捜査と拘禁が結合しているのである。やはり警察内部での業務分担という枠組みのなかでは，少なくとも法律上の権限として明確に定められない限り，留置担当者に捜査・取調べの打切りを要求する権限が認められることは期待できないであろう[40]。

取調受忍義務が肯定される限り，被疑者が拘置所に勾留された場合でも，上述のように，捜査と拘禁の分離には本質的限界があるといわざるをえないが，とはいえ，警察内部の業務分担による場合と比べて，警察とは完全な別組織である拘置所が拘禁業務を担当している方が，適正な処遇の確保という目的から拘禁担当者が捜査・取調べの打切りを要求する権限は実際上もより認められやすくなるであろう。本来，拘禁担当者のこのような権限は法律上明記されるべきであるが，これが明記されたときも，拘置所が拘禁業務を担当している場合の方が，拘禁担当者がこのような権限を適正に行使することがより確実に保障されるであろう。捜査と拘禁の分離に相対的にはより近づく結果となる。

以上から明らかなように，警察内部の留置管理制度という枠組みにおいて

は，未決拘禁が司法的コントロール下に置かれているとはいえず，捜査と拘禁の分離に関する規約9条3項の要請は満たされない。実効的な司法的コントロールのためには，本来，裁判所の管理運営する拘禁施設に被勾留者を収容することが最も適切であろう。刑事訴訟法上，未決拘禁が公正な裁判のための身体拘束を目的とすることからも，そのようにいえる。少なくとも，国連ハンドブック『未決拘禁と人権』が示唆し，国際刑法学会ハンブルグ決議7-eが求めるように，警察とはまったく別個の行政機関が管理運営する拘禁施設に収容しなければならない。被疑者の身体拘束が警察のコントロール下に置かれ続ける限り，規約9条3項の要請を満たすような形での捜査と拘禁の分離は確保されないからである。1998年の規約人権委員会最終見解は，そのことを含意していたのである。

4. 逮捕留置と未決拘禁の司法的コントロール

(1) 逮捕留置をめぐる実務と学説

被勾留者については，監獄こそが本来的な勾留場所であり，警察留置場が監獄法1条3項に基づく「代用」監獄であることに争いはない。他方，被逮捕者については争いがある。

第1の見解によれば，被疑者は，逮捕状の「引致すべき官公署」（刑訴法200条1項）へと引致された後，留置の必要がある場合にはそのまま，「引致すべき官公署」としての警察署に付属する留置場に留置される。逮捕後の留置は逮捕に当然にともなう処分であって，逮捕後の引致場所がすなわち留置場所となるから，被逮捕者の本来的な留置場所は警察留置場ということになる。実務はこのような理解に立ちつつ，刑訴法205条2項が勾留請求までの制限時間として定めている72時間の範囲において，逮捕後の留置時間を捜査・取調べのためにフル活用することが許されるとしてきた。拘禁二法案において，警察留置場における本来的逮捕留置という理解は，留置施設法案の独自の必要性を訴えるうえで援用されてきたが，警察留置場における被疑者取扱いの適正化のために留置施設法が必要であるとの主張も，このような理解によって支えられている。

これに対して，第2の見解によれば，裁判官による勾留質問前に逮捕留置という形で72時間（刑訴法205条2項）もの長い身体拘束が認められると理解すべきではなく，本来は，「留置の必要」が認められる場合，速やかな

検察官送致（刑訴法203条1項）を経て勾留請求（刑訴法205条1項）が行われるべきであるから、送致に要する一時的・過渡的な拘束が認められるに過ぎず、通常は拘禁施設への留置は不必要であるとされる[41]。

　この見解によれば、第1に、勾引状の執行を受けた被告人を引致した場合における監獄への留置について定める刑訴法75条が、刑訴法209条により逮捕状による逮捕の場合にも準用されていることから、逮捕の場合にも、本来的な留置場所は監獄と理解すべきことになる。第2に、逮捕状による逮捕後の手続について定める刑訴法203条1項および205条1項によれば、「留置の必要」とは「勾留」の必要のことをいうのであって、刑事訴訟法は被疑者の身体拘束としては勾留以外に逮捕後の留置を認めておらず、第3に、逮捕状による逮捕後の手続について、刑訴法203条1項が司法警察員による検察官への送致の制限時間を身体拘束から48時間以内とし、刑訴法205条1項が検察官による勾留請求の制限時間を24時間以内としているのは、捜査機関の「手持ち時間」として捜査・取調べにフル活用しても構わないことを定めているのではなく、当時の交通事情の悪さに配慮して、許容される時間の上限を定めたものと理解されるべきことになる。すなわち、身体拘束に対する適正手続の保障という観点からは、身体拘束に関する事前の聴聞としての勾留質問前に、逮捕留置という形で72時間もの身体拘束が認められると解することはできず、本来は速やかな検察官送致を経て勾留請求が行われるべきであるから、逮捕にともなって認められるのは、送致に要する一時的「抑留」（憲法34条）に過ぎず、通常は拘禁施設への留置は不必要である。例外的に警察留置場など引致場所に付属する施設への仮の収容が必要となる場合があるにしても、本来は逮捕後速やかに検察官に送致されるべきであったのだから、この場合の警察留置場への留置は本来的留置場所への留置ではなく、刑訴209条による代用監獄への留置ということになる。

　これらに対して、逮捕後引致場所における一定時間の身体拘束が、「留置」として本来的に認められるとする第3の見解が提起されている。とはいえ、第3の見解も、逮捕は勾留のための「仮の拘束」にすぎず、「留置の必要」がある場合には速やかに勾留請求を行うべきとする点において、警察留置場への留置を代用監獄への留置とする第2の見解と共通の基盤にたち、それゆえ、引致場所における「留置」はあくまでも勾留請求までの一時的・過渡的な拘束でしかなく、勾留のような本格的拘束を予定するものではないとする[42]。

逮捕留置をめぐってまず問題とされるべきは，警察は被疑者を逮捕後警察留置場に留置したうえで，勾留請求までの72時間を「手持ち時間」として捜査・取調べのためにフル活用することが許されるのか，それとも，逮捕後勾留請求までの拘束は一時的・過渡的なものにすぎず，身体拘束の継続が必要な場合，速やかに勾留請求が行われるべきなのか，ということである。

(2) 警察コントロール下の身体拘束の極小化と速やかな勾留請求

規約9条3項は，被逮捕者を裁判官の面前に連れて行くのは「速やかに（promptly）」でなければならないと定めている。締約国の多くは国内法上，「不必要な遅滞なく」連れて行くことを要求したうえで，さらに重ねて，24時間から48時間の時間制限を定めているとされる[43]。規約人権委員会は一般的意見8/16（1982年採択）のなかで，「速やかに」の意味について，「より厳密な時間制限は大部分の締約国の法律により定められており，委員会の意見によれば，2, 3日（a few days）を超えてはならない」と述べている。規約人権委員会は，規約第一選択議定書に基づく申立に対する見解において，裁判官の面前に連れて行くことなく5日を経過した事件において規約9条3項違反があると認める一方[44]，50時間の経過の場合には違反を認めていない[45]。

人権条約5条3項の「速やかに」についても，人権裁判所や人権委員会はこの時間制限を具体的に明らかにはしていない。テロリスト犯罪の被疑者の身体拘束が問題とされたイギリスのブローガン事件において，1989年の人権裁判所判決は，4日6時間の経過を正当化することは「速やかに」という文言の過度の拡大解釈であって，手続保障を不当に弱め，この規定が保護する権利の本質を没却することになると判断した[46]。この事件においては，テロリスト犯罪の被疑者の身体拘束であることが特殊事情として考慮されたのであるから，当然，通常犯罪の場合には4日よりずっと短い制限時間が要求されることになるであろうと指摘されている[47]。

人権裁判所の判例は「速やかに」かどうかを判断するにあたって，たしかに，裁判官の面前に連れて行くまでのあいだに捜査機関が被疑者の取調べを行ったこと自体をとくに問題にしているわけではない。同じ文言を用いた規約9条3項においても，裁判官の面前に連れて行くまでのあいだ警察が被疑者を取り調べていたという一事をもって，「速やかに」という要請に反しているとすることは困難であろう。

しかしながら，トレッツェルが人権条約5条3項の要請について，「基本的ルールとして，被逮捕者はいかなる不必要な遅滞もなく裁判官の面前に連れて行かなければならない。捜査機関が司法機関に対してその判断のためのより確固たる根拠を提供するという目的から，いくらかの捜査・取調べを行うことは許容されるであろう。しかし原則として，被逮捕者は，逮捕後遅くとも24時間以内には，裁判官の面前に連れて行かなければならない」[48]と指摘していることからも明らかなように，逮捕から勾留請求までの72時間を警察の「手持ち時間」と捉えたうえで，捜査・取調べのためにフル活用するという日本の実務は，未決拘禁の司法的コントロールを要請する規約9条3項に違反するといわざるをえない。規約9条3項は，被疑者を逮捕後速やかに裁判官の面前に連れて行くことによって，警察のコントロール下にある被疑者の身体拘束を極小化しているからである。

　かくして，規約9条3項のもとでのあるべき手続は，被疑者の身体を逮捕後引き続き拘束する必要がある場合には，速やかに検察官送致を経て勾留請求をするというものである[49]。上述のように，規約9条3項のもと一切の捜査・取調べが禁止されるわけではないにせよ，被疑者を逮捕後速やかに裁判官の面前に連れて行くことによって，警察コントロール下の身体拘束を極小化することが要請されているのであるから，勾留請求までのあいだの捜査・取調べは可能な限り短時間で終了させるべきである。規約9条3項の趣旨からすれば，勾留請求に先立ち認められる捜査・取調べは，捜査機関が身体拘束の継続の必要性を認め勾留請求の手続をとるかどうか判断し，裁判官が勾留の裁判を行ううえで必要な資料を収集するためのものに限定されるべきであろう。

　被疑者を逮捕後速やかに裁判官の面前に連れて行くという手続保障は，無令状逮捕を広く許している英米法に特有のものであり，令状逮捕を原則とする日本においては，その必要性・重要性は低いとの見解がみられる[50]。しかし，被疑者の身体を速やかに警察のコントロールから引き離すことによって人権侵害的取扱い，自白強要的取調べを防止することが必要かつ重要であるのは，令状逮捕を原則としている場合でも同じはずである。

5. 代用監獄の憲法論

(1) 代用監獄の憲法問題

　以上検討したように，規約9条3項は未決拘禁の司法的コントロールを要

請するが，その目的は，第1に，身体拘束の適法性を裁判官が速やかに直接審査することによって，違法な拘禁を排除すること，第2に，拷問，虐待など人権侵害的取扱い，自白強要的取調べの危険を排除するために，警察のコントロール下にある身体拘束を極小化することである。代用監獄は，未決拘禁を司法的コントロールから離脱させ，警察のコントロール下に置く点において，規約9条3項に違反する。規約9条3項の要請する捜査と拘禁の分離は，警察内部での業務分担によっては満たされない。また，逮捕後勾留請求までの72時間を「手持ち時間」として，捜査・取調べのためにフル活用するという逮捕留置に関する現行実務は，未決拘禁を速やかに司法的コントロール下に置くことを要請する規約9条3項に違反する。逮捕後身体拘束を継続する必要が認められる場合には，速やかに勾留請求が行われなければならない。

ところで，代用監獄の憲法問題については，これまで，代用監獄が自白強要的取調べを可能にし，あるいはそれを促進しているとの認識に立って，被疑者の黙秘権の保障（憲法38条1項）の趣旨に反するとの見解がみられた。代用監獄による捜査と拘禁の結合のなかで生じる黙秘権侵害の危険にかんがみるとき，代用監獄は制度として黙秘権保障の趣旨に反するといえる。あるいは，対等な一方当事者でしかない警察が被疑者を自らの手許に置き，徹底して取り調べることを可能にする点において，憲法31条の適正手続から導かれる弾劾的捜査構造の趣旨に矛盾するとも指摘された。

また，代用監獄における被疑者の取扱いがひとえに取調べと自白獲得のために活用されることに着目して，その取扱いは憲法31条が保障する無罪推定の原則に反するとの指摘もみられる[51]。これらの見解は，代用監獄という制度それ自体というより，取調べや被疑者の取扱いのなかに映し出された代用監獄の憲法上の問題を指摘するものといえるであろう。

(2) 未決拘禁の司法的コントロールと憲法

未決拘禁の司法的コントロールという観点からは，代用監獄の憲法問題はどのように捉えられるのであろうか。代用監獄の憲法問題を令状主義との関連において論じる見解が注目される。

逮捕の法的性格について，田宮裕は，令状主義の趣旨，黙秘権保障の趣旨，弾劾的捜査構造を根拠として，「身柄保全的，弾劾捜査的」な英米法的逮捕観を提起し，本来，「逮捕の司法的抑制」は裁判官による事前審査だけでなく，事後的な審査（英米法における予備出頭）をも要請するものであるとし

て，日本の現行法においては，逮捕に続く勾留質問が予備出頭の機能を担うべきであり，起訴または釈放しない場合には，逮捕後できるだけ速やかに勾留請求をすべきと説いた[52]。村井敏邦は，憲法33条の令状主義の要請として，被疑者を逮捕後速やかに裁判官の面前に連れて行かなければならないとしている[53]。また，後藤昭は，憲法34条が「抑留」と「拘禁」とを区別し，後者についてより手厚い手続保障を定めており，刑事訴訟法もそれを受けて，勾留についてのみ理由開示や準抗告を認めているという法構造からすれば，逮捕は釈放または勾留への移行によって，できるだけ速やかに解消されるべき「仮の拘束」にすぎないと論じている[54]。

これらの見解によれば，憲法33条の要請として，またはその趣旨から，あるいは憲法34条の趣旨から，身体拘束を継続する必要が認められる場合，勾留質問のために被疑者を逮捕後速やかに裁判官の面前に連れて行くべきこととされる。これはまさに，規約9条3項の文言上要請されている手続保障である。それでは，勾留決定後，被疑者を警察留置場に再度連れ戻して勾留することは，憲法上許されるのであろうか。

代用監獄としての警察留置場に被疑者の身体を拘束すること自体が令状主義に違反すると説いたのは，小田中聰樹である。小田中聰樹によれば，第1に，身体拘束の権限は裁判官のみにあり，捜査機関にはないこと，第2に，憲法34条は，身体拘束の理由告知が裁判官によって直ちになされるべきことを要請しているから，「逮捕された被疑者は迅速に裁判官の面前に引致され，身柄の抑留・拘禁の理由について審査を受けたうえでその告知を受けなければなら」ず，この意味において，令状主義は身体拘束が裁判官の令状によることのみならず，被拘束者を裁判官の許に迅速に連れて行くことをも要請していること，第3に，令状主義の観点からは，身体拘束は裁判所の管理運営する施設において行われるのが望ましく，被疑者取調べについて黙秘権が保障されるシステムが整備されることを条件として，裁判所の監督権限を留保したうえで，身体拘束を行刑当局に委ねることが認められるにすぎないこと，が令状主義の意義として導かれる。このとき，代用監獄は制度自体として，令状主義に抵触する疑いが濃厚であるという[55]。

逮捕は一時的・過渡的な拘束にすぎず，釈放または起訴しない限り，速やかに勾留請求を行うべきこと，勾留質問のために被疑者を逮捕後速やかに裁判官の面前に連れて行かなければならないことは，憲法34条の規定構造に照らして明らかであろう。憲法34条において，直接には「理由を直ちに告

げられ……なければ，抑留又は拘禁されない」との規定によって，このような手続保障が要請されていると理解することができる[56]。では，勾留決定後の警察留置場への拘禁は，憲法上許されるのか。

刑事法領域において一般に，これまでの判例は，国際人権法の発展に基づいて憲法解釈を行うこと，国際人権法上の要請を積極的に取り入れて，憲法上の要請としても承認することには消極的であった。しかし，国際人権法の条文は憲法よりも詳細かつ具体的なものであることが多く，また，実施機関による解釈に関する意見などを通じて事実上の判例法の体系が構築されている。それゆえ，国際人権法の発展は憲法の解釈に対しても大きな示唆を含んでいるのであり，憲法を解釈するうえでの重要な指針として積極的に活用されるべきであろう[57]。

先に明らかにしたように，規約9条3項の下，被疑者を逮捕後速やかに裁判官の面前に連れて行かなければならず，その後警察留置場に再度連れ戻して拘禁することは許されない。規約9条3項による未決拘禁の司法的コントロールは，このことを要請していた。このような規約の要請が憲法解釈において積極的に活用されるとき，憲法34条は，未決拘禁に司法的コントロールを速やかに及ぼすことによって，警察のコントロール下にある身体拘束を極小化し，拷問，虐待などの人権侵害的取扱い，自白強要的取調べの危険を排除しており，それゆえ勾留決定後，警察留置場における被疑者の身体拘束を継続することを禁止している，と理解することができる。憲法34条は，このような意味における未決拘禁の司法的コントロールを要請しているのである。

このように理解するとき，代用監獄は規約9条3項に違反するだけでなく，憲法34条に違反することになる。また，72時間までの逮捕留置期間を取調べのためにフル活用する現行実務は，規約9条3項とともに憲法34条の要請に明らかに反している。新しい未決拘禁法が国際人権法の水準を満たし，憲法の想定する刑事司法を具体化するものでなければならない以上，代用監獄を廃止し，また，逮捕後被疑者の身体拘束を継続する必要がある場合，速やかに勾留請求が行われるような手続保障を確保しなければならない。

1 警察庁刑事局「警察の留置場を勾留施設とする必要性」警察研究49巻2号（1978年）87頁以下。

2　菊池浩「逮捕・勾留の場所——検察の立場から」三井誠ほか編『新・刑事手続Ｉ』（悠々社，2002年）272頁．

3　菊池・前掲注（2）273頁．

4　小池振一郎「逮捕・勾留の場所——弁護の立場から」三井ほか編・前掲注（2）281頁．

5　受刑者処遇法には1月未満の自由刑の執行のために警察留置場に収容されている受刑者に関する規定がおかれたが（146条以下），これは現行の代用監獄という制度を前提にしたものでしかないと説明されている（林真琴「刑事施設受刑者処遇法の解説」自由と正義56巻9号〔2005年〕）．これに対しては，批判的意見もある（土井政和＝村井敏邦＝中川孝博「座談会・刑務所改革の到達点とゆくえ」刑事立法研究会編『刑務所改革のゆくえ』（現代人文社，2005年）138頁以下，飯田美弥子「代監恒久化の危険性」週刊法律新聞1628号〔2005年〕）．受刑者処遇法の警察留置場規定を含め，代用監獄をめぐる最近の問題について，佐藤元治「転換期の代用監獄問題とその改革課題」龍谷大学矯正・保護研究センター年報2号（2005年）を参照．

6　小田中聰樹『現代司法と刑事訴訟の改革課題』（日本評論社，1995年）224頁．

7　日本弁護士連合会人権擁護委員会編『誤判原因の実証的研究』（現代人文社，1998年）413～415頁．

8　浜田寿美男『自白の研究（新版）』（北大路書房，2005年）とくに339頁以下．

9　公定訳は"detention"を「抑留」と訳している．しかし，憲法34条の「抑留」とは明らかに意味が違い，同条の「拘禁」の意味である．本稿における「拘禁」はこの"detention"のことであり，公定訳の「抑留」を意味している．なお，本稿においては，同様の意味において用いられる場合も含めて，「刑事上の罪に問われて逮捕され又は抑留された者」を「被逮捕者」とし，「裁判官又は司法権を行使することが法律によって認められている他の官憲」を「裁判官」とする．

10　第2回日本政府報告書の審査について，日本弁護士連合会拘禁二法案対策本部『資料集・国連における日本の代用監獄問題』（1988年）．

11　日本弁護士連合会『問われる日本の人権』（こうち書房，1993年）．

12　日本弁護士連合会『世界に問われた日本の人権』（こうち書房，1994年）．

13　それぞれ，代用監獄廃止接見交通権確立委員会訳『警察留置所での拘禁』（悠久書房，1989年），日本弁護士連合会編『代用監獄の廃止と刑事司法改革への提言』（明石書店，1995年），刑事立法研究会訳『監獄における人権／日本　1995年』（現代人文社，1995年）．

14　アムネスティ・インターナショナル調査団報告書『日本の死刑廃止と被拘禁者の人権保障』（日本評論社，1991年）34頁．

15 日本弁護士連合会編『日本の人権　21世紀への課題』（現代人文社，1999年）38〜43頁。

16 日本弁護士連合会 http://www.nichibenren.or.jp/hrsympo/jrt/ctindex4.htm。

17 Cook, Preventive Detention: International Standards and the Protection of the Individual 15-16, in Frankoski & Shelton (eds.), Preventive Detention (1992).

18 Schiesser judgment of 4 December 1979, Series A. no. 34, para. 31.

19 Brogan and Others judgment of 29 November 1998, Series A. no. 145-B, para. 58.

20 Trechsel, Liberty and Security of Person 333, in Macdonald, Matscher & Petzold (eds.), The European System for the Protection of Human Rights (1993).

21 Ben Emerson and Andrew Ashworth, Human Rights and Criminal Justice 187 (2001).

22 Trechsel, supra note 20, at 333.「拷問は拘禁開始の日に最も頻繁に行われる」という認識が基礎にある（Amnesty International, Torture in the Eighties 110 [1984]）。

23 田端智明＝石田髙久「仏・英・独の身柄拘束制度と拘禁施設の現状(3)」警察学論集49巻11号（1996年）118頁は，「英国においても，刑務所・拘置所の代わりに，受刑者を含む囚人を警察留置場に『代替収容』している例が見られる」と指摘している。たしかに1980年マジストレイト裁判所法128条7項により，マジストレイトは，ある犯罪について正式告発された者を3日まで警察留置場に収容することを命じることができる。実務上も，このような例が少数ながらあるという。しかし，その目的は正式告発された犯罪の捜査・取調べにあるのではなく，未だ正式告発されていないそれとは別の犯罪の捜査・取調べにある。正式告発された犯罪についての取調べは，わずかな例外を除いては許されていない。それゆえ，警察留置場への収容中，被疑者には通常の逮捕留置中の被疑者の場合と同じ手続保障が適用され，また，余罪についての捜査・取調べが終了したならば速やかに，被疑者はマジストレイトの面前に連れてこられなければならない。このように，正式告発された犯罪について正式告発後も，被疑者が警察留置場に「代替収容」されているというわけではない（Michael Zander, The Police and Criminal Evidence Act 1984, 181-182 [5th ed., 2005]）。

24 Rodley, Rights and Responses to Terrorism 127, in David Harris & Sarah Joseph (eds.), The International Covenant on Civil and Political Rights and United Kingdom Law (1995).

25 高松高判1997（平成8）年11月26日判例時報1653号117頁。

26 北村泰三「国際人権法の解釈とわが国の裁判所」北村泰三＝山口直也編『弁護のための国際人権法』（現代人文社，2002年）を参照。とはいえ，徳島刑務所事件の最

高裁判決においても明らかなように，日本の裁判所はなお，刑事法領域において，規約その他国際人権法を裁判規範として活用することに消極的である。北村泰三「刑事司法分野における国際人権判例の現状と課題」北村＝山口・同書196頁以下は，このような傾向を「国際人権消極主義」と呼び，日本の裁判所における「司法消極主義」の1つの現れと指摘している。

27　Dinstein, The Right to Life, Physical Integrity, and Liberty, in Louis Henkin (ed.), The International Bill of Rights 132 (1981).

28　光藤景皎『口述・刑事訴訟法（上）（第二版）』（成文堂，2000年）75頁は，規約9条3項において「裁判官の許へ引致した後は，被疑者の身体の管理を警察が行うことは許されない」とされるのは，「被疑者の身体拘束の必要性について司法上のチェックを行うだけではなく，警察から被疑者の身体を引離すことが，身体拘束が自白の獲得の手段として利用されることを避けるために必要なことだ」との考えによると指摘する。福井厚「国際人権法と留置施設法案」法律時報63巻5号（1991年）21頁は，裁判官による速やかな直接審査という目的とともに，警察留置場への身体拘束を継続したならば，「警察がその身柄拘束状態を利用して被疑者から自白を採取しようとするのは自然の成り行きであ」ることから，「警察が被疑者の身柄を長く自己の支配下に置くことを防止し，もって違法な取調が行われる機会を可及的に少なくしようとするため」であると指摘し，ドイツ法，フランス法，イギリス法，アメリカ法を概観し，いずれも規約9条3項の要請に適合した手続がとられているとする。この点については，庭山英雄＝五十嵐二葉『代用監獄制度と市民的自由』（成文堂，1981年）121頁以下［庭山英雄＝五十嵐二葉］を参照。同書212頁［庭山英雄］は，「国際人権規約9条3項が『速やかな裁判所出頭』について触れながら，身柄の拘置所への移監について触れていないのは，それがあまりにも当然のことだからである。欧米ではそれがあたりまえのことだからである」と指摘する。また，五十嵐二葉『テキスト国際刑事人権法各論（上）』（信山社，1997年）155頁は，規約9条3項の「連れて行かれる」に対応する英文"be brought"の本来の語義「連れて行って引き渡す」からも，このような理解が導かれるとする。

29　ララー委員の発言（日本弁護士連合会編・前掲注（15）125頁）。保護原則4は，このような趣旨をより明確な形で規定した（Nigel S. Rodley, The Treatment of Prisoners under International Law 331 [2nd ed., 1999]）。

30　庭山＝五十嵐・前掲注（28）225頁［庭山英雄］。代用監獄をめぐって規約9条3項違反の問題に関心が集まったのも，この決議があったかあらであろう。

31　United Nations Center for Human Rights & Crime Prevention and Criminal Justice

Branch, Human Rights and Pre-trial Detention, para 66, HR/P/PT/3 (1994)

32　ラ ラー委員の発言（日本弁護士連合会編・前掲注（15）125頁）。

33　1995年の国際法曹協会の調査報告書は，「捜査と留置業務は完全に分離されている」との警察庁や法務省の主張に対して，「実際にはこの分離は，表面的でおざなりである。それは形だけのものである」と厳しく批判している（日本弁護士連合会・前掲注（13）77，79頁）。

34　留置施設法案をめぐる日弁連との意見交換会のなかで，警察庁は「捜査と拘禁の分離」を強化する旨提起したものの，日課時限による就寝時刻経過後においても引き続き取調べが行われているときは，「留置主任官は，……捜査主任官に対して，取調べの打ち切りについて検討するよう要請するものとする」という改善案を提起したにとどまった（日本弁護士連合会拘禁二法案対策本部『警察庁との意見交換会及び法務省との第二次意見交換会報告』〔1987年〕17，55頁）。

35　小池・前掲注（4）280頁。

36　後藤昭『捜査法の論理』（岩波書店，2001年）168～169頁。

37　伊藤栄樹他『注釈刑事訴訟法（第2巻）（新版）』（立花書房，2003年）［吉田淳一］，藤永幸治他編『大コンメンタール刑事訴訟法（第3巻）』（青林書院，1996年）162頁［河村博］。ただし，米澤慶治「取調べの理論と実務」刑法雑誌27巻1号（1986年）182頁以下によれば，法的には可能であるにしても，出頭・滞留のために強制力を用いることは実際にはなく，「取調べに応ずるべき旨説得」するにとどまるという。

38　後藤・前掲注（36）137頁。接見指定に関する伊神国賠訴訟の最高裁判決（最判2000年〔平成12〕3月17日判例集未掲載）において，河合裁判官の反対意見は，留置担当官は留置業務について捜査機関から独立して，その責任において留置業務を遂行すべき立場にあるから，弁護人から接見の申出を受けた場合，憲法と刑事訴訟法の趣旨に従い適切に必要な措置を講じるべきであるとし，梶谷裁判官の反対意見は，代用監獄における留置担当官は捜査機関から独立した機関であり，監獄法に従って留置場を管理するとともに，被疑者の権利を擁護する義務，すなわち捜査機関による違法・不当な取調べを行わせず，被疑者の弁護人との接見交通権を確保する義務を負っているとした。適正な処遇確保という観点から，留置担当者に捜査・取調べを拒否・中断する権限が認められるとした点において注目されるべきである。これについて，安藤和平「接見交通権と留置業務」柳沼八郎＝若松芳也編著『接見交通権の現代的展開』（日本評論社，1992年），斉藤利幸「留置業務の独自性」柳沼八郎＝若松芳也編著『新・接見交通権の現代的課題』（日本評論社，2001年）を参照。

39　後藤・前掲注(36)133頁以下。刑事訴訟法と刑事拘禁法の一元的関係からすれば，

このような理由によって，被疑者・被告人の刑事訴訟法上の権利を実質的に制約することは認められないが，捜査・取調べ権限を制約することは認められる。

40　村井敏邦「未決拘禁と収容問題」法律時報60巻3号40頁（1988年）。
41　村井・前掲注（40）。
42　後藤・前掲注（36）95頁。
43　Manfred Nowak, U.N. Covenant on Civil and Political Rights Commentary 176 (1993).
44　Jijon v. Ecuador (277/1988), para. 5.3.
45　Martinez Portorreal v. Dominican Republic (188/1984) para. 10.2.
46　Brogan and Others judgment of 29 November 1998, Series A. no. 145-B, para. 58.
47　Trechsel, supra note 20, at 336.
48　Id, at 336. アメリカ合衆国最高裁の1943年マクナブ判決は，木曜日早朝2時頃逮捕した後，ようやく土曜日にマジストレイトの面前に連れて行ったという事案について，逮捕から予備出頭までのあいだに行われた取調べの結果採取された被疑者の自白の証拠能力を否定した（McNabb v. United States, 318 U.S. 332 [1943]）。かくして，被疑者を逮捕後不必要な遅滞がなくマジストレイトの面前に連れて行かない限り，そのあいだに採取された自白は排除されるとするマクナブ・ルールが確立された。田宮裕『捜査の構造』（有斐閣，1971年）166頁は，日本におけるマクナブ・ルールの適用を提起する。
49　福井厚『刑事訴訟法講義（第2版）』（法律文化社，2003年）99〜100頁。
50　佐藤文哉「刑事裁判と人権」法務省人権擁護局人権実務研究会編『人権保障の生成と展開』（民事法情報センター，1990年）268頁。福井・前掲注（49）100頁が説くように，令状逮捕の場合，たとえ裁判官の事前の令状審査があるにせよ，それは捜査機関の提出する一方的証拠に基づいて行われるものでしかないから，そのような令状によっては本格的な未決拘禁が正当化されることはなく，裁判官の面前で被疑者の言い分を聞いたうえでなければ，本格的な拘禁は許されないと理解すべきである。
51　三島聡『刑事法への招待』（現代人文社，2004年）32〜33頁。刑事拘禁法が刑事訴訟法上の身体拘束の処分の執行を目的としているがゆえに，両者が一元的関係にあることから，未決拘禁の司法的コントロールが要請され，これによって無罪推定の原則も実質化することについて，葛野尋之「刑事訴訟法と刑事拘禁法」村井敏邦＝川崎英明＝白取祐司『講座・新世紀の刑事訴訟法（第2巻）』（日本評論社，2005年予定）を参照。
52　田宮・前掲注（48）159頁以下。

53　村井敏邦『刑事訴訟法』（日本評論社，1996 年）127 頁。

54　後藤・前掲注（36）105 〜 106 頁。酒井安行「被逮捕者留置の性質について」国士舘法学 21 号（1990 年）は，同様の見解をとりながら，引致場所における一時的・過渡的拘束を「留置」と呼ぶべきでないとする。

55　小田中・前掲注（6）209 〜 211 頁。

56　憲法 34 条後段は英米法における「予備審問」のような手続保障を要請しており，それゆえ勾留理由開示はその要請に適合するよう構成されるべきとの見解が，かねてより有力であった（田宮・前掲注（48）167 〜 168 頁，杉原泰雄「人身の自由」芦部信喜編『憲法Ⅲ・人権(2)』〔有斐閣，1971 年〕155 〜 156 頁，光藤景皎『刑事訴訟行為論』〔有斐閣，1974 年〕78 〜 79 頁など）。このような理解は，本来，憲法 34 条において英米法にある「予備出頭」が要請されており，したがって勾留質問は「予備出頭」として機能するよう構成されるべきとの理解に結合するであろう。英米法において，予備出頭と予備審問はそれぞれ独自の機能を有しながらも，無令状逮捕の場合における予備出頭にともなうマジストレイトによる身体拘束の「相当な理由」の再審査（「ガーシュタイン審査」と呼ばれる）とともに，違法・不当な拘禁から市民を保護・救済するための一体的な手続保障として機能しているからである（Moore, Thirty-first Annual Review of Criminal Procedure: II. Preliminary Proceedings, 90 Georgetown Law Journal 1295, 1295 [2002]）。

57　北村・前掲注（26）「刑事司法分野における国際人権判例の現状と課題」196 〜 197，199 頁。

（葛野尋之／くずの・ひろゆき）

第3部
身体不拘束の原則
拘禁に代わる措置の模索

第4章 未決拘禁の代替処分

1. はじめに

　ここ数年の逮捕・勾留に関する統計を見ると，日本の未決拘禁制度が抱える問題点のいくつかが浮かび上がってくる。まず，第1の問題は，被逮捕者数，被勾留者数が大幅に増加していることである。被逮捕者数は，10万人から13万人程度，被勾留者数は10万人を下回る程度で比較的安定的に推移していたものが，ここ数年のうちに約1.5倍に増加した[1]。また，数の増加の中で，2004年には，（請求による）勾留状の発付数が逮捕状の発付数を上回るという現象が起きている。被疑者の身体拘束について，逮捕後ほぼ自動的に勾留に移行する，という傾向がここから読み取れるのである。第2の問題は，被告人について被拘禁者数を押し下げる効果を期待できる保釈率の低下である。保釈率は，1970年代をピークに下がり続けてきたが，被勾留者数の増加傾向の中で，保釈許可人員の実数が1万人前後と変化していないため，ほぼ一貫して下がり続けている（ここ数年は12％前後である）。その結果，代用監獄も拘置所もその収容能力の限界を超えつつあり，既決と同様，未決拘禁についても過剰拘禁が現在日本の刑事拘禁制度の大きな課題となっているのである。

　被疑者段階の逮捕・勾留期間が自白追及のために利用され，被告人段階では，否認ないし事実を争えば「罪証隠滅の危険」ありとして保釈が許可されない。このような日本の未決拘禁制度の運用実態が「人質司法」と呼ばれて久しい。「人質司法」は，身体拘束状態を利用して自白を獲得し，それを維持しようとする捜査機関と，それに対して有効なチェック機能を果たしてこなかった裁判所・裁判官がもたらしたものではある。しかし，これは単なる運用上の問題なのであろうか。現行刑事訴訟法の未決拘禁制度は，被疑者の逮捕・勾留について厳格な要件と期間の制限を設け，被告人の勾留についても厳格な要件と権利としての保釈制度を設けることで，未決拘禁の例外性を

明らかにしているといわれる。

　しかし，未決拘禁の実態は，未決拘禁の例外性という理念が貫徹されていないことを窺わせるだけでなく，制度的な要因が過剰拘禁を招いているのではないか，との観点からの再検討も迫っているのである。さしあたり，勾留に関して過剰拘禁を招く要因となる現行制度の問題点を挙げてみる。

　まず，勾留の要件である。刑事訴訟法60条1項は，「罪を犯したことを疑うに足りる相当な理由」，すなわち犯罪の嫌疑があることを前提に，住居不定，罪証隠滅の危険，逃亡の危険の3つの勾留理由のいずれかが存在するときに勾留を認めている。しかし，ここでは対象犯罪に限定はなく，法定刑に自由刑を含まない軽微な犯罪についても勾留が可能とされている。裁判の結果自由刑が科された場合には，部分的であるにせよ，未決勾留日数の本刑算入により，被疑者・被告人の被った不利益を塡補しうるのに対し，罰金以下の事件については，拘禁による不利益を塡補しえないだけでなく，財産刑を科す手続のために身体を拘束するという，比例原則に反する事態が生じる。少なくとも未決拘禁の例外性を貫徹するならば，自由刑に相当する事件以外では，勾留を原則なしえないこととすべきではないか，と思われるのである。また，「罪証隠滅の危険」を勾留の要件としていることは，被疑者・被告人の防禦権行使を捜査の妨害，公判手続追行の妨害ととらえる可能性を生じさせ，「人質司法」の要因の1つとなっているとも言いうる。

　第2に，保釈制度の不備がある。現行法は，被疑者の勾留については保釈を認めておらず（刑事訴訟法207条1項），被告人の保釈についても一方で権利性を承認しながら，その権利性を広範な除外事由を規定することで事実上骨抜きにするという構造を持っている（同89条）。そしてその除外事由の中に，犯罪の重大性，前科といった事情を掲げることで，勾留が手続確保の目的を超えて保安処分的に運用される可能性を胚胎させ，また，勾留理由と同じ罪証隠滅の危険を権利保釈の除外事由とすることで，保釈を極めて限定的に運用する可能性を内在させている。また，保釈に際して保証金を前提条件とすることは，資力の乏しい被告人の保釈の可能性を狭め（同93条1項），保釈請求そのものをためらわせる要因ともなっているのである[2]。

　第3に，勾留の期間制限の不備がある。被疑者の場合には原則10日，延長を加えても通常事件では20日までという厳格な期間制限が設けられている。しかし，被告人については2ヶ月の勾留期間を1ヶ月ごとに更新することができることになっているため，更新が1回に限定される軽微事件等を

除くと，裁判が続く限り無限定に勾留を続けることが可能になっている（同60条2項）。宣告刑のみならず，法定刑の上限をも上回る期間勾留することも可能であり，現実にそのような事例も存在する。手続の目的（刑罰）よりも手続の負担（勾留）の方が重いという事態は，制度的に不合理というほかはない。

　以上のような現行の未決拘禁制度とその運用が抱える問題点を直視するとき，未決拘禁の過剰拘禁状態を解消し，未決拘禁を効果的に縮減しうる制度改革が求められているというべきである。また，未決拘禁の縮減は，被告人の防禦権行使の実効化をもたらし，当事者主義を徹底するためにも必要であり，裁判員制度の導入が目前に迫っている今こそ，制度改正を実現するべき時である。そこで，本章では，未決拘禁縮減のための制度改正の具体的プランとして，未決拘禁に代替する処分（本稿ではかりに「手続確保のための処分」と呼ぶ）を提示する。現行法は，勾留の代替処分として保釈制度を有しているが，これには上述のような問題があるだけでなく，いったん勾留した後に勾留の効力を残したままで条件付きで釈放する制度であるが故に，勾留自体を縮減する効果については疑問がある。本章で提示する「手続確保のための処分」は，手続上の必要がある場合に身体拘束を前提とせずに賦課しうるものとして構想するものである。

2. 代替処分導入の理論的根拠

　未決拘禁の代替処分を立法の課題として提示するのは，単に未決拘禁の過剰拘禁状態という現象面に着目するからではない。憲法，国際人権規約等の上位規範との関係で，あるいは刑事手続の原理に即した理論的検討により，身体拘束に代替する実効的な制度を持たない未決拘禁制度が見直されなければならないと考えるからである。以下に代替処分の導入が必要であると考える理論的な根拠を挙げてみる。

(1) 憲法との整合性

　憲法31条は，適正手続の保障を規定し，刑事手続が法定されるだけでなく手続自体が当事者の手続的権利を保障した適正なものであることを要求している。そして，その「適正さ」の内容としては，憲法32条以下に具体的に規定された手続的権利のほかに，告知・聴聞・弁論の機会の保障，当事者

主義の手続の保障，無罪推定などが含まれると解されている[3]。無罪推定原則と当事者主義の手続が憲法31条の保障に含まれると解する以上，判決確定前の手続において，防禦活動を制約する不利益な処分を課すことは，できる限り避けられなければならないはずである。そして，人権を制約する場合の一般的原理としても，公共の利益の大小，その緊急度に応じて，制約の範囲は必要最小限度に留められなければならない（比例原則，あるいはLess Restrictive Alternative原則）のであるから，手続の当事者である被疑者・被告人の身体を拘束すること自体について，抑制的でなければならないのである。そのことは，逮捕の要件，抑留・拘禁の要件とその際の権利保障を規定した憲法33条，34条にも具体化されており，法律によって定められた要件がなければ自由を拘束されないという被疑者・被告人の「自由の推定」は憲法上の要請である。しかしながら，現行法の逮捕・勾留の制度は，比較的厳格に身体拘束の要件を規定しているとはいえ，逮捕・勾留の制度的な目的である事後の手続確保が，より権利制約の少ない選択肢によって実現可能である以上，憲法の要請に十分に応えているとは言えない。特に保釈制度が適用されない被疑者の勾留の場合には，手続確保の必要があれば勾留するほかなく，それ以外の選択肢がないオール・オア・ナッシングの状態である。手続確保の必要がある場合はすべていったん勾留し，被告人のみについて事後的な代替処分として保釈制度を用意しているに止まる現行制度は，「自由の推定」を制度的に保障したものとは言えないのではなかろうか。

(2) 国際人権基準との整合性

身体の自由に関して規定する「市民的及び政治的権利に関する国際規約」（以下，自由権規約）9条は，恣意的逮捕・抑留の禁止（1項），逮捕理由，被疑事実の告知（2項），被逮捕者の司法官の面前への引致と迅速な裁判を受けまたは釈放される権利の保障（3項），裁判所による抑留の合法性審査（4項），違法な逮捕・抑留に対する賠償（5項）を規定している。このうち，「拘禁の例外性」を要求する自由権規約9条3項は，未決拘禁の代替処分が法律上規定されることを前提としており，また，無罪推定を規定する自由権規約14条2項からも，無罪推定を受ける地位にふさわしい取扱いが必要とされるから，勾留が原則となるような未決拘禁制度は，自由権規約違反となる。実際，第4回の日本政府報告書の審査において，規約人権委員会は，被疑者の23日間の拘禁期間中に保釈が認められていないことを懸念事項として挙

げ，起訴前の拘禁について規約9条，10条（被拘禁者の人間の尊厳の保障），14条に適合する改革を行うよう勧告したのである[4]。

　もっとも，現行法には，被告人については勾留後の代替処分として保釈制度があるから，この勧告に従って刑事訴訟法207条1項を改正し，起訴前の勾留について保釈制度を導入すれば自由権規約の要請は満たすことになり，それ以上に拘禁自体に代わる処分を設ける必要はないように思われるかもしれない。しかし，国際人権基準を総体として見た場合，逮捕後定期的に保釈を要求する権利を保障するべきことを提唱した国際法曹委員会のデリー宣言Ⅳ(2)（1959年），身体拘束に代わる手段を最大限利用すべきことを提唱した国際刑法学会のハンブルク決議7d（1979年）などが存在すること，自由権規約9条3項のほかに，国連の被拘禁者保護原則37，38（1988年），ヨーロッパ人権条約5条3項が，いずれもほぼ同じ文言で逮捕後司法官の面前に引致された者が「合理的な期間内に裁判を受ける権利または釈放される権利」を保障していることから，逮捕後裁判官の面前に引致した段階（日本の現行法では勾留質問の時ということになろう）から裁判までの間「釈放」する制度が必要とされているというべきである。すでに指摘したように，保釈制度は，いったん身体拘束を行ったうえで，一定の条件を付して釈放する制度であり，非拘禁を原則とする制度ではない。逮捕後引き続き勾留することを前提に，被疑者段階に保釈制度の適用を拡大しただけでは，国際人権基準の要請を完全に満たしたとはいえない。被逮捕者を裁判官の面前に引致した後は，できるだけ身体拘束をしない制度が必要なのである。

(3) 未決拘禁制度自体の理論的正当性

　「正当な理由」がなければ拘禁することができないことを規定した憲法34条を受けて，刑事訴訟法は勾留の要件を厳格に規定している。では，刑事訴訟法の規定に従って被疑者・被告人を拘禁することは，それ自体として正当化されるであろうか。犯罪に対する反作用として自由を拘束する刑罰を科す場合は，有罪者の行った犯罪という害悪に対してそれに見合う害悪としての拘禁を行うことによって正義を回復する，と考えられているから，拘禁はそれ自体として正当化される。ところが，未決拘禁の場合は，被疑者・被告人はいまだ有罪とされたわけではないから，犯罪に対する反作用として拘禁を正当化することはできない。刑事訴訟法が住所不定，罪証隠滅の危険，逃亡の危険を理由に勾留を認めていることは，これらの事由があることが拘禁自

体を正当化することを表しているわけではないのである。たしかに，拘禁しなければ後の手続が確保できない場合に勾留が許されているのではあるが，手続確保のために刑事手続上「無罪の推定」を受けるべき地位にある被疑者・被告人に拘禁という不利益を甘受せよ，と命じることは本質的に矛盾をはらんでいる[5]。

翻って考えてみれば，憲法34条が拘禁に「正当な理由」を要求しているのも，拘禁が「合法的」であること，拘禁の合法性が司法官憲によって審査されるべきである，ということに止まるのであって，この規定をもって憲法が未決拘禁の正当性を認めたことにはならないと思われる。未決拘禁は，「司法の利益」のために個人の人身の自由を制約する処分であり，手続の終了によって「司法の利益」が確保された場合には，事後的な補償が必要だというべきであろう。憲法40条の規定に従い，無罪の場合には刑事補償（不起訴の場合には被疑者補償規程が部分的に対応している）があるが，有罪，起訴猶予の場合には補償制度がない（有罪の場合には未決勾留日数の本刑通算によって拘禁の不利益を塡補しうるとしても，これも部分的，裁量的でしかない）。有罪，無罪にかかわらずすべての未決拘禁について補償制度を設けるのならば別であるが，現状では制度的に未決拘禁は「必要悪」としての性格を免れないことになる。このような矛盾をできうる限り避けるためには，代替処分の導入により，未決拘禁の存在自体を極小化すべきであろう。

(4) 裁判員制度の導入に際しての条件整備

2009年の施行を控えて，裁判員制度の導入に備えた法改正が相次いで行われている。裁判員の参加する裁判では，連日的開廷が予定されていること，そしてそれを可能にするために公判前整理手続が行われること等の基本的な構造については，すでに立法がなされたが，裁判員裁判を導入するための条件整備としての制度改正は，いまだ緒についたばかりである。すでに，制度改正を必要とする問題点として，取調べの可視化，接見交通の拡充の必要性が弁護士会サイドから指摘されているほか，法廷における被告人の着席位置や服装といった点についても，制度改正や運用の改善が必要であることが指摘されている[6]。これらの指摘は，予断排除の徹底，防禦権の充実，判断資料の客観化によるわかりやすい裁判の実現といった価値を追求するものであり，いずれも裁判員裁判が実際に始まる前に解決されるべき問題である。

しかし，より重要なのは，被告人が勾留されていることが原則化している

現状の勾留制度の運用のまま，当事者主義の徹底と迅速な公判手続が求められる裁判員裁判を導入することはできない，という点である。裁判員裁判の対象事件は，重大事件のみであるから，現在の勾留制度の運用では，被告人はまず例外なく勾留され，保釈もほとんど認められない状態で裁判に臨むことになる。被告人が勾留されていることを前提に，接見交通権の保障を厚くするだけでは，連日開廷に対応した防禦の準備が十分に行えるとはいえないであろう。保釈率が低いだけでなく，現在の運用では，被告人が事実を争っている場合には，「罪証隠滅の危険」がなくなった結審間近になった段階からしか保釈を認めない，というような運用実態がある。このような運用が連日的開廷にそぐわないことは明らかであるし，勾留されている被告人が刑務官にガードされ，手錠・腰縄付きで入廷する姿が裁判員に強い有罪の予断を与えることが懸念されるからである。また，現在の保釈制度の運用は，公判期日間に相当の期間がある飛び石的開廷に見合ったものになっているが，出頭確保や罪証隠滅の防止の意味が，連日的開廷の場合には異なってくるはずである。公判が始まってから数日間だけ保釈するような運用が行われないためにも，無罪推定と非拘禁の原則を貫徹しうる制度改正が必要である。勾留に代わる出頭確保の処分を導入することは，裁判員裁判導入に備えた制度改正としても重要な意味を持つのである。

3．フランス法に学ぶ

　ここでは，未決拘禁の代替処分の具体例とその問題点を，フランス法を題材に検討する。フランス法をここで取り上げる趣旨は，代替処分について先進的な立法例に学ぼうという単純な理由によるものではない。むしろフランスの未決拘禁制度は，その保安処分的色彩と，予審の期間中尋問（日本的に言えば取調べ）のために長期にわたって拘禁するという実務により，糾問的色彩を持っており，それらの負の遺産を払拭しきれないままにヨーロッパ人権条約への対応を迫られ，法改正を重ねてきた，という苦悩と模索の立法史がある。制度のモデルとしての積極的な側面だけでなく，負の側面を含めたトータルな分析と，法改正の成果とその限界を客観的に評価する視点こそ比較法的分析には求められるのである。しかも，権利保障の十分でない警察段階の拘禁（garde à vue）と長期化する過剰な未決拘禁という問題点を抱えたフランスの未決拘禁の状態は，現代の未決拘禁制度の出発点となった1970

年の法改正前の状態で比較した場合，代用監獄問題と「人質司法」と評される勾留の運用実態を抱えた日本の現状と，その現象面で非常に似通ったものだったのである。フランス法がそこからいかに変わりえたかを知り，立法改革を経てもなお払拭されていない負の側面を含めて比較法的検討の素材とすることは，日本の未決拘禁法の改革にとっても有益である。

ところで，1970年以前のフランスの日本の勾留にあたる身体拘束は，刑事訴訟法典（C.P.P.）の規定上も「保安拘禁（détention preventive）」と呼ばれ，拘禁の要件として再犯予防などが挙げられ，拘禁に付す際に具体的な理由付けが必要とされないなど，保安処分的な色彩が強いものであった[7]。また，保釈制度も有効に機能せず，違法な未決拘禁に対する補償制度も存在しなかったところから，当時のフランスの未決拘禁制度はヨーロッパ人権条約に適合しないことが指摘されていたのである。1950年にヨーロッパ人権条約に原署名国として参加したフランスが，1970年に至るまで規約の批准をためらった理由の1つは，規約に適合する国内法の整備が遅れたことであり，未決拘禁法の改革は，その重要な要素だったのである。

フランスの未決拘禁法をヨーロッパ人権条約に適合させるための法律として制定された1970年7月17日の法律は，保安拘禁から未決拘禁（détention provisoire）へと呼称を変更し，未決拘禁の代替処分である司法統制処分（control judiciaire）を導入し，未決拘禁に対する補償制度を創設した。司法統制処分は，予審判事が居住制限等の義務を課すことにより，手続確保をはかるものである。しかし，未決拘禁を限定する枠組みを伴わずに司法統制処分を導入したために，1970年法は予審判事の選択肢を増やす意味を持っただけで，未決拘禁を縮減する効果を挙げなかったとされる。すなわち，1970年法による改正の結果，5日以内の未決拘禁は大幅に減少したものの，6ヶ月を超える長期の未決拘禁は増加傾向に歯止めがかからず[8]，そのことがフランスの立法者を度重なる法改正へと向かわせることになったのである。

(1) 未決拘禁の例外化理念と数次にわたる法改正[9]

フランスの被疑者・被告人の身体拘束制度は，警察の予備捜査の段階で用いられる警察拘禁（garde à vue）と予審以後の手続で用いられる未決拘禁（détention provisoire）からなる。このうち警察拘禁については，手続的権利の保障がほとんどないことが，未決拘禁についてはその長期化と過剰な利用が，それぞれ国内外からの批判の対象となり，フランス政府は，1970年

法以降も法改正を重ねていく。そして，ここで重要なのは，1970年法の制定によって少なくとも形式的にはヨーロッパ人権条約批准の条件を整えたフランスの未決拘禁法は，そのことによって逆にヨーロッパ人権条約との整合性を，ヨーロッパ人権委員会・人権裁判所によって問われ続けなければならなくなった，という点である。

　ヨーロッパ人権条約の批准後も，フランス国内においては警察拘禁や未決拘禁の問題点をヨーロッパ人権条約の規定に照らして検討しようとする姿勢は，学界においても希薄であり，また1980年代に至るまでは，フランスの未決拘禁制度が直接条約違反の指摘を受けることがなかったために，規約との整合性の確保を理由に制度改革が行われる，という側面もさほど強くは見られなかった[10]。しかし，1980年代に入ると，他のヨーロッパ諸国に比して人口比での未決拘禁人員が目立って多いことや，予審の長期化が未決拘禁の長期化を招く，という実態が批判の対象となるようになり，その際フランスの未決拘禁制度がヨーロッパ人権条約5条の要求を満たしているか，という観点からの検討，批判が行われるようになる。このような背景の下に，立法は予審改革，とりわけ未決拘禁権限を誰に委ねるか，という点をめぐって活発に行われるようになったのである。また，1990年代に入ると，フランスの未決拘禁制度が相次いでヨーロッパ人権裁判所で条約違反の認定を受けるという事態[11]を受けて，立法の動きはさらに加速し，政権交代による曲折を経ながらも，最終的には未決拘禁の権限を予審判事から切り離し，同時に，司法統制処分も未決拘禁も，例外的処分であることを明確にした2000年6月16日の「無罪推定法」へと結実したのである。

　以下，まず無罪推定法以前の主要な未決拘禁と代替処分である司法統制処分をめぐる立法を紹介する。

　まず，未決拘禁に付すための手続については，1984年7月9日法が，予審判事による未決拘禁決定の手続に対審の審問手続を導入した。この改正の趣旨は，それまで予審判事の一方的判断として行われていた未決拘禁の要件の有無の判断を当事者の手続的権利が保障された対審手続を設けることで慎重にさせようとするものであった。しかし，審理を担当する予審判事に未決拘禁権限を委ねたままでは，抑制的効果は期待できないという判断から，まず1985年12月10日法が予審を3人の合議体（予審部）に行わせ，その合議体に未決拘禁決定手続を委ねる改正を行った。しかし，この改正は施行されないままに1987年12月30日法によって，予審自体は単独制とし，未決

拘禁権限だけを合議制の「未決拘禁決定部」に委ねる形に改変され，さらにこの改正も施行されないままに1989年7月6日法によって，単独の予審判事に予審権限も未決拘禁決定の権限も戻す形へと改正された。その代わりに，1989年法は，未決拘禁決定手続の前の調査手続を拡充し，未決拘禁の理由の言渡しを義務付け，明確な上限設定がなかった重罪の場合について，対審の延長決定手続を定期的に経させるという形で，未決拘禁の抑制を図るという姿勢を示した[12]。

しかし，予審の長期化のために未決拘禁が長期化している，との批判は，その後も収まることはなく，1993年1月4日法は，再度，未決拘禁権限を「未決拘禁審査部」に移す改正規定を設けた。この「未決拘禁審査部」は判事1人と市民2人で構成される合議体として構想され，拘禁を多用する裁判官を市民参加によって抑制するという狙いを持ったものであったが，これも結局施行されないままに1993年8月24日法によって改廃され，再び未決拘禁権限は予審判事の手に戻されることになった。予審自体の改革という立法課題と，政権交代という事情が絡み合った結果とはいえ，未決拘禁手続の主体をめぐるフランスの立法は，まさに迷走の様相を呈していたのである。

第2に未決拘禁の要件については，保安拘禁から未決拘禁へと呼称を変更した1970年法によっても，再犯予防，公序の保護といった拘禁理由が認められており，フランスの未決拘禁は保安処分的な色彩を残したままであった。その後の法改正においても，対象犯罪の限定方法を多少変更したほかは，広範な未決拘禁理由が過剰な拘禁を招いている，という国内外からの批判に対して，抜本的な改正は行われず，微調整を行うにとどまった。1970年法は，重罪か2年以上の自由刑にあたる軽罪にしか未決拘禁を用いることができないこととし，未決拘禁の条件の中に，「司法統制処分による義務の賦課では不十分な場合」という文言を加えることで，未決拘禁の例外性を明らかにし，対象犯罪を限定することで未決拘禁を抑制する姿勢を示した。しかし，対象犯罪は，1989年7月6日法によって，1年以上の自由刑にあたる現行犯の場合にも拡張されるなど，必ずしも縮減の方向には向かわなかったのである。また，拘禁理由自体の改正はほとんど行われず，犯罪の重大性を理由に拘禁の具体的理由を明らかにせずに未決拘禁が行われていることに対して，ヨーロッパ人権裁判所から条約違反の認定を受けた後の1993年1月3日法による改正規定でも，「公序の保護」という抽象的な拘禁理由が残されるなど，拘禁理由の限定という立法課題は残されたままであった[13]。

第3に，未決拘禁の期間の上限を設ける立法としては，1975年8月6日法が5年以下の軽罪については4ヶ月の拘禁期間を原則1回，2ヶ月しか延長することができないとの規定を置いたのを皮切りに，拘禁期間の上限設定によって予審期間の短縮と未決拘禁の長期化の防止を図ろうとする法改正が相次いで行われた。まず1981年2月2日法（「安全と自由」法）が6ヶ月以上係属する予審事件を予審の上訴期間である控訴院重罪公訴部に回付し，重罪公訴部が回付事件について2ヶ月以内に予審を終結しなければ被告人を釈放しなければならないとする改正を行った。この重罪公訴部への回付手続は1983年6月10日法で廃止されたが，その後も軽罪について1年を超える未決拘禁を原則禁止する1984年7月9日法，軽罪の拘禁の上限を2年に設定し，重罪についても拘禁期間を原則1年に限定する1989年7月6日法，さらに原則的な上限期間（軽罪6ヶ月，重罪1年）を超える延長に際しては，延長の決定または釈放請求の却下にあたって，具体的な理由と手続終結の見込み期限を示さなければならないとする改正が1996年12月30日法で行われている。

　第4に，司法統制処分については，刑事訴訟法典138条に規定された適用可能な処分のリストが1975年8月6日法（12号，13号の追加），1983年7月8日法（14号～16号の追加）によって拡大されたほか，当初例外的処分であることが明確でなかった司法統制処分について「自由の推定」原則を掲げ，それ自体が例外的処分であることを宣明する総則規定（C.P.P.137条，後に無罪推定法で改正）を置くことで，より例外的な処分である未決拘禁に優先することを明確にする改正が，1993年1月4日法によって行われた。

　以上に見てきた1980年代から1990年代におけるめまぐるしい制度改正において，焦点は予審改革であった。しかし，未決拘禁に関する予審判事の権限を縮小しようとする立法の試みは，政権交代と司法官層の根強い反対により，3度にわたって施行されないままに終わり，未決拘禁期間の上限設定による拘禁の抑制も，重大犯罪や審理の必要性がある場合には例外が設けられたために実効性があまり期待できないものだったのである。

　特に1990年代に入ると，立法のレベルではヨーロッパ人権条約との整合性が強く意識されるようになり，その背景としてヨーロッパ人権裁判所によって，フランスの未決拘禁が規約違反の判断を受けたケースがあることは疑いないが，それが未決拘禁の縮減という実際の効果を伴って実務に浸透するには至らなかったのである。そのような状況の中で，20世紀最後の大改

正として登場したのが，2000年6月15日の「無罪推定法」である。無罪推定法は政府案の規模をはるかに上回る刑事訴訟法典の大改正となったと指摘されるが，その理由の1つには，法改正を重ねても実務が変わらないことへの立法者の強い不満があったことが挙げられよう。

(2) 2000年6月15日の「無罪推定法」による未決拘禁改革

　無罪推定法は，刑事訴訟法典1条の前に「前条」を設け，当事者の対等性，平等な取扱い，被害者の保護，無罪推定の原則を掲げ，その理念の下に刑事手続全体を見直そうとする大きな意図を持った法律である。したがって，未決拘禁についても無罪推定原則から来る「自由の推定」の考え方からその抑制を図る姿勢を示し，1970年代以降の法改正によっては実現されなかった課題のいくつかを立法的に解決しようとしている[14]。

　まず，無罪推定法は，未決拘禁の決定主体を予審判事とは別の「保釈・拘禁判事（juge des libertés et de la détention）」に委ねる改正を行い，従前の改正と異なり，これがはじめて施行された。この改正により，予審判事が決定できるのは，司法統制処分のみとなり，予審判事が拘禁の必要ありと判断した場合，または予審判事が課した司法統制処分上の義務に審理対象者が故意に違反した場合には，予審判事から保釈・拘禁判事に未決拘禁決定を求める請求をすることとなった。

　未決拘禁の実体要件の縮減という点に関しては，無罪推定法は，予防拘禁的色彩の除去には必ずしも徹し切れていない。未決拘禁に付しうる対象犯罪は，重罪の場合と3年以上の自由刑にあたる軽罪の場合に限定された[15]が，拘禁理由については，若干の文言の整理は加えられたものの，証拠保全と証人・被害者の保護，審理対象者（予審段階の被告人）の保護やその者に対する手続の確保と再犯の予防，重大犯罪によって生じた公序の混乱の防止[16]の3つがそのまま維持され，さらに司法統制処分の担保制度として未決拘禁を位置付ける従前の規定を引き継いで，司法統制処分上の義務に故意に違反した場合にも未決拘禁に付しうるものとされた。

　未決拘禁期間の上限設定については，軽罪の場合原則4ヶ月以内，例外的に延長するときも2年以内とし，重罪の場合にも原則1年以内，最長でも4年以内とする規定が置かれた。しかしながら，この上限設定については，2002年9月9日法でさらに延長する規定が設けられ，結局延長の決定の際には，対審の決定手続が必要とされるとはいえ，フランス法はいまだすべて

の事件について明確な上限設定を行うには至っていない。

では、無罪推定法は、未決拘禁の縮減、という効果を持ったのであろうか。2004年の司法統計によると、司法統制処分の件数は22,631件、未決拘禁の件数は19,088件となっている。司法統制処分の件数が未決拘禁の件数を上回るようになったのは、無罪推定法施行後であり、その傾向は2002年9月9日法による揺り戻しにもかかわらず変わっていないことがわかる（無罪推定法制定前の1999年には、それぞれ21,023件と22,343件であった）。もちろん、犯罪の重大性を未決拘禁理由の中で考慮することを明文で規定していることからすれば、予審判事が未決拘禁を請求せずに司法統制処分を選択することを期待できるのは、比較的軽微な軽罪に事実上限られるであろう。それでも未決拘禁権限を予審判事から「保釈・拘禁判事」に移したことにより、少なくとも数の上では、未決拘禁を抑制しようとした無罪推定法の意図は、実務に多少の変化をもたらしたとはいえそうである[17]。

しかしながら、無罪推定原則の司法統制処分や未決拘禁制度への貫徹、という観点から見たとき、無罪推定法は、従前の制度のあり方に規定された不徹底な部分を残しているといわざるをえない。司法統制処分によって賦課される義務の中にも、未決拘禁の理由の中にも、再犯予防を含む保安処分的な色彩が色濃く存在し続けているからである。

(3) 現行規定（無罪推定法以降の改正も含む）

以下、未決拘禁と司法統制処分の概略を知るために必要な限度で、無罪推定法以降の改正を含む現行の刑事訴訟法典の規定を挙げておく。まず、司法統制処分と未決拘禁の例外性を示す総則的規定である。ちなみに「審理対象者」とは、予審段階の被告人の呼称であり、「被告人（inculpe）」という呼称が無罪推定原則と抵触するとの理由で、1993年1月4日法で改称された文言である。

137条
　審理対象者は、無罪を推定され、自由な状態に置かれる。しかしながら、審理の必要性を理由とし、または保安のための措置として1つまたは複数の司法統制処分上の義務を審理対象者に課すことができる。この処分がその目的に照らし不十分であることが明らかな場合には、審理対象者を例外的に未決拘禁に付すことができる。

次に司法統制処分に関する規定は、次のようなものである。すでに見たように、賦課しうる義務の内容は、1975年と1983年に追加され、さらに2002年9月9日法によって、居所指定の場合について電子監視（surveillance electronique）を付加しうることとなっている。

138条
　司法統制処分は、予審判事または保釈・拘禁判事によって、軽罪拘禁刑以上の刑にあたる審理対象者に対して言い渡すことができる。
　この処分は、以下に列挙する義務の1つまたは複数を予審判事または保釈・拘禁判事の決定に従って、関係人に課するものとする。
①予審判事または保釈・拘禁判事によって定められた区域を出ないこと。
②予審判事または保釈・拘禁判事によって指定された住所または居所を予審判事が定めた理由がある場合を除き不在にしないこと。
③予審判事または保釈・拘禁判事の指定した特定の場所に立ち入らず、または特定の場所にしか立ち入らないこと。
④指定された範囲を超える旅行について予審判事または保釈・拘禁判事に知らせること。
⑤予審判事または保釈・拘禁判事によって指定された資格ある団体、公的機関または官庁に定期的に出頭すること。指定された団体または公務所は、審理対象者が問われている犯罪行為については厳格な守秘義務を負うものとする。
⑥予審判事または保釈・拘禁判事によって指定されたすべての官庁、団体または人の出頭要求に応じること。また、必要な場合には、社会再編入および再犯予防のために定められた社会的・教育的処分または職業活動もしくは教育活動について定められた指示に従うこと。
⑦書記官、警察署または憲兵隊の部隊に身分証明書、とりわけパスポートを、身分を証明する受領証と引き換えに提出すること。
⑧すべての車両または特定の車両の運転をやめること。必要な場合には受領証と引き換えに運転免許証を書記官に提出すること。ただし、予審判事または保釈・拘禁判事は審理対象者がその職業活動のために免許証を用いることを許可することができる。
⑨予審判事または保釈・拘禁判事によって特に指定された者と会い、または

いかなる形であれ，その者と関係を持つことをやめること。
⑩特に解毒治療のために，検査，措置，治療を受け，または入院すること。
⑪審理対象者の資力を考慮して予審判事または保釈・拘禁判事がその額および1回または数回の支払期限を定めた保証金を納入すること。
⑫その活動を通じて犯罪行為が行われ，同種再犯の危険がある場合に，職業活動，組合活動，選挙活動および組合の役員としての活動に従事しないこと。弁護士の活動については，弁護士会のみが予審判事または保釈・拘禁判事の申立により，司法関係の職務を改正する1971年12月31日の法律23条および24条に定める条件に従ってこの制限を言い渡すことができる。弁護士会は，この場合15日以内に決定を下さなければならない。
⑬振出し後に第三者から資金を取り戻す場合または承認された者に対する場合を除き，小切手の振出しをしないこと，および，必要な場合には，使用が禁止された小切手帳を書記官に提出すること。
⑭武器を所持または携帯しないこと，および，必要な場合には受領証と引き換えに所持が禁止された武器を書記官に提出すること。
⑮被害者の権利を保障するために予審判事または保釈・拘禁判事によって定められた個人保障または物的担保を一定の期間内に一定の期間の間，定められた数量だけ提供すること。
⑯家族に対する責任を果たし，裁判上支払いを命じられた扶養料を定期的に支払い，裁判上定められた協約に基づいて結婚生活上の貢献をなし，または給付金，援助金を支払っていることを証明すること。

　②号に定められた義務は，その者の弁護士が立ち会って聴取された関係人の意見に従い，723-8条に規定された手続に従って，電子監視の下におく方法で執行することができる。723-9条および723-12条が適用される場合には，予審判事は刑罰適用判事と同等の権限を有する。[18]

　この条文の適用方法については，司法統制処分を委ねる者の資格に関する事項，電子監視を委ねる者の資格に関する事項については，必要な場合には国務院のデクレによって決定される。

　司法統制処分として課しうる義務は，非常に多様なものであるが，処分の目的，という観点から，次のように分類される[19]。まず，手続への出頭を確保し，逃亡を防止するための処分である。①号から⑤号までと，⑥号の前段，⑦号，⑪号，⑮号は，対象者の連絡方法を確保し，手続への出頭を確保する

ためのものである（⑪号は，保証金の没収と組み合わされることで，他の目的もカバーする）。第2に，再犯予防のための処分がある。⑧号，⑨号，⑫号，⑬号，⑭号はその趣旨を含むとされている。フランス法は，未決拘禁自体に保安処分的性格を認めており，それに対応して上掲の138条の規定でも司法統制処分が「保安のための措置」として賦課されることが明文で認められていることになる。第3に，司法統制処分が「本人の保護」のために賦課される場合がある。⑥号後段の社会的・教育的処分など，⑩号の解毒治療がこれにあたる。そして最後に，被害者のための処分も用意されている。⑮号，および間接的な犯罪被害者を生まない，という趣旨で，⑯号の家庭的責任を果たすことも被害者対策の一環として説明されている[20]。

逆にこの規定で注目されるのは，司法統制処分が直接的に「罪証隠滅」の防止を目的としていない点である。⑨号が証人威迫等の防止という機能を果たすことはありうるとは考えられるものの，未決拘禁によって罪証隠滅を防止するという考え方がある（後掲144条①号）ことと比較しても，罪証隠滅の防止を正面から理由とした義務が想定されていないことは未決拘禁と代替処分のバランスの取り方としても興味深い。

次に，未決拘禁の実体的要件に関する規定は，次のようなものである。

143-1条
　137条に定める留保の下に，未決拘禁は，以下に列挙する事由の1つがある場合にのみ，命じまたは延長することができる。
①審理対象が重罪刑に該当する場合
②審理対象が3年以上の軽罪拘禁刑に該当する場合
　未決拘禁は，審理対象者が司法統制処分上の義務に故意に違反した場合には，141-2条に定める条件に従って命じることができる。[21]

144条
　未決拘禁は，以下に定める必要性を満たす唯一の方法である場合に限って，命じまたは延長することができる。
①証拠または物的徴表を保全し，証人または被害者に対する威迫を防止し，審理対象者と共犯者との間の不正な連絡を防止する必要
②審理対象者の人身を保護し，審理対象者に対する司法手続を確保し，犯罪行為を終わらせまたは犯罪行為の再発を防ぐ必要

③犯罪行為の重大性，犯罪行為の状況およびそれがもたらした損害の重大性によって例外的かつ持続的に生じた公序の混乱を収束させる必要

　すでに指摘したように，そして，上掲の条文からも明らかなように，フランスの未決拘禁は，司法統制処分が不十分な場合に，一定の刑期以上の拘禁刑にあたる事件について，手続確保と再犯予防，および「公序の保護」のために行われる処分とされている。とりわけ，「公序の保護」という拘禁理由については，ヨーロッパ人権裁判所でヨーロッパ人権条約違反の指摘を受けたにもかかわらず規定上残された要件であり，その正当性に少なからず疑問があることは踏まえておかなければならない。
　次に以上のようなフランス法の規定と，その立法史，そこから浮かび上がってくる問題点を踏まえたうえで，日本でいかなる代替処分の導入を構想できるのかを検討することとする。

4. 代替処分の具体的制度設計

　ここで提示する「手続確保のための処分」は，身体の拘束以外のより制限的でない制約を義務として賦課することで，従来勾留が担っていた機能に代替させるものである。したがって，この処分の構想は，勾留の理由，目的，およびその機能との関係で検討されなければならない。現行法の規定を前提にした場合，勾留の目的は，被疑者・被告人の逃亡を防ぎ，公判廷への出頭を確保し，証拠隠滅を防ぐことである。すでに指摘したように，罪証隠滅の危険という勾留要件が勾留を多用し，保釈を限定する方向で作用し，無罪推定原則との関係でも，被疑者・被告人の防禦活動を制約することを考えれば，未決拘禁の目的を出頭確保に純化する方向が将来的には目指されるべきであろう。しかし，ここでは当面の立法課題に応えるという意味で，現行法の勾留制度を前提とすることとする。
　なお，現行法には被告人の出頭確保と罪証隠滅の危険の除去のための条件を付して身体拘束を解く保釈制度があるが，保釈制度は，いったん身体を拘束した後で適用される代替処分であるから，「手続確保のための処分」に一本化されるべきである。
　いまひとつ，具体的な制度を構想する前に検討しておくべき問題として，被疑者の場合の身体拘束の意味は何か，という点がある。被告人の場合に

は，公判期日への「出頭確保」とその間の罪証隠滅活動の防止が身体拘束の目的とされている[22]。しかし，被疑者の場合には，起訴されない可能性もあり，被告人と同じ意味での出頭確保を身体拘束の目的と考えることはできない。他方，長らく捜査をめぐる理論的な争点であった被疑者の取調受忍義務の問題がある。実務は，逮捕・勾留中の被疑者には取調受忍義務があるとして，逮捕勾留中の被疑者が取調べを拒否して居室から出ることを拒否することや，取調べを中断して居室に帰ることを許していない。学説の多くは，この取扱いが被疑者の黙秘権を侵害する危険が大きいと考え，取調受忍義務を否定し，被疑者の勾留は取調べを目的としたものではないことを強調してきた。筆者は，解釈論としても取調受忍義務否定説が正しいと考えるものである。そこで，以下では取調受忍義務否定説を前提に代替処分を構想する。勾留中の被疑者の取調受忍義務を否定することにより，取調室への「出頭」を拒否し，あるいは取調べを中断して居室に帰る自由を承認する以上，手続確保のための処分に付されている場合も取調べのための出頭の拒否や出頭後取調べを中断しての退出を認めることが論理的に一貫するからである。そして，代替処分の内容としても，「取調べのための出頭要求に応じること」といった義務を賦課することはできないことになる。被疑者に手続確保のための処分を適用するのは，「起訴された場合には指定された公判期日に出頭させる」ことと，罪証隠滅の防止のためと考えるべきである[23]。

(1) 「手続確保のための処分」賦課の権限

代替処分の適用が問題となるのは，逮捕後の段階である。現行法は，逮捕期間内に検察官が「留置の必要」がある被逮捕者について裁判官に勾留の請求を行うこととし，被疑者の勾留を裁判官の権限としている（刑事訴訟法207条）。したがって，被疑者については「手続確保のための処分」も検察官が請求し，裁判官がその賦課を命じる，という形をとることが現行法と整合する。被告人について出頭確保や罪証隠滅防止の必要が生じた場合には，被告人の勾留と同じく裁判所の権限として「手続確保のための処分」または（手続確保のための処分では不十分な場合には）勾留を命ずる権限を裁判所に委ねることになろう。すでに勾留された被疑者・被告人について勾留に代えて「手続確保のための処分」を適用すべき場合については，現在の保釈制度と同様に被疑者・被告人，弁護人等からの請求により，被疑者の場合には裁判官に，被告人の場合には裁判所にその可否を判断させることが適切であ

ろう。

　なお，フランス法の検討を通じて明らかになったように，当該事件を担当する裁判官に未決拘禁権限を認めることは，「手続確保の必要」を過大に認める危険性を有する。これに対応してフランス法で採られた方策は，審査手続の対審化と別の裁判官による未決拘禁決定であった。これに配慮しつつ，現行制度で活用できるものとして，勾留理由開示制度の拡充を提案しておきたい。現行の勾留理由開示制度は，「公開法廷での理由の告知」という憲法の要請を満たすだけで，その手続によって身体の解放を可能にする制度にはなっていない。勾留理由開示公判に，開示請求時点での勾留の理由，必要性の判断と，「手続確保のための処分」への切り替えまたは釈放を可能にする機能を与え，それが認められなかったときには保釈請求の場合と同様抗告（420条2項）の対象とすることで，当該裁判所や裁判官以外の裁判官による審査の可能性を確保することが可能となる。

(2) 「手続確保のための処分」賦課の手続

　被疑者については，逮捕後検察官が「手続確保のための処分の請求」または「勾留請求」をする，という前提で考えたとき，この請求にあたっては，検察官に処分の必要性を疎明させ（勾留請求にあたっては，「手続確保のための処分」では不十分であることの疎明も必要とする），検察官，被疑者，弁護人の立ち会う処分決定手続（勾留質問の手続が対審化されたもの）を経て，裁判官が理由を付した決定で処分を課す手続を設けるべきである。被告人に新たに処分を課す場合も同様とすべきであろう。現行の被告人の勾留のための手続は，検察官が職権発動を促すことはありうるものの，勾留質問が義務付けられているだけで，手続自体は対審構造をとらない職権主義的な手続である。この点は保釈請求についても同様であるが，上述のように，勾留理由開示手続を拡充する形で処分を賦課するための手続自体を対審化することが適切であろう。

(3) 「手続確保のための処分」の内容

　現行の保釈制度においては，保証金の納付が原則として前提条件とされ，それに「住居を制限しその他適当と認める条件を附する」ことが認められるという構造になっている（刑事訴訟法93条）。しかし，保釈金の高額化が保釈請求をためらわせるという傾向があり，住居の制限その他の条件を満たし

えても，保証金を用意できなければ保釈を受けることはできないという限界がある。そこで，手続確保のための処分として被疑者・被告人に課すことのできる義務としては，次のようなものを想定し，その1つまたは複数を義務として課すことで出頭確保や罪証隠滅の防止が可能と考えられる場合には，勾留しないこととすべきである。
1) 保証金，物的担保，保証書の提供
2) 居住制限（居所の指定または一定区域外への外出禁止，移動，旅行の届出）
3) 監督者の下への定期的出頭または定期的連絡（監督者は捜査官である必要はない）
4) 特定の者との接触禁止
5) 指定された証拠物となりうる物品等の使用，処分，改変の禁止

なお，フランス法にあるような社会復帰処遇を先取りしたような処分や，再犯予防の趣旨が含まれる保安処分的色彩のある処分は，現行法の勾留制度とのバランスからも採用しえないし，フランスにおいて2002年に導入された電子監視についても，技術的には可能であり，居住制限等の効果を高める意味を持つとしても，プライバシーの制約が拘禁以上に大きい部分もあり，それ自体保安処分的な色彩が強いため，日本においては，導入すべきでないと考えている。

⑷ 「手続確保のための処分」が効果を持たない場合の担保

拘禁による過剰な権利制約を避け，当事者主義の刑事手続と無罪推定の原則により整合的な制度として「手続確保のための処分」を構想するのであるから，賦課された義務の些細な懈怠や条件違反を，直ちに身体拘束（勾留）に直結させることには問題がある。そこで，フランス法でも，「故意の義務違反」のみが未決拘禁に移行するための条件とされているのである。そのことを参考に，義務違反が認められる場合には，まず検察官の請求により，処分決定手続と同様の対審の審査手続を行い，他の義務賦課への変更や賦課する義務の強化の必要性を審査し，「手続確保のための処分」によっては出頭確保，罪証隠滅の防止が困難であると認定された場合に限って，勾留によって対応すべきかどうかを審査し，勾留の要件を満たしている場合に，勾留への移行が認められることとすべきである。

5. おわりに

　以上に提示した「手続確保のための処分」の構想は，日本の逮捕・勾留の制度とその運用を無視し，外国法を参考にしてその利点のみを強調する現実性のない議論，と取られるかもしれない。しかし，本文中で指摘したように，本稿でフランス法を取り上げたのは，その負の側面を含めて検討するためであり，日本の過剰拘禁の実態と目前に迫った裁判員制度の導入という大きな課題を前にしたとき，未決拘禁制度を根源的に見直すことが喫緊の課題となっていることは，本稿において示しえたと思う。今回の監獄法改正の一環としての未決拘禁改革が，先行した既決部分との法令の整合性を保つだけの弥縫策を施すにとどまった場合には，過剰拘禁の深刻化に歯止めがかからず，裁判員制度も被告人の主体性を圧殺する制度に堕してしまうという暗い将来像が現実のものとなるであろう。本稿が全面的な未決拘禁制度の再検討の契機としての意味を持つことを期待する。

1　逮捕状の発付数は 119,851 人（1998 年）から 146,527 人（2004 年）へ，勾留状（請求）の発付数は 105,123 人（1998 年）から 151,204 人（2004 年）へと増加している。
2　保釈率の低下の要因を，保釈請求の許可率が 5 割程度でほぼ一定していることを理由に，保釈請求が行われなくなったこと，すなわち被告人側の姿勢の変化に求める見解もあるが，この見解は，保釈保証金の高額化が保釈請求をためらわせる要因となることを看過している点で当を得ていない。
3　杉原泰雄『基本的人権と刑事手続』（学陽書房，1980 年）96 頁以下。
4　CCPR/C/79/Add.102,19 November 1998, para.22. 邦訳紹介として，日本弁護士連合会編『日本の人権　21 世紀への課題』（現代人文社，1999 年）256 頁。
5　本書第 1 章豊崎論文参照。
6　取調べの可視化については，日本弁護士連合会編『裁判員制度と取調べの可視化』（明石書店，2004 年）を，被告人の着席位置や服装の問題については，後藤昭ほか著『実務家のための裁判員法入門』（現代人文社，2004 年）109〜110 頁を参照。
7　高内寿夫・澤登俊雄「フランスにおける未決拘禁法の動向」ジュリスト 808 号（1984 年）95 頁以下。
8　水谷規男「フランスの未決拘禁と欧州人権条約」三重法経 92 号（1992 年）233 頁（以下，水谷 1992 として引用）。

9　本稿では，予審以降の身体拘束制度である未決拘禁とその代替処分である司法統制処分との関係で法改正を紹介するにとどめ，警察拘禁に関する法改正は取り上げない。なお，1989 年までの未決拘禁法改正の経緯とその内容については，水谷 1992, 234 ～ 236 頁参照。

10　わずかに，「逮捕または拘禁された者は何人も，直ちに（aussitot）裁判官または司法権の行使を法律によって認められた他の司法官の下に引致され，合理的な期間内に裁判を受け，または手続の間釈放されなければならない」と規定するヨーロッパ人権条約 5 条 3 項が，警察拘禁の短縮を求めているとの指摘があった程度である（水谷 1992, 240 頁）。

11　水谷規男「フランスの未決拘禁法の最近の動向について」三重法経 104 号（1995 年）7 ～ 17 頁（以下，水谷 1995 として引用）。

12　水谷 1992, 234 ～ 235 頁。

13　水谷 1995, 19 ～ 20 頁，22 頁。

14　無罪推定法の内容とその意義については，水谷規男「未決拘禁法に対する国際人権法の影響」愛知学院大学論叢法学研究 42 巻 3 = 4 号（2001 年）15 ～ 19 頁，および白取祐司「フランス刑事訴訟法の改正について⑴」現代刑事法 23 号（2001 年）75 頁以下参照。なお，無罪推定法で導入された <juge des libertés et de la détention> については，「自由と拘禁判事」とする紹介もあるが，本注の前稿で「保釈・拘禁判事」を用いたことと，拘禁権限と釈放権限を行使する裁判官であることを明確に示すことになる，という理由で本稿でもそのまま用いた。

15　無罪推定法はさらに，未決拘禁に付しうる軽罪の範囲を一定の 5 年以上の自由刑にあたる犯罪に限定したが，この部分は 2002 年 9 月 9 日法で削除された。

16　「公序の混乱」という理由の限定は 1993 年 1 月 4 日法の立法時にも試みられ，無罪推定法も 10 年以上の自由刑にあたる場合にしか適用できないものとしたが，この部分も 2002 年 9 月 9 日法で削除された。

17　未決拘禁期間は，2004 年の統計によると，有罪判決を言渡された者の平均で，重罪 23.9 ヶ月，軽罪 3.8 ヶ月となっている。重罪の場合の方に未決拘禁期間が極端に長いのは，法律上の上限設定の差異のほかに，予審後の一審の平均審理期間が，軽罪では 9.7 ヶ月であるのに対し，重罪では 32.9 ヶ月と長期化しているためであると考えられる（2004 年の統計数値については，http://www.justice.gouv.fr/chiffres/penale04.htm 参照）。

18　723-8 条，723-9 条は，仮釈放者に対する電子監視に関する条文（1997 年 12 月 19 日法で制定）である。電子監視が司法統制処分の中に加えられたのは，仮釈放者の

遵守事項を司法統制処分に移し替えるという手法が，1970年法当時からフランスで採られた方法であったことにもよる。

19　PRADEL, Procédure Pénale, 11e ed., Cujas, 2002, pp.602-604.

20　被害者保護の実効化を図るための規定として，ほかに対象者の同意を要件として，司法統制処分の保証金を被害者への賠償に充てることを認めるC.P.P.142-1条がある。

21　141-2条は，対象者が故意に義務に違反した場合に勾引状を発する権限を予審判事および保釈を命じた保釈・拘禁判事に与えている。

22　もちろん，これは現行制度の解釈としては，ということであり，罪証隠滅を勾留要件として維持することを是とする趣旨ではない。また，罪証隠滅要件を勾留から外すことになれば，それに応じて「手続確保のための処分」からもそれに対応する処分（本文中の4），5））を外すことになろう。

23　出頭確保のために勾留が認められる場合として，現行規定は「住居不定」の要件を認めているが，従来から解釈論としては，住居は不定であっても居所や連絡先が明確である場合には，勾留の必要性が欠けるとの指摘も行われていた。「手続確保のための処分」の場合には，居所を新たに指定することによって連絡を確保することも考慮されてよいから，住居不定であることは直ちに勾留を正当化することにはならないであろう。

　　　　　　　　　　　　　　　　　（水谷規男／みずたに・のりお）

第5章 保釈

1. はじめに

　本章では,「市民的及び政治的権利に関する国際規約」(以下, 単に自由権規約とする)やヨーロッパ人権条約等の国際人権法の水準を参酌しながら, 日本の保釈制度それ自体が有する問題点と解釈・運用上の問題点について検討する。

　国際人権法の水準が参酌されなければならない理由は, 言うまでもなく, 人権の普遍的性格にある。人権が問題となる以上,「日本的人権, アジア的人権という地域性と特殊性で人権が語られてはならない」からである[1]。そして, 未決拘禁が人身の自由というもっとも根源的な人権に対する重大な制限であることに鑑みれば, 国際人権法と無関係に, 一国の地域性や特殊性を理由に, その制限が正当化されるようなことは決して許されることではない。ここに, 今日, 国際人権法が参酌されなければならない理由がある。もっとも, 国際人権法の水準といっても, その実際の解釈・適用のあり方を正しく認識することは, 日本ではとりわけ困難な状況にある。その主たる理由は, 自由権規約が批准されているにもかかわらず, 日本の裁判所が同規約の解釈・適用をこれまで頑ななまでに拒否し続けてきたこと[2], そして, 自由権規約の内容を実効的に保障するための制度的メカニズムが何ら用意されていないことに求められる。そのため, 自由権規約は, 日本の法制度や法運用に十分な影響力を持ちえてこなかった。

　そこで, 国際人権法の水準を探る手がかりとして, 現実に国際人権法(ヨーロッパ人権条約)が解釈・適用されているイギリス(イングランド及びウェールズの意で用いる)を, 1つの実例として参照することにする。周知の通り, イギリスはヨーロッパ人権条約にいち早く批准し, その後, 1998年人権法(The Human Right Act 1998)において, 同条約を国内法としており, 今日, イギリスの裁判所は同条約と矛盾しない法の解釈・適用を義務付けられてい

る。また，ヨーロッパ人権条約は，その保障内容を実効的なものとするヨーロッパ人権裁判所を用意しており，同裁判所の判例は，イギリスを含む条約締結国の法制度や法運用のあり方に決定的な影響力を有している。かかる背景のもと，イギリス法は，ヨーロッパ人権条約の要求する水準を充たしているか否かを不断に問われ続けている。とりわけ，1990年代に相次いだ保釈法制の改正立法をめぐっては，保釈を受ける権利を規定するヨーロッパ人権条約5条3項および4項とイギリス国内法との整合性が真摯に議論され，現実の立法政策や法解釈にも影響を与えている。その意味で，イギリス法を参照することは，同時にヨーロッパ人権条約という国際人権法の水準を参照することにも繋がってくる。

　ヨーロッパ人権裁判所の判例やイギリス国内での議論動向を参照することは，同条約の締結国でない日本にとっても，重要な意義を有するであろう。なぜなら，日本も批准している自由権規約9条3項および4項は，ヨーロッパ人権条約5条3項および4項とほぼ同様の文言の規定であり，これらの自由権規約の条項を解釈・適用するにあたって，ヨーロッパ人権裁判所の判例やイギリスでの議論動向は1つの重要な資料を提供しうるからである。保釈法制をめぐるイギリスでの議論を手がかりとしながら，国際人権法の要請を確認し，それとの比較において，日本の保釈制度が有する問題点を抽出・検討することが本章の課題となる。

　また，イギリス法の議論やヨーロッパ人権裁判所の判例を参照するにあたっては，権利保釈の除外事由がどのように設定され，それらがどのように解釈・適用されているのかという点に特に注目したいと思う。なぜなら，日本の保釈制度が有するもっとも深刻な問題点として，保釈運用の閉塞状態があり，その閉塞状態を生み出す原因の1つに，広範な権利保釈の除外事由が存在することや，いわゆる「罪証隠滅のおそれ」（刑事訴訟法89条4号）がかなり緩やかに解釈・適用されてきたからではないかとの問題意識があるからである。このような問題意識は，今日，弁護士や刑事法学者の間で，かなりの程度，共有されているところでもあろう。

　以下では，まずイギリスの未決拘禁制度・保釈制度の概要およびヨーロッパ人権裁判所の判例動向を確認し，その上で，日本の保釈制度が有する問題点について検討していくことにする。

2. イギリス未決拘禁制度の概要

　最初に，イギリスの未決拘禁制度を概観しておく。イギリスでは，警察・刑事証拠法（Police and Criminal Evidence Act 1984，以下，単に PACE とする）とその運用規定 C（Code of Practice for the Detention, Treatment and Questioning of Persons by Police Officers）とによって，身体拘束の時間制限や警察署での処遇のあり方等が，極めて詳細に定められている。

(1) 無令状逮捕から告発まで

　訴追開始の方式としては，被疑者を無令状で逮捕し，警察署に引致後，告発するという方式（逮捕・告発の方式）のほか，治安判事あるいはその補佐官に訴追請求を提起し，召喚状の発給を求めるという方式（訴追請求・召喚状の方式）があるが，ここでは身体拘束を伴う前者の手続について概観する[3]。

　通常，被疑者の逮捕は無令状で行われ，可能な限り速やかに警察署へ引致した後，最初に留置管理官の面前に引致されなければならない（留置管理官は，一定の地位にある，捜査と関連のない警察官である）。その後，留置管理官は，被逮捕者を告発するに足りる十分な証拠があるか否かを判断し，そのような証拠があると判断する場合には即座に被逮捕者を告発しなければならない。そのような証拠がないと判断する場合には，保釈条件付き，または無条件で被逮捕者を釈放しなければならない。ただし，告発に足りる十分な証拠が存在しない場合であっても，当該被疑事実に関する証拠の収集・保全のために，あるいは当該被疑事実に関する証拠収集の目的で被疑者取調べを行うために，原則として 24 時間に限り警察の権限で被疑者を逮捕後留置することが許されている（PACE 37 条 7 項および 41 条）。警察の判断権限で延長しうるのは逮捕後警察署引致の時点から 36 時間までであり（PACE 42 条 1 項），それ以上の延長が必要な場合には，治安判事裁判所の留置継続令状が必要となる。もっとも，延長の許される留置期間は，最大でも警察署引致後の時点から 96 時間までである（PACE 44 条 3 項）。いずれにせよ，この段階までには，被疑者を告発するか，あるいは釈放しなければならない。この逮捕後の警察署引致から告発までの原則 24 時間，最大 96 時間の逮捕留置の期間に，警察により行われる保釈を「告発前の警察保釈」という。

(2) 告発から治安判事裁判所引致まで

被逮捕者の告発後は，一定の除外事由がない限り，被告発者は保釈条件付き，または無条件で釈放されなければならない（PACE 38条）。保釈の除外事由に該当し，保釈が認められない場合，告発後も警察署で留置が継続されることになるが，告発後最初の開廷時までには治安判事裁判所へ引致しなければならない。告発の時点から第1回目の裁判所出頭までの期間は，原則として1日，祝日や週末を挟む場合でもせいぜい2，3日である。この告発後，1～3日の期間中に，警察により行われる保釈を「告発後の警察保釈」という。なお，告発後はかりに警察署での留置が継続された場合であっても，被告発者の取調べを行うことは原則として許されないことに留意すべきであろう。

(3) 治安判事裁判所引致後

治安判事裁判所へ引致後は，被告人の身体は裁判所の管理下に置かれることになる（したがって，身体拘束の場所も警察署ではなく拘置所が原則となる）。極めて軽微な事案でかつ被告人が有罪を自認しているような場合でない限り，治安判事の面前に引致後すぐに審理が開始されることはまれであり，通常は延期の手続がとられる。この延長期間中を含め，その後の審理期間中，原則として被告人には保釈を受ける権利が認められており，保釈制限事由が存しない限り，被告人の保釈申請を待つまでもなく裁判所が自ら保釈を許さなければならない。これを「裁判所保釈」という。

なお，審理延長期間に保釈が認められない場合，最初の拘禁期間は拘禁決定の当日を除外した8日間である。その後は，被告発者出席のもと，28日を越えない限りで被告発者の拘禁を決定することができ，その更新も許されている。ただし，1985年犯罪訴追法（Prosecution of Offences Act 1985）22条に基づき，拘禁期間制限（custody time-limits）が設けられている。その内容は，(1)治安判事裁判所への第1回目の出頭から公判付託決定手続（committal proceedings）まで70日間，(2)第1回目の出頭から審理選択可能犯罪の場合の略式裁判まで70日間，(3)第1回目の出頭から略式起訴犯罪の場合の略式裁判まで56日間，(4)公判付託からアレイメントまでが112日間などである。この拘禁期間制限が守られない場合，保釈例外の適用がなくなり，被告人には絶対的な保釈が認められることになる。保釈条件も夜間の外出禁止や住居制限などを課しうるのみで，釈放前に従わなければならない保釈条件（保証人や保釈金など）を課すことは許されない[4]。

3. イギリス保釈制度の概要
—— 権利保釈の除外事由について

　上述の通り，保釈には警察保釈と裁判所保釈の2種類が存在する。前者はPACEに，後者は1976年保釈法（The Bail Act 1976）にそれぞれ規定されている。保釈を受ける権利が明確に規定されているのは，後者の保釈法のみであるが（同法4条），告発後の警察保釈の規定（PACE 38条1項）においても，保釈制限事由が存しない限りは，保釈により，あるいは無条件で釈放されなければならない旨が規定されており，保釈を受ける権利に極めて類似する権利があると考えられている[5]。そこで，以下では，権利保釈としての性格を有する告発後の警察保釈と裁判所保釈とを取り上げ，各々の場合における権利保釈の除外事由を概観する（ここでは18歳以上の成人の場合を前提とする）[6]。

(1) 告発後の警察保釈

　まず告発後の警察保釈であるが，保釈制限事由としては，①氏名や住所が不明な場合，②裁判所への不出頭の蓋然性が存する場合，③被疑事実が拘禁刑相当の罪の場合で，保釈した場合に犯罪を実行する蓋然性が存する場合，④被疑事実が拘禁刑の定められていない犯罪の場合で，他者の身体への傷害や財産の滅失・毀損の蓋然性が存する場合，⑤司法運営や犯罪捜査を妨害する蓋然性が存する場合，⑥被告発者本人の保護が必要である場合等である（PACE 38条1項）。これらに加え，1994年刑事司法及び公共秩序法（The Criminal Justice and Public Order Act 1994，以下，単にCJPOAとする）25条において，過去に謀殺・故殺・強姦（謀殺と強姦については未遂も含む）で拘禁刑に処され，かつ今回これらの犯罪のいずれかによって告発されている場合には，絶対的に保釈を禁じる旨の規定が設けられた。もっとも，後述の通り，同条はヨーロッパ人権委員会によりヨーロッパ人権条約5条3項に違反すると判断されており，1998年犯罪及び秩序紊乱法（The Crime and Disorder Act 1998）56条によって，例外的事情が認められない限り保釈は許されない旨の規定に修正されている。

　これらの保釈制限事由の存否が，留置管理官によって判断されることになる。なお，警察保釈に関しては，従来，保釈条件として保証人による保証のみが認められていたが，その他の保釈条件を付すことで不必要な拘禁を回避

しうるとの理由から，今日では裁判所保釈と同様，他の保釈条件を付すことも許されるようになっている（CJPOA 27条）。

(2) 裁判所保釈

次に裁判所保釈であるが，保釈制限事由としては，被告発事実が拘禁刑相当の犯罪の場合，①不出頭の蓋然性，②保釈中の犯罪実行の蓋然性，③証人への不当な干渉その他司法過程の妨害の蓋然性，④正式起訴犯罪あるいは審理選択可能犯罪の場合で，かつ公訴事実の期日に既に保釈中であった場合[7]，⑤被告発者本人の保護が必要である場合等が規定されている（1976年保釈法・別表第1第1章2条ないし7条）。被告発事実が拘禁刑の定められていない犯罪である場合，保釈制限事由はより限定され，①以前に保釈を認められたときに出頭しなかったことがあり，かつその不出頭に照らし今回もまた出頭しないであろうと裁判所が思慮する場合，②被告人本人の保護が必要である場合等に限られる（同法・別表第1第2章2条ないし5条）。これらに加え，CJPOA 25条の規定の適用があることは，告発後の警察保釈の場合と同様である。

なお，これらの保釈制限事由が制定法上に規定される以前，20世紀中頃までは逃亡の危険が存することが，判例上，唯一の保釈制限事由と解されていたようである[8]。その後，保釈中の再犯の危険等，その他の保釈制限事由が徐々に，判例上認められるようになり[9]，これらが制定法上に規定されるに至ったとされる。

また，これらの保釈制限事由の存否を決するにあたって，裁判所は，(a)犯罪の性質，重大性，見込まれる量刑，(b)被告人の性格，経歴，コミュニティーとの連帯や結びつき，(c)過去に保釈を認められたときの記録（逃亡・司法運営の妨害・保釈中の犯罪実行などの存否，保釈条件の遵守態度等），(d)証拠の強さ，などについて考慮するよう要請されている（1976年保釈法・別表1第1章9条）。このように1976年保釈法は，「権利保釈の除外事由」と「除外事由の存否を判断する際の考慮事項」とを明確に区別して規定しているところに1つの特徴がみられる。

4. 権利保釈の除外事由に関する
ヨーロッパ人権裁判所の解釈態度

　ここでは，ヨーロッパ人権裁判所において，どのような権利保釈の除外事由が認められているのか，また，そのような除外事由の存否の判断にあたってどのような解釈の仕方が採用されているのかを概観する[10]。

　人権裁判所は，保釈の権利を規定する人権条約5条3項のもとにあって，なお保釈を制限しうる正当な事由として，主として4つの保釈制限事由を認めている。すなわち，①裁判所に出頭しない危険がある場合[11]，②証拠や証人に不当な影響を及ぼし，その他司法運営を妨害する危険がある場合[12]，③保釈中に再び犯罪を実行する危険がある場合[13]，そして，④社会秩序の維持[14]である。④は，死亡や重大な傷害を引き起こした組織的・計画的なテロ犯罪の場合に限定された極めて例外的意味合いの強い保釈制限事由とされる[15]。以下では，より一般的な保釈制限事由である①〜③について，人権裁判所による実際の解釈・適用のあり方を概観する。

(1) 不出頭の危険

　まず，不出頭の危険についてであるが，この危険の存在を一般的・抽象的な推論により基礎付けることは許されない。個々の事例におけるあらゆる諸事情を検証した上で，具体的な証拠に基づいて認定された現実の危険が存する場合にのみ，裁判所は被告人を未決拘禁に付すことが許される。また，当該犯罪事実の刑の重さだけを根拠として，不出頭の危険を基礎付けることはできないし[16]，被告人にとって逃亡が可能であるというだけでは，必ずしも実際に逃亡するであろうとの結論を正当化しえない[17]。不出頭の危険が唯一の拘禁理由とされる場合には，出頭確保のために十分な保釈条件を付すことで拘禁を回避しうるのであれば，条件を付して保釈が認められなければならない[18]。たとえば，ヤブヴォンスキ対ポーランド判決では，重大犯罪を実行した容疑に照らし，申立人の公判前拘禁が当初は正当に行われていた場合であっても，出頭確保のための代替手段が何ら検討されていないように思われる場合や，逃亡の危険が存することを示すいかなる要素も特定されていない場合には，拘禁の継続を正当化することはできないと判示されている[19]。さらに注目すべき判例として，ノイマイスター対オーストリア判決がある。本判決は，「逃亡の危険は，拘禁期間の経過につれて，必ず減少していくもの

である」と判示している。なぜなら，有罪とされた場合に，未決拘禁の期間が刑に算入される見込みが生じるため，刑罰に対する畏怖の念が徐々に弱まり，逃亡への誘惑を減少させるからである[20]。

(2) 司法運営の妨害の危険

次に司法運営の妨害の危険であるが，その具体的内容としては，証人に不当な影響を及ぼすこと，他の被疑者に注意を喚起させること，あるいは関連証拠を隠滅することなどが含まれる[21]。もっとも，一般化された危険では不十分であり，特定可能な危険でなければならず，かつ危険の存在を支える具体的な証拠が求められている[22]。さらに，司法運営妨害の危険は，時間の経過や捜査の終了により，しばしば減少するものであることにも注意が必要である[23]。たとえば，ルテリエ対フランス判決では，証人に圧力が加えられる危険が，その当初は現実に存在していたであろうが，その危険は時の経過とともに減少し，実際には消滅していたと判示されている[24]。また，かつて保釈が認められ，その保釈期間中に司法過程を妨害したという証拠がない場合，その事実は司法運営の妨害の危険という理由に基づく未決拘禁を否定する方向に作用する強力な要素となることが認められている。被告人が保釈されて5ヶ月が経過した後，司法運営妨害の危険を基礎付ける何らの特別な証拠についての言及もないまま，この危険の存在を理由に未決拘禁に付した事例について，人権裁判所は，「検証に耐えうるものではない」と判示している[25]。

(3) 保釈中の再犯の危険

最後に保釈中の再犯の危険についてであるが，この危険は，まず「妥当な（plausible）危険」でなければならず，かつ再犯の危険を理由として未決拘禁に付すことが，「当該事件の諸事情，とりわけその者の過去の経歴や人格を考慮して」，適当と判断される場合でなければならない。もっとも，被告人に犯罪歴があるというだけで再犯の危険を自動的に推定することは許されず，過去の犯罪と今回の告発犯罪事実が，犯罪の性質および重大性の程度において，同等の犯罪とみうるかどうかを検討しなければならない[26]。また，軽微な犯罪の危険が存在するだけでは，十分な拘禁理由足りえないことが強調されている[27]。

保釈制限事由の存否判断に関する人権裁判所の解釈姿勢からは，保釈制限事由たる種々の危険判断のあり方として，次の4つの解釈指針を導き出せ

るであろう。第1は，未決拘禁を正当化する種々の危険は，抽象的・一般的な危険では許されず，特定の証拠に基づく具体的・現実的な危険でなければならないということである。第2は，個々の事例におけるあらゆる諸事情について検討することが求められ，特定の事情（例えば，犯罪の重大性や過去の犯罪歴など）から機械的・自動的に危険の存在を推論することは許されないということである。第3は，危険の存在は拘禁の当初だけでなく，拘禁の期間を通して継続的に認められなければならないということである。いずれの危険も，通常，時間の経過とともに減少していくことに留意しなければならない。第4に，あくまで拘禁は最終手段でなければならず，保釈条件を課すなど，その他のあらゆる代替手段が模索されていない場合には，かりに逃亡の危険等の正当化理由が存在する場合であったとしても，それは拘禁を正当化する十分な根拠とはなりえないということである。以上のように，人権裁判所は条約5条3項に規定される人身の自由を尊重し，保釈制限事由の存否判断にあたって極めて厳格な解釈態度を示している。条約5条3項は，拘禁の継続を正当化しうる「関連性があり，かつ十分な (relevant and sufficient)」理由[28]を要求するものと解されているのである。

(4) 保釈許否決定への理由付けの要請

また，手続的保障の見地から，人権裁判所は，条約締結国の国内裁判所に対し保釈の許否決定に関して理由を付ける義務を課していることにも注意する必要があろう。たとえば，ルテリエ対フランス判決は，次のように判示している。国内裁判所は，個人の自由の尊重という規範から逸脱することをも正当化しうる公共の利益からの真なる要請が存在するか否かを決するにあたり，無罪の推定に適切な考慮を払いつつ，積極方向に作用する諸事情も，消極方向に作用する諸事情も，全ての諸事情を検証し，かつ保釈申請に対する決定において，それらの諸事情について詳述しなければならない，と[29]。現に人権裁判所は，いくつかの事案において，条約締結国の国内裁判所による保釈許否決定の理由付けは，抽象的であったり，あるいは，ほとんど常に同一の文言が用いられており不十分である旨を判示している[30]。

イギリスにおいても，保釈を拒否する場合，被告人の上訴の便宜を考慮して保釈拒否理由を示すべきことが，1976年保釈法5条3項で要請されている。しかし，実務では必ずしも十分な理由付けが行われていないとされている[31]。この点，人権裁判所による未決拘禁決定への詳細な理由付けの要請に

応えるためには，イギリスの裁判所の実務を相当に変えなくてはならないとの認識が示されていることは注目に値しよう[32]。

5. イギリス保釈法制に対する1998年人権法の影響 —— 法律委員会による提言

人権条約にイギリス国内法としての地位を与えた1998年人権法の制定により，イギリスの保釈関連法は，人権条約5条との整合性がより一層厳密に問われることとなった。これを受け，イギリスの法律委員会（The Law Commission）が，人権条約5条に関する人権裁判所の判例を参照しつつ，イギリスの保釈関連法が条約5条と矛盾・抵触することがないかどうかについて詳細な検証を行っている[33]。そのなかで，法律委員会は，現行のイギリス保釈関連法に規定されるいくつかの権利保釈の除外事由は，削除，修正，あるいは明確化されなければならないと提言している。また，削除や修正の必要まではなくとも，その解釈・適用のあり方に注意を要するものに関しては，人権裁判所の判例と矛盾・抵触しないような解釈・適用のあり方についての解釈方針を提示している。ここでは，法律委員会の提言のなかでも，特に重要と思われる3つの提言について採り上げることにする。

(1) 再犯の危険

その第1は，1976年保釈法において権利保釈の除外事由とされている再犯の危険に関するものである。拘禁理由としての再犯の危険に関し，人権裁判所は，予期される犯罪が「重大」でなければならないことを強調している[34]。これに対し，1976年保釈法の規定には，予期される犯罪が重大犯罪でなければならないとの要求が含まれていない。そこで，法律委員会は，再犯の危険を理由とした保釈の拒否は，①予期される犯罪の性質が重大で，拘禁刑を科されるであろう場合であり，②犯罪実行の危険が現実の危険として存在することを示しうる場合であって，かつ③犯罪実行の危険，その他の当該事例におけるあらゆる諸事情を考慮して，拘禁が適切な方法である場合に限って，未決拘禁に付すべきことを強調する解釈指針を提示している[35]。

(2) 既に保釈中であった場合

第2は，CJPOA 26条により創設された権利保釈の除外事由である，被告

人が既に保釈中であった場合に関するものである。この除外事由は，正式起訴犯罪および審理選択可能犯罪により告発された者が既に他の犯罪で保釈中であった場合には，権利保釈を認めないというものである。この除外事由に関し，法律委員会は，人権裁判所によって正当な権利保釈の除外事由として認識されていないものであって，人権条約と抵触する可能性があると指摘した。被告人が他の犯罪で既に保釈中であったという事実は，釈放すればまた犯罪を実行するであろうとの判断を基礎付ける１つの要素ではありうるが，必ずしもそのような推論が全ての事例において正当化されるものではない。つまり，被告人が保釈中であったという事実は，それ自体が保釈を否定する「根拠」となるのではなく，再犯の危険という「根拠」を基礎付ける１つの「理由」でしかないのである。それにもかかわらず，既に保釈中であったという事実から常に再犯の危険を推論することは，まさに人権裁判所が一貫して否定してきた機械的・自動的な推論を意味することになろう。それゆえ，人権条約と抵触する危険があるというのである。また，保釈中であったという事実を考慮した上で，「再犯の危険」を基礎付けることができるのであれば，ことさらに保釈中であった場合を権利保釈の除外事由として付け加える意味も必要もない。それゆえ，法律委員会は，この権利保釈の除外事由の削除を要請し，代わりに更なる犯罪を実行するであろう危険が存するか否かの判断に際して，裁判所が考慮すべき要素のリストに加えるべきである，と提言したのである[36]。

　この提言に従い，2003年刑事司法法（Criminal Justice Act 2003）は，当初，この権利保釈の除外事由の削除を法案に組み込んでいた。しかし，立法過程において，この提言の内容は再び修正されている。結局，2003年刑事司法法14条１項により導入された新たな規定は，ほかの犯罪で既に保釈中であった18歳以上の被告人に関し，再度の保釈中に被告人が犯罪を実行するであろう実質的な危険は存在しないと裁判所が確信できない限り，被告人は保釈を認められない，というものである。ここでは，依然として保釈を否定する推定が維持されている[37]。もっとも，法律委員会が指摘するように，多くの裁判所は，これまでにも被告人が保釈中であったという事実を保釈拒否の「根拠」としてではなく，関連する要素として解釈・適用してきたとされる[38]。この事実に鑑みれば，制定法の文言を修正しなかったとしても，実際の解釈・適用にあたっては，人権裁判所の判例に矛盾・抵触しない解釈方法を採用することはなお可能であると指摘されている[39]。

⑶ 重大犯罪の前科があり，かつ同様の犯罪で告発を受けている場合

　第3は，CJPOA 25条により創設された権利保釈の除外事由に関するものである。前述の通り，本条は，過去に謀殺・故殺・強姦（謀殺と強姦については未遂も含む）で拘禁刑に処され，かつ今回これらの犯罪のいずれかによって告発されている被告人に関しては，保釈を絶対的に禁止するものであった。しかし，1998年犯罪及び秩序紊乱法56条により，例外的事情が認められない限り保釈は許されない旨の規定に修正されている。その法改正の背景となったのが，キャバレロ対イギリス事件[40]である。本事件は，1987年に故殺罪で有罪判決を受けた申立人が，1996年，強姦未遂罪で再び告発された際に保釈の申立てを行ったものの，CJOPA 25条により保釈を拒否されたという事案である。ヨーロッパ人権委員会は次のように述べている。

　個人の人身の自由に対する行政による干渉を司法によりコントロールすることが，被告発人の公判前拘禁に関する恣意の危険を最小限にすることを目的とする，人権条約5条3項に具体化された保障の本質的特徴である。司法によるコントロールは，民主主義社会における基本的原則の1つである法の支配の現れであり，条約の前文においても明確に言及される，条約全体がその着想の源とするところでもある。それゆえ，被告発人は迅速に裁判官の面前に引致されなければならず，裁判官は被告発人を審問した上で，無罪の推定に適切な考慮を払いつつ，個人の自由の尊重という規範から逸脱することをも正当化しうる公共の利益からの真なる要請が存在するか否かを決するにあたり，全ての関連する諸事情を検証しなければならない，と。その上で，再犯の危険に関し，被告人の前科を参照するだけでは保釈の拒否を正当化するに十分でなく，保釈を絶対的に禁止するCJPOA 25条は，申立人の保釈可能性について，裁判官があらゆる諸事情について考慮することをあらかじめ立法によって排除しており，人権条約5条3項に違反するものであると判断したのである。本事件を背景として，CJPOA 25条は，「例外的事情」がない限り，保釈は許されないと修正されている。

　もっとも，修正された25条と人権条約の整合性についてもいくらかの疑問が提起されている[41]。というのも，「例外的事情」の文言については，制定法上の定義が存在せず，何をもって例外的事情とみるのか不明確であるため，解釈の仕方によっては，保釈を認める裁判官の裁量が，事実上，否定されてしまうからである[42]。法律委員会は，「例外的事情」の解釈によって保釈を認める裁判官の裁量が完全に否定されるのであれば，そのような「例外

的事情」の解釈方法は人権条約5条に抵触すると判断している[43]。その上で，人権条約5条に抵触しない解釈方法として，修正25条にいう「例外的事情」を，被告人が保釈により釈放されたとしても重大犯罪を実行する現実の危険は惹起されないであろう場合を意味するものとして解釈すべきである，と結論付けている[44]。

(4) 法律委員会の提言の特徴

　以上，法律委員会のこれらの提言には，次のような特徴を見いだすことができよう。第1に，権利保釈の除外事由の認定にあたっては，その除外事由が存在する現実の危険が要求されているということである。これは，未決拘禁を正当化する種々の危険は抽象的・一般的な危険では許されず，特定の証拠に基づく具体的・現実的な危険でなければならないとする人権裁判所の解釈方針に従うものである。第2に，「権利保釈の除外事由（拘禁の正当化根拠）」と「その除外事由の存否を判断するにあたっての考慮事項（正当化根拠の存在を示す理由）」とを明確に区別させて論じようとすることである。これも，特定の事情が存在するからといって，そのことから機械的・自動的に拘禁を正当化することはできず，個別事例におけるあらゆる諸事情を考慮しなければならないとする人権裁判所の解釈方針に従ったものといえよう。このように，法律委員会の提言は，一貫して人権裁判所の判例に従うことで，人権条約遵守の方向性を打ち出している。もっとも，被告人が保釈中であったという事実を制定法上は依然として権利保釈の除外事由として規定していることや，修正25条において過去に特定の重大犯罪の前科があることを理由に権利保釈の推定を否定していることなど，必ずしも人権条約や人権裁判所の判例の精神を徹底させているとは言えない部分は残るものの，イギリスが，人権裁判所の判例を手がかりに，人権条約の要求に応えようとする真摯な姿勢を示していることには学ぶべきところがあろう。

6. 保釈の運用状況

　最後に，近年のイギリスにおける保釈の運用状況を簡単に概観する。

(1) 保釈の運用状況

　まず警察段階であるが，2003年の統計[45]によれば，治安判事裁判所への

出頭を指示された者のうち，身体拘束を伴わない訴追請求・召喚状の方式で処理された者が全体の45％である。残りの55％は逮捕・告発の方式により処理されているが，うち38％は保釈により釈放されており，保釈されずに拘禁されていた者は全体の7％に過ぎない。正式起訴犯罪に限定してみても，警察段階で保釈されずに拘禁されていた者は全体の17％に過ぎない。次に裁判所保釈であるが，全体の73％が無条件釈放，23％が保釈により釈放されており，拘禁されるのは全体のわずか3％にとどまっている。正式起訴犯罪についてみても，43％が無条件釈放，48％が保釈により釈放されており，拘禁されるのは全体の9％に過ぎない。結論として，比較的，身体不拘束の原則に忠実な運用がなされていること，重大犯罪であっても原則的に拘禁されるのではなく，相当の割合の者が保釈を得ているということを確認しうる。もっとも，イギリスにおいては，通常，逮捕は無令状で，かつ大量に行われていること（2003年の逮捕件数は130万件）を考慮すれば，日本の運用状況との単純な比較は困難であるが，それでもなお，犯罪の軽重を問わず原則的に保釈が認められていることなどは注目に値しよう。

(2) 保釈拒否の理由

次に警察保釈および裁判所保釈が拒否される理由を確認しておく。まず警察保釈であるが，やや古いが1997年の調査研究[46]によれば，裁判所への不出頭の危険および再犯の危険を理由とする保釈拒否がそれぞれ約30％であり，司法運営ないし犯罪捜査の妨害の危険を理由とする保釈拒否は全体の13％にとどまる。身体に対する犯罪に限定しても，司法運営ないし犯罪捜査の妨害の危険を保釈拒否理由とするのは全体の28％である。財産犯の場合には，全体の6％にまで低下する。また，裁判所保釈においても，警察保釈と同様，証人への不当な干渉その他司法過程妨害の危険を理由とする保釈拒否の比率は低く，エアーズらの調査研究[47]によれば，16％にとどまっている。もっとも，司法過程妨害の危険が保釈拒否理由とされる比率は低いものの，他方で再犯の危険を理由とする保釈拒否の比率は高く，再犯の危険を保釈拒否理由としていない日本法との比較は，この点においても困難である。しかし，内務省作業班も指摘するように，本来的に「被告人が証人に不当な影響を及ぼす可能性は，それほど頻繁に生じるものではない」[48]ことは，運用状況からも指摘しうるであろう。

7. 日本法への示唆 —— 日本の保釈制度の問題点

　保釈法制をめぐるイギリスでの議論状況および人権裁判所の判例から確認される，国際人権法上の要請との比較において，日本の保釈制度が有する問題点について以下に検討を行なう。

(1) 起訴前保釈制度の欠如

　まず問題となるのは起訴前勾留の存在である。この逮捕後，最大 20 日間の勾留期間，日本では保釈制度が用意されていないという問題がある。そもそも勾留審査が形骸化しているという問題も存するが，かりに勾留要件（逃亡ないし罪証隠滅の危険）が十分に充たされている場合であっても，適切な保釈条件を課すなどの手段により身体拘束を回避することが可能なケースは想定されうる。起訴前保釈制度の欠落は，身体拘束の代替手段をまったく検討しえない点において，身体拘束の最終手段性を強調する人権条約 5 条 3 項および自由権規約 9 条 3 項に抵触するおそれがある[49]。

(2) 権利保釈の除外事由の問題性

　次に権利保釈の除外事由（刑事訴訟法 89 条）の問題である。従来から指摘されているように，日本の保釈制度は建前の上では権利保釈を原則としているが，広範な除外事由が設けられているため，事実上，原則・例外の関係は逆転させられている。この除外事由の多くは，国際人権法の水準に照らし，問題の多いものである。
　たとえば，同条 1 号では，「死刑又は無期若しくは短期 1 年以上の懲役若しくは禁錮に当たる罪」の場合に権利保釈を否定している。法定刑が重い場合，類型的に逃亡の危険が高いからであると説明されるが，法定刑の重さから機械的・自動的に逃亡の危険を推認することは人権裁判所が明確に禁止するところである。法定刑の重さそれ自体は，権利保釈を否定する正当化根拠とはなりえず，正当化根拠となる「逃亡の危険」の存否を判断する上での考慮事項に過ぎない。にもかかわらず，法定刑の重さから類型的に逃亡の危険が高いと考え，権利保釈の除外事由とすることは，人権条約 5 条 3 項に抵触し，同時に自由権規約 9 条 3 項に抵触する可能性が高い。
　また，重大犯罪の前科があることを権利保釈の除外事由として規定する同条 2 号に関しては，そもそも本号に該当する場合，類型的に逃亡の危険や罪

証隠滅の危険が高いともいいえない[50]。仮に重大犯罪の前科があるという事実が，逃亡や罪証隠滅などの危険を推論させることがあったとしても，同条1号の場合と同様，被告人に前科があるという事実は，権利保釈を否定する正当化根拠ではなく，「逃亡の危険」・「罪証隠滅の危険」という正当化根拠の存否を判断する上での考慮事項にすぎない。同条1号，2号は，拘禁を正当化する「根拠」と，その根拠を支える「理由」とを混同しており，人権条約5条3項，自由権規約9条3項に抵触する可能性が高い。そして，同様の批判は同条3号にも当てはまる。

(3) 罪証隠滅要件の問題性

日本で最も問題とされているのは，同条4号の罪証隠滅の危険である。その理由は，本号がかなり緩やかに解釈・適用されるために，保釈運用が閉塞状態に陥っているとの認識が，かなりの程度，共有されているからである[51]。その根拠として，①統計上も1970年以後，一貫して保釈率が減少し続けていることに加え，②個別の裁判例においても，被告人による否認，黙秘，関係者との供述の不一致や弁解の曖昧さ，検察官請求証書への不同意などを理由にかなり緩やかに罪証隠滅の危険が認定されている[52]ことが挙げられている。

この点，人権裁判所の判例でも，司法過程妨害の危険は，人権条約5条3項のもと，合法的な権利保釈の除外事由として認められているが，その危険の存在を認定するにあたっては極めて厳格な解釈指針が示されている。たとえば，危険は一般的・抽象的な危険ではなく，特定可能な具体的危険であることが要求されている。単に否認ないし黙秘しているという事実など，そもそも司法過程の妨害の危険を推認させる事情として，議論の俎上にさえのぼっていないようである。罪証隠滅の対象，態様，客観的可能性，主観的可能性と分類した上で，自白している場合に比べ，否認や黙秘の場合には罪証隠滅の客観的可能性が高いなどという議論も，管見の限り，見当たらない。そもそも，否認や黙秘は一方当事者たる被告人の権利であって，その権利の行使が司法過程を妨害するなどということはおよそ想定しえないからではないであろうか。

もっとも，司法過程妨害の危険は，本質的に被告人の防禦権と抵触する危険性を秘めている。たとえば，証人への接触は，一方当事者である被告人にとって防禦権行使の側面を有するが，他方で証人の脅迫等が許されないこと

も事実である。どこまでを防禦権行使の範疇と捉え、どこからが証人への不当な接触となるのか、その線引きは極めて困難を伴う。また、被告人だけが司法過程の妨害を理由に拘禁されるということと無罪推定原則との関連も問題となろう[53]。さらに、日本においては、罪証隠滅の危険の認定が弛緩しているという実際上の問題も存する。これらの諸要素を考慮するならば、罪証隠滅の危険を厳格に認定していくということにとどまらず、罪証隠滅要件それ自体を削除することも十分検討に値しよう。繰り返しとなるが、仮に罪証隠滅要件自体は存続されることになったとしても、被告人の正当な権利（黙秘権や証人審問権などの防禦権）の行使が罪証隠滅を推認させるものでないことは十分に確認されるべきであろう[54]。

　以上のように、現行の日本の保釈制度は、法制度それ自体も、そして、その解釈・運用の実際も、いずれも国際人権法の要求する水準におよそ到達しえていない。それだけでなく、国際人権法の水準に向かって努力しようとする姿勢さえ示しえていない。今日の国際社会にあって、国際人権法の基準に沿った未決拘禁制度や保釈制度の整備、そして法運用の確立が日本に求められている喫緊の課題であろう。

1　菊田幸一編『受刑者の人権と法的地位』（日本評論社、1999年）25頁参照。
2　江島晶子『人権保障の新局面──ヨーロッパ人権条約とイギリス憲法の共生』（日本評論社、2002年）3頁以下。
3　J.Sprack, A Practical Approach to Criminal Procedure,12-33 (Oxford University Press, 10th ed., 2004).
4　Id. at 92-94,100.
5　Id. at 97.
6　イギリスの保釈制度に関する最近の邦語文献としては、三島聡「イングランド・ウェールズの保釈制度」季刊刑事弁護24号（2000年）72頁。
7　この権利保釈の除外事由に関しては、2003年刑事司法法（The Criminal Justice Act 2003）14条により若干の修正がなされている（後述5.(2)参照）。
8　Re Robinson (1854) 23 L.J.Q.B.286.
9　Pegg [1955] Crim.L.R.308; Wharton [1955] Crim.L.R.565; Gentry[1956] Crim.L.R.120. いずれも保釈中の再犯の危険を根拠に保釈が拒否された事例である。
10　B.Emmerson & A.Ashworth, Human Rights and Criminal Justice, 315-319 (Sweet

& Maxwell, 2nd ed., 2001).

11 Stögmüller v. Austria (1969) 1 E.H.R.R.155.

12 Wemhoff v. Germany (1968) 1 E.H.R.R.55; Clooth v. Belgium (1991) 14 E.H.R.R.717.

13 Matznetter v. Austria (1969) 1 E.H.R.R.198; Toth v. Austria (1991) 14 E.H.R.R.551; Clooth v. Belgium (1991) 14 E.H.R.R.717.

14 Letellier v. France (1991) 14 E.H.R.R.83; Tomasi v. France (1992) 15 E.H.R.R.1.

15 Tomasi v. France (1992) 15 E.H.R.R.1, para.91.

16 Yagci and Sargin v. Turkey (1995) 20 E.H.R.R.505, para.52.

17 Stögmüller v. Austria (1969) 1 E.H.R.R.155, para.15.

18 Wemhoff v. Germany (1968) 1 E.H.R.R.55, para.15; Ilowiecki v. Poland (2003) 37 E.H.R.R.546, para.63; Jablonski v. Poland (2003) 36 E.H.R.R.455, para.83.

19 Jablonski v. Poland (2003) 36 E.H.R.R.455, paras.83-84.

20 Neumeister v Austria (1968) 1 E.H.R.R.91, para.10.

21 N.Corre & D.Wolchover, Bail in Criminal Proceedings, 75 (Oxford University Press, 3rd ed., 2004).

22 Clooth v. Belgium (1991) 14 E.H.R.R.717, para.44.

23 Clooth v. Belgium (1991) 14 E.H.R.R.717, para.43; W v. Switzerland (1994) 17 E.H.R.R.60, para.35; Letellier v. France (1991) 14 E.H.R.R.83, para.39; Kalashnikov v. Russia (2003) 36 E.H.R.R.587, paras.116-117.

24 Letellier v. France (1991) 14 E.H.R.R.83, para.39.

25 Ringeisen v.Austria (1971) 1 E.H.R.R.455, para.106.

26 Clooth v. Belgium (1991) 14 E.H.R.R.717, para.40.

27 Matznetter v. Austria (1969) 1 E.H.R.R.198, para.9.

28 Wemhoff v. Germany (1968) 1 E.H.R.R.55, para.12; Yagci and Sargin v. Turkey (1995) 20 E.H.R.R.505, para.50.

29 Letellier v. France (1991) 14 E.H.R.R.83, para.35.

30 Clooth v. Belgium (1991) 14 E.H.R.R.717, para.44; Yagci and Sargin v. Turky (1995) 20 E.H.R.R.505, para.52.

31 通常、保釈が拒否される理由と制定法上の根拠条文を示すため、空欄にチェックを入れることだけを要求する定型様式に、保釈の決定が記録されているという。The Law Commission, Consulting Paper No 157, Bail and The Human Rights Act 1998, November 1999, para.4.20. (hereinafter cited as CP 157).

32 法律委員会（The Law Commission）は、次のように述べている。人権裁判所の判

例法からすると，単に制定法上の文言を繰り返した，定型様式に記録された保釈拒否理由は，「抽象的」あるいは「決まり文句」であると判断される可能性が高く，また人権裁判所が，保釈拒否理由の質は保釈拒否の決定手続の質を示唆するものと想定していることに鑑みれば，結論として，定型様式に記録された保釈拒否理由は，人権条約5条に違反すると判断されるおそれがある，と。CP 157, para.4.21.

33　CP 157; Law Commission No 269, June 2001 (hereinafter cited as LC 269).
34　Matznetter v. Austria (1969) 1 E.H.R.R.198, para.9.
35　CP 157, para.5.14.
36　CP 159, paras.6.1-6.14; LC 269, paras.4.1-4.12.
37　R.Taylor et al., Blackstone's Guide to The Criminal Justice Act 2003, at 19 (Oxford University Press, 2004). もっとも，14条2項において，18歳未満の被告人に関しては，保釈中であったという事実が，除外事由の存否を判断する際の重要な考慮事項として規定されており，保釈の利益への推定が保持されている。
38　CP 159, para.6.11; LC 269, para.4.8.
39　LC 269, paras.4.8, 4.10-4.12.
40　C.C. v. United Kingdom (1999) Crim.L.R.228.
41　Leach, Automatic Denial of Bail and the European Convention, [1999] Crim.L.R.300, 304.
42　CP 157, paras.9.21-922.
43　LC 269, para.8.18.
44　LC 269, para.8.46.
45　Home Office, Criminal Statistics England and Wales 2003, Ch4.
46　T.Bucke & D.Brown, In Police Custody: Police Powers and Suspect's Right Under the Revised PACE Codes of Practice, Home Office Research Study 174, at 62 (1997).
47　J.Airs, et al., Electronically Monitored Curfew as a Condition of Bail: Report of the Pilot, Occasional Paper, 12 (2000).
48　Home Office Working Party, Bail Procedures in Magistrates' Courts, Report of the Working Party, HMSO, para.68 (1974), quoted by N.Corre & D.Wolchover, supra note 21, at 75. なお，本報告書は，これに続けて，「通常，被疑事実が比較的重大な場合であり，かつ，被告人による暴力行為や脅迫行為に関する過去の記録など，その他の徴憑が存在する場合にのみ，証人への不当な干渉の可能性が問題となるであろう」と述べている。
49　第4回政府報告書に対する自由権規約委員会の最終見解においても，起訴前保釈

の欠如が自由権規約に抵触することが示唆されている。日本弁護士連合会編『日本の人権　21世紀への課題』(現代人文社、1999年) 256頁参照。

50　日本では、「再犯の危険」を権利保釈の除外事由としていないが、重大犯罪の前科があることを権利保釈の除外事由としていることに照らせば、暗に「再犯の危険」を権利保釈の除外事由と考えていることがうかがわれる。確かに、人権裁判所の判例においても、またイギリス保釈法においても、再犯の危険は、権利保釈の除外事由として想定されている。しかし、未決拘禁が、手続確保の目的のためにのみ存在していることに留意するならば、再犯の危険を拘禁正当化事由と考えることにはやはり疑問が残る。本書第1章豊崎論文参照。なお、イギリスにおいても、再犯の危険を未決拘禁の正当化根拠ないし権利保釈の除外事由と考えることに対しては、学説上、疑問が提起されている。A.Ashworth, The Criminal Process, 211 (Oxford University Press, 3rd ed., 2005).

51　竹之内明「刑事司法改革と人質司法の打破」季刊刑事弁護43号 (2005年) 8頁、同「人質司法の実態はどうなっているか」季刊刑事弁護21号 (2000年) 94頁、川崎英明「保釈の憲法論と罪証隠滅」季刊刑事弁護24号 (2000年) 64頁、大出良知「保釈をめぐる裁判所の対応姿勢と弁護」季刊刑事弁護24号 (2000年) 85頁、同「アンケート結果に見る身柄拘束の実態」季刊刑事弁護2号 (1995年) 80頁、秋山賢三「保釈運用の病理『人質司法』の根源を探る」季刊刑事弁護2号 (1995年) 88頁、能勢弘之「(ワークショップ) 保釈」刑法雑誌31巻3号 (1991年) 397頁など。

52　長沼範良「裁判例に見る『罪証隠滅のおそれ』」季刊刑事弁護2号 (1995年) 100頁。また、梶田英雄「(コメント) 裁判官から(1)」刑法雑誌35巻2号 (1995年) 320頁は、裁判官の立場から、罪証隠滅要件の認定が甘過ぎるという批判は認めざるをえないとする。

53　例えば、三島聡『刑事法への招待』(現代人文社、2004年) 28頁以下。本書第1章豊崎論文参照。

54　川崎英明「否認と保釈」村井敏邦＝後藤昭編『現代令状実務25講』(日本評論社、1993年) 125頁。

（石田倫識／いしだ・とものぶ）

第4部
未決被拘禁者の権利保障

第6章 未決被拘禁者と弁護人以外の者との外部交通権

1. はじめに

(1) 未決被拘禁者の「処遇」

　既決被収容者と比較して，未決被拘禁者が自殺を図る件数は多いといわれている。2004年1月から2005年9月までの21ヶ月をみるだけでも，4件の自殺既遂事件が報道されている[1]。報道はされないが，未遂に終わった事件も数多く存するだろう。個々の事件において自殺を図った理由は明らかにされていないが，これらの事件は，未決被拘禁者がいかに心情不安定な状態にあるかを物語るものといえる。この不安定な心情をもたらす要因が現在の未決拘禁システムに（も）存する――とりわけ，未決被拘禁者に保障されるべき権利が十分に保障されていない点に問題がある――のであれば，それを改める必要性・緊急性は高いといわねばならない。そこで，未決被拘禁者が保障されるべき権利の意義，権利制約の根拠と具体的基準をあらためて検討したうえで，法改正のための指標を提示するという作業が求められることになる。

　本章では弁護人以外の者との外部交通権をメインに扱う。第7章では社会的援助の問題，第8章では弁護人との接見交通権，第9章では権利侵害があった場合の法的救済手段について，それぞれ検討される。未決被拘禁者の「処遇」に関して検討しなければならない問題はこれら以外にも多数ある（とりわけ，医療，懲罰，透明化の問題）が，それらについては既決被収容者の場合における議論と共通するものが多いので，刑事立法研究会のメンバーが既決収容を念頭において執筆した他の論文等を参照されたい[2]。

⑵ **本章の課題**

　弁護人あるいは弁護人となろうとする者（以下，弁護人等）との外部交通権とそれ以外の者との外部交通権とで現行法令がどのように異なるか，まず概観してみよう。

　現行刑事訴訟法は，弁護人等との接見交通に関し，その秘密性を保障している（刑訴法39条1項）。そして，接見交通の制限に関しては限定的である（同39条2項）。さらに，捜査の必要性という利益との調整基準をも規定している（同39条3項）。接見等が禁止されることもない（同81条）。

　これらに対し，弁護人等以外の者については，包括的にみえる法令委任がついており（同80条），接見等の禁止も認められている（同81条）。80条の委任を受け，監獄法は45〜49条において種々の制限を認めている。そればかりでなく，さらなる接見や信書に関する制限につき，法務省令に委任している（監獄法50条）。この委任を受け，監獄法施行規則は，121〜139条において，秘密交通権の否定（監獄法施行規則127条1項，130条参照）等，広範に外部交通を制限しているのである。

　以上のように法令を概観する限り，弁護人等以外の者との外部交通に対しては相当制限がかけられており，相対的に，当該権利を低く評価していることがわかる。

　しかし私たちは，弁護人等との外部交通とそれ以外の者との外部交通にこれほどの差異が認められるべきなのか，あらためて検討しなければならない。そのためには，単に「施設法」の領域だけで考察するのではなく，刑事訴訟法改正をも視野に入れて考えねばならないことは明白であろう。

　以上のような視点に基づき，次のように検討を進めたい。まず未決被拘禁者の外部交通権に関する最高裁判例の意義を再確認する（**2.**）。次に，判例に含まれている諸問題をふまえ，当該権利の憲法的根拠を分析し，あるべき一般的制約基準を導出する（**3.**）。最後に，当該基準に基づき，権利保障が十分になされるために法改正すべきポイントについて検討する（**4.**以下）。

2.　判例

⑴ **最高裁判例概観**

　弁護人等との接見交通に関しては判例が豊富に蓄積されている。それに対し，弁護人等以外の者に対する未決被拘禁者の外部交通権については，判例

が蓄積されているとは言い難い。しかし，訴えが提起されるケースが少ないことは，外部交通の制限に不満を持つ者が少ない（つまり，現行法令およびその運用に問題は少ない）ことを意味するわけではないだろう。組織的支援もない中，孤立した個々の一般面会者が国賠訴訟を提起することの困難性をふまえておかねばならない。

　未決被拘禁者に対する権利制限の当否に関する一般的アプローチを示したのは，喫煙の自由が問題になった事件における1970年9月16日大法廷判決であった。そこでは，①未決勾留は逃走または罪証隠滅の防止を目的として被疑者・被告人の居住を監獄内に限定するものであること，②監獄内においては，多数の被拘禁者を収容し，これを集団として管理するにあたり，その秩序を維持し，正常な状態を保持するよう配慮する必要があること，③以上の2つの目的に照らし，必要な限度において，被拘禁者のその他の自由に対し，合理的制限を加えることもやむをえないこと，④右の制限が必要かつ合理的なものであるかどうかは，制限の必要性の程度と制限される基本的人権の内容，これに加えられる具体的制限の態様との較量のうえに立って決せられるべきであることが示された[3]。

　この判決をふまえ，未決被拘禁者の閲読の自由を制限した拘置所長の裁量の当否について判断したのが1983年6月22日大法廷判決である。本判決は，上記1970年判決の判旨を繰り返したうえで，①必要性の程度につき敷衍した。すなわち，未決勾留は，刑事司法上の目的のために必要やむをえない措置として一定の範囲で個人の自由を拘束するものであり，他方，これにより拘禁される者は，当該拘禁関係に伴う制約の範囲外においては，原則として一般市民としての自由を保障されるべき者であるから，監獄内の規律および秩序の維持のためにこれら被拘禁者の新聞紙，図書等の閲読の自由を制限する場合においても，それは，右の目的を達するために真に必要と認められる限度にとどめられるべきものである，と。②真に必要と認められる程度とは，具体的に，「当該閲読を許すことにより右の規律及び秩序が害される一般的，抽象的なおそれがあるというだけでは足りず，被拘禁者の性向，行状，監獄内の管理，保安の状況，当該新聞紙，図書等の内容その他の具体的事情のもとにおいて，その閲読を許すことにより監獄内の規律及び秩序の維持上放置することのできない程度の障害が生ずる相当の蓋然性があると認められること」であることが示された。③制限の合理性についても敷衍された。すなわち，「右の障害発生の防止のために必要かつ合理的な範囲にとどまる」もの

でなければならないとされたのである。ただし，これらの要件に該当するか否かにあたっては，所長の裁量的判断を尊重することとされている[4]。表現の自由という最重要権利の制限が問題となっているにもかかわらず，「障害が生ずる相当の蓋然性」，「障害発生防止のための必要かつ合理的な範囲」というゆるやかな基準を設定したこと，および所長裁量を尊重したことについては批判が強い[5]。

最後に，幼年者面会禁止規定（監獄法施行規則120条）の違法性が争われた1991年7月9日第3小法廷判決を挙げる。本決定は，前2判決を参照するよう指示しながら，①未決勾留により拘禁された者は，逃亡または罪証隠滅の防止という未決勾留の目的のために必要かつ合理的な範囲において身体の自由およびそれ以外の行為の自由に制限を受けること，②監獄内の規律および秩序の維持上放置することのできない程度の障害が生ずる相当の蓋然性が認められる場合には，右障害の防止のために必要な限度で身体の自由およびそれ以外の行為の自由に合理的な制限を受けること，そして③当該拘禁関係に伴う制約の範囲外においては，原則として一般市民としての自由を保障されることを示した[7]。

本判決は，前2判決と異なり，未決拘禁者が侵害される権利と達成される利益との比較衡量をせず，面会権の意義を明らかにしないまま，未決拘禁の性格から判断基準を提示している点に特色がある[8]。その必要がなかったからだと解釈する見解もある[9]が，賛成できない。なぜなら，比較衡量をしていないにもかかわらず，未決拘禁の目的という点からのみ，「障害が生ずる相当の蓋然性」，「障害発生防止のための必要かつ合理的な範囲」という制限基準を導出しているからである。どのような権利の制限が問題になるにせよ一律に当該基準で判断することを宣言しているとこれを解釈するならば，従来の判断枠組みとは全く異なる判断を示したことになる[10]。

(2) 問題

このようにみてくると，未決被拘禁者の権利につき，最高裁は，①制限される個々の権利の意義と性格を十分に明らかにすることなく，②したがって厳密な比較衡量をすることなく，③未決拘禁の目的のみから，「障害が生ずる相当の蓋然性」，「障害発生防止のための必要かつ合理的範囲」というゆるやかな基準で権利制限を許容しているといえそうである。しかし，このようなアプローチは正当なものとはいえない。特に，未決拘禁の目的のみから権

利制限の具体的基準を導きだしている点については，乱暴というしかない。弁護人等以外の者との外部交通権の意義と性格を明らかにすることなくして権利制限の具体的基準は明らかにならないのである。

3. 弁護人等以外の者との外部交通に関する憲法的基礎

(1) 依拠すべき条文

それでは，弁護人等以外の者との外部交通権はいかなる性質を持つものなのだろうか。

村岡啓一は，憲法34条の弁護人依頼権の本来的性格は被拘束者の外部交通権に他ならないとしつつも，この外部交通権が被拘束者の親族・知人などに認められる一般的な外部交通権と同レベルのものではないことを指摘する。「privilege of counsel（弁護人と相談する特権）という表現には，外界とのパイプ役を果たすべき当事者として，あえて法律の専門家である弁護士が指定されているのであり，この趣旨は，外界との連絡という基本的な役割に加えて，さらに，不当な身柄拘束からの救済を求める法的手段を構ずべきことを当該弁護士に期待しているのである」[11]というのがその理由である。

確かに，不当な身体拘束からの救済という点で弁護士に期待されるものは大きいといわねばならない。しかし，それは「弁護人と相談する特権」の重要性を強調するにとどまるのであって，一般的外部交通権の保障が「弁護人と相談する特権」よりも低いレベルであってよいことまでも導き出すわけではない。一般的外部交通は，弁護人と相談する利益と同等に手厚く保障されねばならない利益をも含んでいるからである[12]。また，「外界とのパイプ役を果たす」という役割を弁護人が果たすべきことは確かだが，それが外界とのつながりを原則遮断すべきことの法的承認を前提にしているわけではないことも強調される必要がある。外界とのパイプ役というテーゼは，拘禁前の状況と比較して他者とのコミュニケーションが「事実上」困難になるという現実をふまえたものにすぎない。

以上の前提をふまえた上で，弁護人等以外の者との外部交通につきこれまで主張されてきた憲法的根拠に関する議論を列挙してみよう。

第1に，外部交通は，自身がこれまで築いてきた家族関係や友人関係の人的ネットワークを破壊されない，あるいは今後ネットワークを構築しようとする試みを妨げられないという意味において，自己のコミュニケーションに

関する自己決定権を保障する手段となる[13]。以上の意味において，外部交通は憲法13条にその根拠を持つ。

　第2に，外部交通は，自己実現・自己陶冶を図るために必要不可欠な表現の自由（憲法21条）を保障するためになくてはならない手段であることはいうまでもない。

　第3に，外部交通は，被疑者・被告人の防禦権（憲法31条等）を保障するための重要な手段である。弁護人の選任や法廷外の証拠収集活動等は家族等の他者が担うことが多いだろう。証人との打ち合わせを自ら行う必要がある場合も多いと思われる。のみならず，外部から隔絶され孤独の中で心情不安定に陥った被疑者・被告人が自己の防禦権を十全に行使することはすこぶる困難であろうから，外部との交流が妨げられないこと自体が防禦権を保障とするものとなるともいえよう[14]。

　以上のような基礎を持つ弁護人等以外の者とのコミュニケーションは，最終的に憲法34条によって保障されていると捉えるべきだろう。村井敏邦は，GHQ案に含まれていた he shall not be held incommunicado という文言が，日本側起草者の無理解のため削除されたという経緯[15]に照らし，「憲法三四条は，抑留拘禁された者は外界とのコミュニケーションが遮断された状態に置かれてはならないことを保障している規定であり，そのために，直ちに弁護人と連絡を取る権利を保障していると考えなければならない。また，外界とのコミュニケーションの確保という点では，この規定は，弁護人との交通だけではなく家族等との交通も保障していると考えるべきである」[16]と述べている。

(2) 一般的制約基準

　以上のように，弁護人等以外の者との外部交通は，憲法の中でも根幹となる権利の複合体として捉えられる。したがって，それを制約する基準には最も厳格なものが採用されねばならない。

　葛野尋之は，制限が許容される要件について次のように主張している。すなわち，①法律に基づき，②拘禁目的の達成のために，③必要最小限度において制限が許容される。必要最小限であるためには，④拘禁目的に対する障害発生の「高度の蓋然性」すなわち現実的危険性が認められ，⑤最も制限的でない手段が選択されねばならず，かつ，⑥防禦権の実質的制約に及ぶことなく，⑦外部社会との接触の全面的遮断とならない範囲においてのみ制限が

認められる，と[17]。

　基本的にこの基準は妥当と思われるが，2点付記しておきたい。第1に，「現実的危険性」の要求についてである。「相当の蓋然性」を要求した前述の1991年最高裁判決に対し，「閲読の許否を判断する際には事前に内容検査を行うことができ，時間的余裕もあるから，相当の蓋然性を制限基準にすることはうなずけるが，接見については，事前の内容チェックはできず，時間的余裕もないため，この基準を要求することは実務に無理を強いる結果となる」との批判があった[18]。しかし「現実的危険性」基準を採用した場合，当該テーゼは，閲読制限が問題になる場合であれ，接見制限が問題になる場合であれ，内容検査をすること自体を原則否定するよう要求することになる点に注意しなければならない。例えば，当該媒体や会話の中で逃走方法を具体的に教示する内容が含まれていたとしても，それだけでは逃走の現実的危険性が発生したとはいえない。

　第2に，「法律に基づき」という点についてである。外部交通という重要権利を侵害するには具体的な法律上の根拠が必要であることはいうまでもない。所長の裁量が認められる幅は極小にしなければならない。この基準は，広範な所長裁量が認められている実務の現状を前提にした上での裁判規範として主張されているのではないことに注意しなければならない。現行法令は，接見等の制限につき白紙委任に等しい規定を置いている[19]（刑事訴訟法80条）点において問題があり[20]，また，個別事件における勾留理由と関わりなく施設が独自に拘禁目的達成を掲げ権利制限を行うことを認めるなど，裁判官・裁判所の命令を執行するという限度において未決拘禁施設に権限が与えられるというシステムになっていない点に問題がある。この基準に従った抜本的な法改正が必要となるゆえんである。以下，この制約基準を指標として，法改正が必要となるポイントを検討してみよう。

4. 勾留理由に関する必要最小限度基準の要請

(1) 執行法としての性格

　弁護人等以外の者との外部交通に制限を加えることが認められる唯一の理由は，「拘禁目的の達成」である。拘禁目的という場合，一般に「逃亡や罪証隠滅等の防止」と「施設の管理運営」[21]というサブカテゴリーに分けて考えられている。そこで，まず前者の問題について法改正が必要な点を検討し

てみよう。なお，理論的には罪証隠滅防止という理由は身体拘束を正当化することができず，当該要件は勾留理由から抹消されるべきであるが[22]，百歩譲って当該理由を存置させた場合を想定し，以下論じることにする。

　現行法令は，逃亡・罪証隠滅防止という未決被拘禁者が拘禁された理由を個々具体的に考慮する規定をおいていない。例えば監獄法施行規則127条2項は，弁護人との接見において「逃走不法ナル物品ノ授受又ハ罪証隠滅其他ノ事故ヲ防止スル為メ必要ナル戒護上ノ措置ヲ講ス可シ」と規定し，被拘禁者がどのような理由で身体を拘束されているかについて考慮していない。また，本規定は刑事訴訟法39条2項の委任を受けたものだが，同項も，弁護人との接見につき「逃亡，罪証の隠滅又は戒護に支障のある物の授受を防ぐため必要な措置を規定することができる」と一般的な形で規定している。法令の運用においても，どのような理由で当該被疑者・被告人が勾留されたのかを考慮し，個々の被拘禁者ごとに制限の態様を異にするという扱いはなされていないようである。

　しかし，例えば逃亡の危険を理由に勾留された被告人に対し，罪証の隠滅を防止するという名目で諸権利を制限することは，「当該被拘禁者を拘禁する目的」以外の目的により諸権利を制限することに他ならず，問題である。この点を厳格に解しない実務の運用は，「訴訟法上の被拘束者の権利義務の定めと，施設法上の権利義務の定めとは，それぞれ目的と規律する領域が違い，いわば次元を異にしているのであって，その相互の間で矛盾・抵触は生じない」[23] という二元主義的な考え方をベースにしているのかもしれない。しかし，「逃亡・罪証隠滅の防止」という目的は，当該身体拘束が正当化される理由そのものなのであるから，ここに二元主義的な考え方が入り込む余地はない。また，一般的にいって，未決拘禁は一定の訴訟目的を実現するために認められている以上，両者がパラレルワールドであってよいはずはなく，施設法も訴訟法の一部ととらえ（執行法ととらえ），一元主義的見地にたって検討する必要がある。そして，未決拘禁を行うのは裁判官・裁判所なのであるから，その執行にあたっても司法的統制が直接およぼされなければならない[24]。

　このような見地に立った場合，「逃亡・罪証隠滅の防止」という目的に関し，当該被拘禁者が勾留された理由の範囲を超えて施設が権利制限を行うことを許す法令および施設の裁量権行使は，過度に広範な制限であり，認められないというべきである。以下，特に検討を要する点を列挙する。

(2) 外部交通制限の主体

「逃亡」要件を満たすとして身体を拘束された者に対し，施設が「罪証隠滅」要件の有無について判断することは許されず，かつ，罪証隠滅の危険性が認められても外部交通を制限することができないことについては前述した。では，「罪証隠滅」要件を満たすとして身体を拘束された者に対し，施設が「罪証隠滅」の危険の有無について判断し，当該危険性が認められる場合に外部交通を制限することはできるだろうか。

刑事訴訟法 81 条は，逃亡の危険または罪証隠滅の危険が存する場合[25]に，勾留されている被告人と弁護人等以外の者との接見等を裁判所が禁止する規定をおいている。刑事訴訟法の中で，接見等の禁止を明文で認める規定は本条しかない。つまり，逃亡・罪証隠滅防止のために権利を制限する旨を決定できるのは裁判所のみであるということである。このような帰結は，前述の一元主義的アプローチによって正当化される。80 条における「法令の範囲内」という文言は，逃亡・罪証隠滅の危険性に関する事項を除外して下位法令に委任していると解釈されることになる[26]。

したがって，先の問いについては，「罪証隠滅」要件を満たすとして身体を拘束された者に対しても，施設が独自の判断で罪証隠滅の危険性の有無を判断することもできず，外部交通を制限することもできないという答えとなる。施設が制限できる対象は，裁判所の接近禁止等の決定があった者のみである。立法にあたっても，「執行法」において施設独自の判断・処分を認める規定が設けられてはならない。

なお，監獄法 17 条は「刑事被告人ニシテ被告事件ノ相関連スルモノハ互ニ其監房ヲ別異シ監房外ニ於テモ其交通ヲ遮断ス」と規定している。本条の趣旨は罪証隠滅防止にあると解されている[27]。前述のように罪証隠滅防止という理由は正当化されないため，本条も削除されるべきであるが，かりに「罪証隠滅」要件の存在を前提としたとしても，当該理由で勾留されていない者の存在に鑑みれば，本規定は過度に広範といわざるをえない。また，当該措置は他者とのコミュニケーションに関するものなのであるから，通常の外部交通と同様，司法の統制に服されるべき性質のものである。法改正にあたっては，本条を削除し，個別のケースごとに裁判所・裁判官の命令によるものとする規定を設けるべきだろう。

(3) 制限のための要件

裁判所は，施設側に混乱を生じさせないよう，外部交通の制限対象となる人物を具体的に特定しなければならない。そのために必要となる条件について付記しておこう。

当該特定にあたっては，現実的危険性基準および必要最小限度基準に従わねばならない。実務では，一律接見禁止，あるいは一律接見禁止としつつも例外として一部の特定者につき接見を認めるという運用がとられているが，あらゆる第三者が一律に逃亡・罪証隠滅を手助けする現実的危険性を持っているケースを想定することは実際上不可能である。このような運用は過度に広範な制限をかけるものであるから，直ちに改められなければならないし，現実的危険性基準および必要最小限度基準を要求する文言を条文に付け加える必要があろう。

実務の現状は，「逃亡」要件・「罪証隠滅」要件の有無に関する判断自体が抽象的になされている[28]ことに由来するのであろう。この点については古くから批判され続けてきたので詳述しない。具体的な事実を認定し，逃亡・罪証隠滅を図る現実的危険性が存することを論証することによってはじめて勾留は正当化される[29]。そこまで具体的に事実を認定できたならば，外部交通の制限に関しても，対象を具体的に特定することは容易なのである。

(4) 必要最小限の手段

刑事訴訟法81条は，例えば接見について，禁止という手段しか認めていない。これは過度に広範な制限といわざるをえない。より制限的でない手段を選択する道も用意されねばならない。接見許可か禁止かという二者択一ではなく，例えば立会を条件としたうえで接見を認めるなど，個々のケースごとに必要最小限度の制限にとどまるよう運用上工夫されるべきであるし，さらには法改正による明文化が必要だろう。接見等禁止の執行停止制度も創設されるべきである。

5. 管理運営目的に関する必要最小限度基準の要請

(1) 施設の都合という要因

後藤昭は，「およそ未決拘禁に関する施設法には，訴訟法に明らかに規定されているもの以外の被拘禁者に対する制約をいっさい盛り込むことはでき

ない」という意味での「徹底した一元主義」を疑問とし，訴訟法に明示されていない制約を施設法に設けることがすべて禁じられるわけではないとする。しかし，訴訟法が被拘禁者の権利として積極的に明文で規定している部分については，その例外とし，訴訟法が明らかに権利として保障されているものに対し施設法がそれを侵食するような規定を設けることはできないとする。その典型として，刑事訴訟法39条を挙げ，法令委任がなされている80条と対比させたうえで，「被疑者・被告人の無罪推定を受ける地位や防御権保障の趣旨などから一定の限界はあるが，一応，施設法の立法者に制約内容の判断が委ねられている。これに対して，三九条のほうは，二項で『法令』による制約の目的を『逃亡，罪証の隠滅又は戒護に支障のある物の授受を防ぐため必要な措置』と明記しており，施設法にはこれらの目的での制約しか委ねていない」と述べ，反射的に，39条2項に規定されている以外の制限，すなわち管理運営目的による制限が一般的に弁護人等以外の者との外部交通の際に可能であることを示唆している[30]。広範な法令委任を設けている80条の正当性自体が問われねばならないことについては前述したが，いずれにせよ，弁護人等以外の者との外部交通の際に，管理運営目的による制限が憲法・法律上一切許されないと主張することは困難であろう。ここでは，「管理運営」を「安全で円滑な共同生活の維持」[31]という意味において使用し，前述の基準に適合する法改正ポイントを検討することにする。

　管理運営目的による外部交通の制限に関して注意しなければならないのは，施設側の人的・物的体制が強く影響を与えうるという点である。従来，体制の不備という要素は，そこから生じる問題を被拘禁者およびコミュニケーションの相手方に負担させることによって事件を解決するという作用を果たしてきた[32]。例えば，面会について「1日1人1回ルール」を設けた東京拘置所長の裁量に対し，東京地裁は「接見需要に対応して拘置所の人的物的施設をどの程度保有すべきかは，接見制限により在監者及び面会希望者の受ける不利益の程度と国の財政上の負担との衡量により決すべき国の政策上の問題であつて，原告主張のように，接見需要を無制限に充足し得る程度の施設を保有すべき義務が国にあると一概に解することは相当ではない」と述べ，当時の収容人員や1日あたりの面会者数，それに対応する職員数などを総合考慮し，当該ルールを設けたことに違法はないとしたのである[33]。

　しかし，外部交通権が保障されるとうたっておきながら，国の政策によって柔軟にそれが制限されるのを認めるというのでは，結局のところ「外部交

通権は権利ではない」と言っているのと同じであり，妥当でない。そこで，①施設の都合によって権利制限がなされることがないよう，「国がとるべき政策」を提示する必要があり，②予算上の手当てを施さず，不当な権利侵害を続けるという政策を国がとるのであれば，権利侵害を受けている未決被拘禁者に対する司法上の救済の道が設定されなければならない。このようなアプローチから現行法令を見直してみよう。

(2) 外部交通の自由性

監獄法施行規則には，弁護人とそれ以外の者との間で制限に差異を設けているものがある。121条と127条1項である。121条は，接見の時間につき「接見ノ時間ハ三〇分以内トス但弁護人トノ接見ハ此限ニ在ラス」と規定し，接見の時間を原則限定したうえで，弁護人との接見に限り例外を設けている。また，同規則127条1項は，「接見ニハ監獄官吏之ニ立会フ可シ但刑事被告人ト弁護人トノ接見ハ此限ニ在ラス」として，接見の際に職員が立ち会うことを原則としたうえで，弁護人との接見に限り例外を設けている。

しかし，このような区別は当然には正当化されない。前述のように，弁護人等との接見交通が重要であることは，それ以外の者との接見交通が重要でないことを意味しない。接見の時間制限が規定されている根拠はおそらく管理運営目的であろうが，管理運営目的による制限が正当化されるのは，当該目的が害される現実的危険性が存し，かつ，とられる手段が必要最小限度である場合のみである。本規定はそのような現実的危険性を考慮していない点，およびはじめから一定の制限を一般的に規定しているという点において，過度に広範な制限を課す規定となっている。

このような規定は，法改正にあたっても設けられてはならない。弁護人以外の者との接見も原則自由であることが明文化される必要がある。

127条1項についてはどうか。弁護人との秘密接見が重要であることはいうまでもないが，反射的に弁護人以外の者との秘密接見には権利性が認められないということにはならない。元来，人のコミュニケーションが秘密になされることの権利性は憲法21条の保障するところであり，その由縁は憲法13条のプライバシー権（自己情報コントロール権）に求められる。弁護人との接見とそれ以外の者との接見の違いは，前者が管理運営目的上必要な場合であっても依然秘密性が保障されねばならないのに対し（刑事訴訟法39条2項は管理運営目的による秘密接見の制限を下位法令に委任していない），

後者は管理運営目的による制限を認めている点にある。しかしその際にあっても，接見時間と同様，管理運営目的が害される現実的危険が存し，かつ，とられる手段が必要最小限度である場合に限られねばならない。したがって，規則127条1項も過度に広範な制限規定であるといわざるをえない。このような規定は法改正にあたり設けられてはならない[34]。当該基準に沿った法改正が行われる必要がある。

過度に広範な制限規定はこれらに限らない。外部交通は，原則自由であり，制限を設けてはならないことが明記されねばならない。接見立会い，記録化，検閲，書類その他の物の点検は原則否定される。また，書類等は原則被勾留者が所持することが原則認められなければならない。糧食に制限が設けられてはならない。規則127条2項，130条，131条，135条，139条等は全面的に見直されるべきである。

(3) 施設の人的・物的体制の整備

前述のように，施設の都合を理由に権利が制限されることは極小化されねばならない。面会所は拡充されねばならず，電話の使用，夜間・休日接見[35]を実現するための予算的措置が早急に講じられねばならない[36]。

もっとも，予算を増やすことだけが唯一の方策というわけではない。「現実的危険性」と「必要最小限の措置」という基準を満たすことによりリストラクチャーを進めるならば，人的体制の不備は問題にならなくなるだろう。例えば，自由かつ秘密の面会を保障するために，面会所はopen visit方式によるべきであり，遮蔽板は撤去されるべきである。面会者が渡そうとする物の詳細な点検も原則行われてはならず，金属探知機の使用など，より制限的でない手段がとられねばならない。監視の必要がある場合には，会話内容が聴こえない位置からの監視や映像のみによる監視に原則止めなければならない。このように，「現実的危険性」が認められる場合にのみ個別に「必要最小限の措置」をとるという基準を満たすことにより，立会い等のために必要な職員数は激減し，施設の都合を唱えるための前提は欠くこととなろう。

また，信書発受の自由を保障するためには，施設の都合を理由とする用紙限定，発信数限定，枚数限定といった措置が一律にとられてはならない。個別に「現実的危険性」が認められる場合に，「必要最小限の措置」がとられるという基準を満たした運用がなされねばならない。そのような運用により，ここでも同様，検閲等のために必要な職員数は激減することとなろう。外国

語使用不可原則（監獄法施行規則128条）も，上記基準に照らせば過度に広範ということになるし，立会い・記録化・検閲もその必要がない，あるいは相当でない場合がほとんどであろうから，翻訳の負担も激減するだろう[37]。

(4) 施設の都合を理由とする制限に対する救済手段

外部交通の持つ意義に鑑みれば，施設の都合を理由とする外部交通の制限は原則違法と考えざるをえない。国賠訴訟における判断枠組みはこのアプローチにより変更されるべきだろう。同時に，刑事訴訟法上の救済措置も考えられねばならない。身体拘束という処分は，外部交通等の権利が保障されることと引き換えに行われるものである以上，権利が保障されない状況における身体拘束は前提条件を欠くものであるから，正当化する余地はない。

ところで，どれだけの被疑者・被告人を身体拘束するかは国家のポリシーにより決定される。犯罪の増加は必ずしも決定的因子とはいえない。このことは，2003年に発生した犯罪の数は1994年のそれと比べて倍増するに至っていると主張する者はいないにもかかわらず，被留置者の年間延べ人員は2.15倍に達していることからも裏付けられよう[38]。身体が拘束されている被疑者・被告人の増加という現象が国家の厳罰化ポリシーの結果生じているものと考えられるならば，人的・物的整備を伴わない中で当該ポリシーを遂行することは，被疑者・被告人の外部交通権が制限される高度の可能性が認められることを承知で逮捕・勾留を認めることにほかならない。過剰拘禁下における逮捕・勾留は，相当性に欠くものとして却下されねばならない。また，現に勾留されている者についても，勾留取消，勾留執行停止等の処分がとられるべきであろう。

6. 捜査目的に関する必要最小限度基準の要請

最後に，捜査の必要性と外部交通権との調整に関して述べる。刑事訴訟法39条は弁護人等との接見交通等を認め，捜査の必要性に対し前者が優越することを明らかにしている。これに対し，弁護人等以外の者との接見交通については，80条以外に規定がない。しかし，規定がないことから弁護人等以外の者の接見交通権よりも捜査の必要性が常に優越することを認めることは，前者の権利が弁護人等との接見交通権に劣らず重要であることに鑑みると，妥当でない。実際，捜査の必要性を優越させ，弁護人等以外の者との接

見を一律制限することを認める憲法上の根拠はないであろう。とりわけ，弁護人等以外の者との接見交通が被疑者・被告人の防禦権・自己防禦権の保障に直接・間接に結びつくことに鑑みると，一律に禁止すること，あるいは国家機関の裁量に委ねることは，刑事訴訟法39条3項ただし書(接見指定は「被疑者が防禦の準備をする権利を不当に制限するようなものであつてはならない」)の趣旨にも反しよう。

したがって，捜査の必要性との比較衡量の結果は，弁護人との接見交通と同じものでなければならない。この点についても刑事訴訟法39条の改正が必要である。

1　京都拘置所で1件(2004年4月14日朝日新聞〔京都〕朝刊)，東京拘置所で1件(2004年4月24日朝日新聞朝刊)，大阪拘置所で1件(2004年11月25日朝日新聞夕刊)，神戸拘置所で1件(2005年2月8日朝日新聞〔兵庫〕朝刊)。

2　刑事立法研究会の最近の研究成果を示したものとして，刑事立法研究会編『21世紀の刑事施設──グローバル・スタンダードと市民参加』(日本評論社，2003年──以下，立法研A)および同『刑務所改革のゆくえ──監獄法改正をめぐって』(現代人文社，2005年)参照。

なお，刑事立法研究会は，未決被拘禁者が保障されるべき権利のカタログとして既に未決拘禁執行法要綱を発表しているので参照されたい(立法研A 322頁以下)。そこでは，医療を受ける権利，信教の自由，図書等へのアクセス権等多くの権利につき，同研究会による「既決被収容者処遇法要綱」(同書269頁以下)が準用されている。透明性確保のための第三者機関設置については，既決・未決に区別することなく，全ての刑事施設に適用されるべきシステムとして，刑事施設委員会等の設立が提唱されている(同書335頁以下)。

3　最大判1970(昭和45)年9月16日民集24巻10号1410頁。

4　最大判1983(昭和58)年6月22日民集37巻5号793頁。

5　例えば，竹中勲「判批」別冊ジュリスト憲法判例百選I［第2版］(1985年)28頁参照。

6　監獄法施行規則120条は，「十四歳未満ノ者ニハ在監者ト接見ヲ為スコトヲ許サズ」と規定していた。本判決を受け，現在では削除されている。

7　最3小判1991(平成3)年7月9日民集45巻6号1049頁。

8　所長裁量の尊重という点についても触れられていないが，所長が監獄法施行規則

120条の存在を理由として接見不許可処分を出したという事情のためであろう。
9　大浜啓吉「判批」ジュリスト臨時増刊平成3年度重要判例解説（1992年）35頁参照。
10　このような観点からあらためて1983年判決を見直してみると，表現の自由等については制約を受けることがあることを論じただけで，具体的制限基準は未決拘禁の目的との関係から導出されていることがわかる。こうしてみると，広い意味での外部交通に関し，最高裁は一貫して厳密な利益衡量をしていないともいえそうである。
11　憲法的刑事手続研究会編『憲法的刑事手続』（日本評論社，1997年）288頁［村岡啓一］。
12　弁護人等との接見交通権とそれ以外の者との外部交通権の違いとしては，前者につき秘密交通権が優越的に保障され，かつ，接見禁止が絶対的に禁止されるのに対し，後者はそれぞれにつき利益衡量の余地が認められるという点のみが挙げられよう。
13　家族関係の維持に関する自己決定権とその他友人関係に関する自己決定権を峻別し，前者にしか憲法13条の保障は及ばないとする見解もある（大賀崇宏「判批」神戸学院法学24巻2号〔1994年〕171頁参照）。しかし，どのような者とコミュニケートするかに関する自己決定は，家族に対するものとそれ以外の者に対するものとで重要性に差があるとは思われない。いずれも自己にとっては「他者」である。家族を大切に思う人もいれば，家族との断絶を希望する者もいる。家族がいない者もいる。家族関係の維持の重要性を一律に強調すべきではない。
14　三井誠『刑事手続法(1)［新版］』（有斐閣，1997年）165頁，葛野尋之「刑事被拘禁者の法的・社会的コミュニケーション（3・完）」立命館法学297号（2005年）69頁以下参照。
15　憲法的刑事手続研究会編・前掲注（11）275頁以下［村岡啓一］参照。
16　村井敏邦「接見交通権の保障と信書の発受の秘密性」渡部保夫先生古稀記念『誤判救済と刑事司法の課題』（日本評論社，2000年）284頁。
17　葛野・前掲注（14）71頁参照。
18　保坂洋彦「判批」法律のひろば45巻1号（1992年）58頁参照。
19　前述の1991年最高裁判決は，80条の法令委任の合憲性につき判断を示さず，委任を受けた下位法令につき限定解釈を加えるという手法をとっているが，妥当ではない。
20　監獄法施行規則121条以下の規定に含まれている内容は，本来全て法律マターであろう。
21　「施設の管理運営」と「規律秩序の維持」という用語は明確に区別して使用されないことが多いが，特に後者については，その曖昧さが過度に広範な権利制限，およ

び裁判所による基準あてはめの不透明さをもたらしてきたという指摘もあり（刑事立法研究会編『入門監獄改革』〔日本評論社，1996年〕100頁以下参照［赤池一将］），本章では使用しない。なお，「刑事施設及び受刑者の処遇等に関する法律」（以下，受刑者処遇法）は両用語を使い分けている（例えば同法50条および92条参照）。

22　本書第1章豊崎論文参照。

23　後藤昭『捜査法の論理』（岩波書店，2001年）111頁。

24　本書第1章豊崎論文，中川孝博「未決拘禁制度についての理論的課題」自由と正義56巻10号（2005年）47頁参照。

25　この規定も，刑事訴訟法60条1項3号を理由として勾留された者については逃亡の危険を理由とする禁止，同条同項2号を理由として勾留された者については罪証隠滅の危険を理由とする禁止のみが許されると解釈されねばならない。法改正にあたっては，この点を明確にした条文にすべきである。

26　前述のように，80条の規定も改正し，法令委任の範囲を限定する必要がある。

27　小野清一郎＝朝倉京一『改訂監獄法［復刊新装版］』（有斐閣，2000年）140頁参照。

28　例えば，いわゆる東電OL事件において，東京高裁第5刑事部決定（東京高判2000〔平成12〕年5月19日判例タイムズ1032号298頁）は，「本件事案の内容・罪質，被告人の供述態度，第一審の審理状況等に照らすと，被告人が犯行当時居住していた○○ビル四〇一号室の同居人等の関係者と通謀するなどして，××荘一〇一号室の鍵の返還状況，被告人の借金返済状況，犯行当日の被告人の行動状況について，罪証を隠滅するおそれがある」と認定しているが，抽象的にすぎる。東京入国管理局庁舎に収容されていた被告人が具体的にどのように関係者と通謀するなどして当該罪証隠滅をする危険があるのか明らかでない等の問題がある（北村泰三＝山口直也編『弁護のための国際人権法』（現代人文社，2002年）68頁以下［中川孝博］参照）。

29　ドイツにおいて，勾留を正当化するためには罪証隠滅の客観的可能性が認められるだけでなく，その主観的可能性を基礎付ける固有の事実が認定されなければならないとされていることについて，村井敏邦＝後藤昭編著『現代令状実務25講』（日本評論社，1993年）127頁以下［川崎英明］参照。

30　後藤・前掲注（23）118〜119頁。

31　徳永光「社会復帰からみた懲罰制度のあり方」立法研A 217頁，葛野・前掲注（14）67頁参照。

32　外部交通に関するものではないが，受刑者処遇法149条（警察留置場における防声具の使用）も，施設の不備からくる不都合を被拘禁者に負担させるという形で解決した例である。

33　東京地判 1975（昭和 50）年 3 月 25 日判例時報 788 号 41 頁参照。
34　受刑者処遇法は，90 条において，刑事施設の規律および秩序の維持その他の理由による必要があると認める場合に，刑事施設の長に対し，「その指名する職員に，前条の面会に立ち会わせ，又はその面会の状況を録音させ，若しくは録画させる」権限を認めている。このような条文では，前述の基準を満たすものとはならない。「必要がある」は「管理運営上放置できない障害が発生する現実的危険性が存する場合」に置き換えられ，「立ち会わせ……」は，「当該状況に応じて個別に必要最小限度の措置をとることができる」に置き換えられねばならない。権利侵害の程度は，会話内容が聴取できない位置での立会い（もしくは映像のみのモニタリング）→会話内容が聴取できる位置での立会い→面会状況の録音，録画の順に高くなるが，安易に高レベルの措置が選択されてはならない。
35　監獄法施行規則 122 条は過度に広範な制限をかけている。外部交通が制限されることのないよう，執務時間は 24 時間とするのが筋である。
36　受刑者処遇法 92 条 1 項は，受刑者に対する面会に関し，刑事施設の長に対し，「法務省令で定めるところにより，面会の相手方の人数，面会の場所，日及び時間帯，面会の時間及び回数その他面会の態様について，刑事施設の管理運営上必要な制限をする」権限を定めているが，過度に広範な制限といわざるをえない。
37　内容審査のための自費翻訳要求は，必要最小限度基準を満たさず，憲法に反する。
38　中川孝博「裁判員制度と刑事司法改革の課題――未決拘禁システム・適正な事実認定」法律時報 77 巻 4 号（2005 年）30 頁参照。

（中川孝博／なかがわ・たかひろ）

第7章 未決被拘禁者に対する社会的援助

1. はじめに —— 未決拘禁における「処遇」の現状と問題点

　未決被拘禁者は，無罪を推定される者として「処遇」されなければならない。たとえば，「市民的及び政治的権利に関する国際規約」（自由権規約）は，10条1項において「自由を奪われた者は全て，人道的かつ人間の固有の尊厳に対する敬意をもって処遇される」とし，さらに同条2項aにおいて「被告発者は，例外的事情を除き，有罪の判決を受けた者から隔離され，有罪の判決を受けていない者として，その地位に相応する別の処遇を受ける」としている。未決被拘禁者が，無罪を推定される市民として「処遇」されるということは，国際的に要請されていることなのである。

　これに対して，日本における未決被拘禁者に対する「処遇」の現状はどうであろうか[1]。未決被拘禁者は，施設運営上の理由から居室外はもちろん，居室内においてさえもその行動を大幅に制限されている。さらに，未決被拘禁者は，申請によって，受刑者と同じ刑務作業に就労することが許されている（監獄法26条）が，作業に関する請求権はなく，就労の可否は施設の裁量に委ねられている（2004年の就業率は0.2%〔11,635名のうち25名〕）。この作業に対し交付されるのは作業賞与金（監獄法27条1項・2項）であり，その金額は1ヶ月当たり平均4,050円である。また，教育・情報面でも，未決被拘禁者はテレビを見る機会もなく，図書，雑誌，新聞紙等を検閲のうえ閲読が許されるにとどまっている（監獄法29, 31条）。このように日本における未決被拘禁者は，一般の市民について当然認められている労働や教育・情報に関する権利をまったく認められていないのである。このような状況は，刑事施設法案においても大幅な変更は予定されていない（法案16条，36条1項，108条4項など参照）。既決被収容者については，「刑事施設及び受刑

者の処遇等に関する法律」67条をはじめとして，一定の評価が可能な規定が設けられた。これに対し，未決被拘禁者はいまだ，施設内における行動を大幅に制限されながら，労働・教育をはじめとする積極的な「処遇」を求める権利も認められていないのである。

　未決被拘禁者の「処遇」は，いわゆる拘禁二法案をめぐる議論のなかで少なからず論じられてきた。そこでは，私服の着用の自由や自弁物品の範囲，すなわち未決被拘禁者に対する権利制限に関する議論が多かったのに対し，積極的な「処遇」，言い換えれば「社会復帰処遇」や「社会的援助」に関する議論はそれほどなかったように思われる。その理由の1つとして，後に検討するように，「未決被拘禁者に対して積極的な処遇を行うことは無罪推定（未決拘禁の趣旨）に反する」という考え方が広く浸透していることが挙げられよう。しかし，一方で，上述のような未決拘禁の状況を考えると，未決被拘禁者の権利の制限を最小化することのみによって，無罪を推定される者としての地位にふさわしい「処遇」が実現されうるのかという疑問も生じる。「無罪推定」が未決拘禁における積極的「処遇」と相反するものなのかどうかについて再検討する必要があるのではないか。

　以上のような問題意識のもと，本章においては，「無罪推定」原則を意識しつつ，未決拘禁における積極的「処遇」は必要なのか，必要であるならばどう位置付けうるのか，そしてどうあるべきなのかについて，この点につき多くの蓄積があるドイツの議論等を参照しつつ検討する。以下では，まず，未決拘禁における「社会復帰処遇」の可否について多く論じてきた日本の議論を概観しその問題点を確認する。次に，その問題点を踏まえて，未決拘禁における「社会的援助」について多く論じているドイツの議論を参照しながら，未決拘禁においてあるべき「社会的援助」について論じる。そして最後に，諸外国における未決拘禁における「社会的援助」の制度を概観することを通して，「社会的援助」の具体的イメージを提示することとしたい。なお，本章においては，「処遇」は被拘禁者の「取扱い」として用い，「社会復帰処遇」は，特にことわりのない限り，日本の行刑実務における「矯正処遇」と同義のものとする。この「社会復帰処遇」は被拘禁者に対する一定程度以上の強制を前提とするものである。これに対し，「社会的援助」は，被拘禁者の意思を前提とする，非強制的な「社会復帰のための援助」の意味で用いる[2]。もっとも，後述するように，これは既決における「社会的援助」の定義であり，未決のそれとは区別して用いる。

2. 未決拘禁における「社会復帰処遇」
── 日本における議論状況

これまで日本においては、未決拘禁における「社会復帰処遇」を認めるか否かについて議論がなされてきている。ここでは、その議論状況を概観し、検討する。

(1) 未決拘禁における「社会復帰処遇」を否定する見解

未決における「社会復帰処遇」を否定する見解は根強く存在しているように思われる。

実務はこの見解に立つとされる。そこでは、罪責が確定していない未決被勾留者については、その身体の確保と（逃亡および罪証隠滅の防止という）勾留目的の達成、規律秩序の維持および管理運営上必要な処置にとどめるべきで、それ以上の自由を制約するような刑罰的な内容の処遇は行われるべきでないと説明されている[3]。

さらに、無罪推定からアプローチする見解がある。この見解は、「未決勾留者は『無罪推定』をうけ、未決勾留の執行には、未決勾留者の社会復帰のための執行という考えはまったくいれる余地はない」というものである[4]。このように、「社会復帰処遇」を否定する見解は、無罪推定を引き合いに出すか否かについては立場の違いがあるが、未決拘禁を逃亡・罪証隠滅の防止のための措置であり、「社会復帰処遇」はそこには含まれない、さらには含まれるべきでないと主張するものであると言えよう。

(2) 未決拘禁における「社会復帰処遇」を肯定する見解

未決拘禁における「社会復帰処遇」を否定する見解に対して、肯定する見解も様々なアプローチで論じられている。まず挙げられるのが、既決における処遇の効率性などを重視して、未決段階から「社会復帰処遇」を積極的に認める見解である。この見解は、未決被拘禁者の大部分が事実上有罪となっており結局自由刑の執行を受けている状況、さらに常習犯も少なくないという状況から、未決拘禁に「行刑的作用」を加味することを主張している。具体的には、未決被拘禁者に対して、既決と同様に労働義務を課すこと、少年やその他必要ある者に対する教育などの教育的・矯正的処遇を行うことが提案されている[5]。このように、未決段階から結局有罪となる未決被拘禁者に

対して「教育的・強制的処遇」を行い，既決における「社会復帰処遇」の効率を上げることは「合理的」であるとされているのである。さらに，「未決勾留者は，制度上は無罪と推定されるとしても，現実には，その多くは法を犯した人達であり，しかも，犯行直後の，精神の動揺の大きな時期である。現実的にいえば，この時期が最も援助を必要とする時期であり，また矯正の効果のある時期でもある」[6]として，突然身体を拘束するという未決拘禁の持つ特性に着眼する見解もある。ここでも，既決における「社会復帰処遇」との連続性やその効率性が強調されている。

　以上のような見解は，未決被拘禁者の大部分が結局，既決被収容者となっているといったような現状の分析[7]を前提に，既決における社会復帰処遇の効率性といった「合理性」を優先させるか，無罪を推定される未決被拘禁者の地位や手続の適正性を優先させるか，といった比較から前者の「合理性」を優先するというアプローチであると言える[8]。このようなアプローチに対して，近年では，未決拘禁において「社会復帰処遇」を行うことは「無罪推定」と必ずしも矛盾しないというアプローチも登場している。このようなアプローチは，未決拘禁という身体の自由の剥奪がもつ意味に着目しつつ，「社会復帰への心の準備は，まさに，勾留に始まる。この時期は，まさに，犯罪者を社会適応させる自覚をうながす重大な時期である。この不安と動揺の心境にあるとき，人間的な救いを求め，『処遇』を受けたいと申し出る者に対して，宗教，教科教育，カウンセリングなど，社会復帰のために準備された機会を提供しない手はない」[9]と主張する。上述のアプローチに比べ，既決との結びつきが薄められている点，未決被拘禁者の同意に基づく積極的な「処遇」が主張されている点において特徴的であると言えよう。

(3) 未決拘禁における「社会復帰処遇」とその問題点

　ここまでみてきたように，日本においては，未決拘禁における「社会復帰処遇」をめぐってさまざまな見解が主張されており，特に「社会復帰処遇」を肯定する見解が，近年強く主張されてきているように思われる。以下では，これらの議論を検討しよう。

　第1に，日本の議論の大部分においては，「社会復帰処遇」は，まさに現在の日本の実務における既決段階の「矯正処遇」とほぼ同様の意味で用いられていることである。そこでは，未決被拘禁者の意思に反した「処遇」も認めることが，少なからず前提とされているように思われる。第2に，第1点

とも大きく関わるが，未決被拘禁者の有罪率などを根拠として，既決段階との連続性を強調しつつ「矯正処遇」を認める見解の問題性である。この見解によれば，既決と同一線上に未決拘禁が位置することとなり，未決拘禁は刑事裁判を確保するための措置ではなく，まさに既決段階における矯正処遇(行刑)のために存在することになりかねない。さらに，一定以上の強制を前提とすると，このような強制処遇は未決拘禁の内容と位置付けざるをえないこととなる。このような見解は，国際準則である「無罪推定」にも真正面から矛盾することとなり，疑問がある。第 3 に，「無罪推定」と未決拘禁における「社会復帰処遇」が矛盾しないとする見解の問題性である。この見解は，未決被拘禁者の意思に基づいて「社会復帰処遇」を行うべきとする点で傾聴に値する。しかし，未決拘禁段階で「社会復帰」を強調すること自体が問題であるように思われる。なぜ市民と同視されるべき，無罪を推定される未決被拘禁者に対して「社会復帰」を考慮しなければならないのか，について説得的な説明がなされているとは思われない。「社会復帰」を前提とする以上，行刑段階との連続性や（刑事手続の確保から未決被拘禁者の社会復帰へという）未決拘禁の意味の変化という危険性が伴うのではなかろうか。そして，第 4 に，未決拘禁は刑事手続という特殊な場における措置であるが，その刑事手続の特殊性と「社会復帰処遇」の関係が不明確な点である。刑事手続の性質を考えると，既決と未決における「社会復帰処遇」とが同一のものとして論じることはできないように思われるが，その「社会復帰処遇」がどうあるべきかについては，社会復帰処遇のための「同意」を自白と見なさないこと，そのためにも代用監獄の存在に留意すべきであることが示されるのみである[10]。

　このように日本における議論は，さまざまな問題点を抱えているように思われる。未決拘禁における積極的「処遇」を行うことは必要であるとしても，そこでは未決被拘禁者の意志に反した「矯正処遇」や，未決被拘禁者の「社会復帰」を目的とした「処遇」は行われるべきではないように思われる。さらに，刑事手続との関係についてもさらに踏み込んで検討を進める必要もある。そこで，これらの論点について，未決拘禁における「社会的援助」について多くの蓄積があるドイツの議論を参考にしながら，検討することとしたい。

3. 「無罪推定」と未決拘禁における「社会的援助」
—— ドイツの議論を手がかりに

⑴ ドイツにおける議論 ——「社会国家原則」と「社会的援助」

　ドイツ連邦憲法裁判所は，いわゆるレーバッハ判決 (1973 年) において「社会国家原則は，人的な弱点や，責任，無能力，社会的負因によって，その人的・社会的発達を妨げられている社会グループに対する国家による援護を」要求するとし，「それには被拘禁者も含まれる」と判示した[11]。ドイツにおいては，このような内容を持つ社会国家原則の刑事司法への適用の問題として，未決被拘禁者に対する「社会的援助」が論じられているのである[12]。

　ハインツ・ミューラー＝ディーツは以下のように述べている[13]。被拘禁者の多くは可能性を利用しうる財政的・人格的能力に欠けているし，拘禁あるいは刑事手続から生ずる心的事実的負担も無視できない。それゆえ，助言，援助あるいは助成の提供が不可欠となる。これに対して，無罪推定の誤った解釈が，被拘禁者に対する社会的な便宜的供与および援助を考慮しないという考え，あるいは限定されたもののみを考慮するという考えを促進してきた。近年，社会保障的な，被拘禁者の保護へと向けられた未決拘禁の形成は未決被拘禁者の法的地位と一致するだけでなく，まさにそれは社会国家的に要請されるものであるという認識が推し進められてきた。社会復帰のための援助を保障することそれ自体をもって，直ちに無罪推定が禁止する「刑罰執行の先取り」と同一視することができないということは，明らかである，と。さらに，ミューラー＝ディーツは，以上のように未決拘禁における「社会的援助」を肯定しつつ，以下の 3 点に注意すべきとする。①このような援助や保護の可能性は，便宜的供与としての性格を持つということが保障されなければならないということ。未決被拘禁者は，そのような援助を受けるかどうかを自由裁量に任されなければならない，とされている。②このような援助は手続とは独立して形成されなければならないということ。すなわち，このことは，援助の利用あるいは拒否は決して刑事手続に影響を及ぼしてはならない，ということを意味するとされる。③未決拘禁執行の社会国家的形成が，未決拘禁を課し，未決拘禁の期間を延長させる方向に作用するということは避けなければならないということ。それゆえ，社会な便宜的供与や援助は，可能な限り短い勾留期間を想定して編成される必要がある，とされているのである。

　次に，マンフレド・ゼーボデの見解を挙げておこう。ゼーボデは，次のよ

うに指摘する[14]。未決拘禁は，未決被拘禁者の家庭的・社会的・職業的な関係やつながりを突然遮断してしまう。さらに，被拘禁者は，多数の問題と多様な悩みを質的・量的に既決被収容者以上に抱えており，それゆえ，未決拘禁期間中の精神的緊張は，通常，既決におけるものよりも強い。それゆえ，未決被拘禁者は，国家の刑罰権保持のために，一種の「被害者」となっている，と。ゼーボデは，このような未決拘禁の状況から，社会的援助，すなわち，被拘禁者およびその家族に対する精神的および物的支援，拘禁に伴う弊害を回避し，最小限にとどめ，あるいはこれを回復するために利用しうるあらゆる保護的措置を採ることを義務付ける，とするのである。

　このようなドイツにおける議論は，先に確認した日本の議論状況を考えると，多くの示唆を含むものであると言える。具体的には，以下の4点が挙げられるように思われる。第1に，ゼーボデが指摘するように，未決拘禁における積極的「処遇」は，未決拘禁に伴う弊害を除去する措置としての「社会的援助」でなければならない，ということである。もっとも，後に検討するように，ドイツで議論されている未決拘禁における「社会的援助」については「社会復帰」の要素も否定されてはいない。第2に，このような「社会的援助」は，未決被拘禁者の自由な選択に委ねられた「便宜的供与」としての性格をもつものでなければならない，ということである。第3に，このような「社会的援助」の「便宜的供与」を受けることは刑事手続において不利益な方向で用いられてはならないということである。すなわち，「社会的援助」の「便宜的供与」に対する未決被拘禁者の意思表示を「自白」として扱うことなどは禁止されなければならないのである。そして第4に，未決拘禁における「社会的援助」が未決拘禁の賦課や期間の延長へと作用してはならないということである。刑事裁判を確保するための措置という未決拘禁の本質を前提に「社会的援助」は構成されなければならないことが指摘されていると言えよう。

　もっとも，このようなドイツの議論にも問題はあるように思われる。特に，社会国家原則から未決拘禁における「社会的援助」を導き出すアプローチには次のような疑問がある。

　第1に，「拘禁による弊害を除去する措置」と「社会復帰を目的とする措置」との区別が困難となることである。社会国家原則を前面に押し出す以上，貧困などの未決拘禁前から被拘禁者が抱える問題にも焦点を当てざるをえない。ミューラー＝ディーツの見解は，まさにその点も踏まえつつ，未決拘禁

における「社会的援助」の必要性を主張している[15]。しかし，このような主張は，未決拘禁における社会復帰を目的とする措置を認めることにつながりやすいように思われる。なぜなら，勾留される前から存在する問題や欠乏の解決や改善は，「社会復帰を目的とする措置」と親和性を持ちうるように思われるからである。そして，このような「社会的援助」の構想は，施設による未決被拘禁者への積極的な働きかけとも結びつきやすいのではなかろうか。それゆえ，「施設収容によるマイナス面を極力少なくすることと，……社会復帰処遇を行うこととを混同してはならない。前者は，施設収容によって嫌応なく従来の生活環境から引き離される未決被拘禁者が，それ以上に従来の生活習慣の変更を迫られたり，元の生活を持続し難いほど従来の生活環境から隔絶されることの内容にすべきであるということであって，後者のように援助や支援の名であっても，施設側が被収容者に積極的に働きかけることを許すことではない」[16]ことが，未決拘禁における「社会的援助」を考えるうえで確認されるべきように思われる。未決拘禁における「社会的援助」は，日本の議論で主張されている「矯正処遇」の意味での「社会復帰処遇」やドイツで主張されている社会復帰をも目的とする「社会的援助」とは区別されるべきであるといえよう。未決拘禁における「社会的援助」は，未決拘禁に伴う弊害除去という面のみに着目した消極的意味に限定されるべきである。その意味では，拘禁前から未決被拘禁者が抱える問題は，一般福祉の問題であると言えよう。

　第2に，社会国家原則によるアプローチでは，未決拘禁の弊害除去としての「社会的援助」を説明することが困難であると思われることである。ヴォルフガング・ヘッツァー[17]は，社会国家原則のみでは，全ての市民の生活環境を形成する国家の義務を導きだすことはできても，刑事訴追機関に対する未決被拘禁者の直接的な権利を導くことはできないとする。社会国家原則はプログラム規定であり，具体的権利を内容とするものではないからである。さらに，刑事手続の目的は嫌疑の解明であり，社会国家原則の意味における社会的援助の保障はその目的に含まれないとも述べている。これらの指摘によれば，社会国家原則のみによって，刑事手続固有の未決拘禁の弊害を除去する措置としての「社会的援助」を根拠付けることは困難であるということになる。それではどうするべきなのか。この点について，さらにヘッツァーは，「無罪推定は，（未決拘禁という）自由剥奪による否定的影響に対して社会国家的な援護を行うことを国家に対して要求している。同時に，未決被拘禁者

の意思に反して，社会的介入・具体的な不利益の補整あるいは再社会化の機会の強化について努力することを，国家機関に対して禁止する」とし，そのうえで「社会国家原則は，被拘禁者の自由意思による決意にのみ基づく便宜的供与を，被拘禁者に対して行うことについてのみを国家に義務づける」と述べている。このようにヘッツァーは，未決拘禁における「社会的援助」を，「無罪推定」を根拠とする国家の弊害除去義務として位置付け，その上で社会国家原則の適用を主張しているのである。このヘッツァーの指摘は傾聴に値する。なぜなら，社会国家原則を前面に押し出すのみでは，未決被拘禁者に対して他の市民と同様の生活を保障せよ，ということを要請することはできても，未決被拘禁者という特殊な地位に応じた「社会的援助」を要請することは困難であるように思われるからである。まず，「無罪推定」からみた未決被拘禁の弊害の除去が前提とすべきことが確認される必要がある。その意味で，未決拘禁における「社会的援助」を構想するうえで，「無罪推定」は矛盾するものではなく，まさに「社会的援助」を要請するものとして位置付けることができるのではないだろうか。次に，この点についてさらに踏み込んで考えてみたい。

(2) 「無罪推定」を媒介とする「社会的援助」

冒頭で挙げた自由権規約以外にも，世界人権宣言11条1項，被拘禁者処遇最低基準規則84条2項，被拘禁者保護原則36(1)，ヨーロッパ人権条約6条2項，ヨーロッパ刑事施設規則第91などは，刑が確定するまでの間の被疑者・被告人は，無罪を推定される者として「処遇」されなければならないことを要請する。この「処遇」の内容には，原則として拘束されないという「身体不拘束の原則」に加えて，拘禁目的を達成するために必要最小限の制約を除いては，未決被拘禁者に対して可能な限り一般社会生活との隔絶のないことが保障されることが内容として含まれる[18]。本章の関心との関連で特に重要と思われるのは後者である。その具体的内容としては以下の2点を挙げることができよう。

第1に，未決拘禁という身体拘束に不可避的に伴うさまざまな弊害が除去されなければならない，ということである[19]。日本やドイツの議論において示されているように，未決拘禁は被拘禁者に対してさまざまな弊害を及ぼす。「無罪推定」は，このような未決拘禁に伴うさまざまな弊害を除去すべきことも要求するものである。なぜなら，未決拘禁はその拘禁目的に可能な限り

純化されなければならず,拘禁による弊害はまさにその拘禁目的外の「制限」であると言えるからである。それゆえ,このような弊害を除去することは,未決拘禁がまさに未決拘禁に純化して存在するために必要な条件となる。そして,その弊害の除去は,国家の義務である。この未決拘禁に伴う弊害除去は「社会的援助」として位置付けることができる。この「社会的援助」は,既決における矯正処遇,さらには「社会復帰を目的とする措置」とは明確に区別された,消極的意味における「社会的援助」である。この点,たとえば,既決に関する研究会案は,「社会復帰への意欲を喚起し,社会生活に適応する能力を涵養するよう援助する」ことを処遇目的としており(第3),「『社会復帰』処遇を既決被収容者に対する援助として実現」し,「国家はその社会復帰を援助するために積極的な便益を提供する責務を負う」(同第3コメント)としている。そこでは,「社会的援助」は,国家の弊害除去義務と位置付けられ,その権利性(国家の提供義務)と非強制性が前提とされて,「社会復帰のための積極的援助手段」も内容として含まれている[20]。未決拘禁における「社会的援助」は,この既決における「社会的援助」とは権利性・非強制性を前提とした拘禁の弊害除去措置という点では同一であるが,社会復帰を目的としないという点で異なる。なぜなら,未決拘禁における「社会的援助」は,先に述べたように未決拘禁が未決拘禁に純化して存在するための措置だからである。その意味で,社会復帰を目的としない,未決拘禁が未決拘禁に純化するための消極的な「社会的援助」が想定されるのである(以下で「社会的援助」という場合,この意味での「社会的援助」として用いる)。

第2に,未決被拘禁者は,施設に収容されることによって,市民としての権利をさまざまに阻害されるが,その制約は拘禁目的にとって必要最小限のものでなければならない,ということである。国は,憲法12条以下の権利,思想良心,表現の自由,さらには意見表明権,学習権,生存権,勤労の権利および労働基本権を最大限に保障しなければならないのである。未決拘禁によって制限を受けるのは,移動・居住の自由のみなのである。この一般社会生活との断絶の最小化という要請は,「社会的援助」との関係では,一般社会において受けることができる(できた)一般の社会福祉やそれ以外のサービスへのアクセスを最大限保障するという形で現れる。ミューラー=ディーツが指摘したような未決拘禁前から存在するさまざまな問題は,この一般福祉の問題として処理されることとなる。また,例えば薬物治療を望む未決被拘禁者に対しても,自費(自費が困難な場合は補助金[21])によって薬物治療

へのアクセスを保障しなければならないのである。ここでは，一般社会で利用可能な一般福祉やそれ以外のサービスを最大限保障するという形で，「社会的援助」が現れる。上で述べたような未決被拘禁者という特殊な地位に着目した「社会的援助」に対して，ここで強調されているのは，無罪を推定される通常の市民としての地位に着目した「社会的援助」であると言えよう。

　未決拘禁における「社会的援助」は，このような２つの意味における「社会的援助」の総体であると言えるのではなかろうか。未決拘禁純化を目的とした，未決拘禁がもつ弊害（拘禁による家族・友人・社会との結びつきの断絶，拘禁による精神的ショックなど）を除去する国家の義務としての「社会的援助」と，一般社会における一般福祉を始めとするさまざまなサービスへのアクセスを最大限保障する義務としての「社会的援助」として位置付けられるのである。すなわち，未決拘禁における「社会的援助」は，「無罪推定」を媒介しながら，未決被拘禁者という特殊な地位と通常の市民としての地位に対する「社会国家原則」の適用として，位置付けられることとなる。もっとも，この両者は結果的には大部分重なり合うこととなる。未決拘禁純化のための弊害除去は，家族・友人・社会との断絶の最小化によってかなりの程度達成されると思われるからである。それゆえ，未決拘禁における「社会的援助」は，社会との断絶の最小化を中心とする消極的な意味での「社会的援助」とすることができよう。その意味で，未決拘禁において弊害を最も少なくする最高の「社会的援助」は，未決拘禁の回避・未決拘禁期間の短縮である[22]。現在の実務や刑事施設法案のように，未決拘禁における「処遇」を「拘禁目的や規律秩序の維持および管理運営上必要な処置にとどめるべきであり，それゆえそれ以上の積極的な『処遇』を行うべきではない」という考え方は，「無罪推定」に反することとなる。

　以上のような未決拘禁における「社会的援助」の構想に加えて，ドイツにおける議論でも示されているように，①「社会的援助」は被拘禁者の自由な選択に基づく「便宜的供与」として構成されるべきこと，②刑事手続において不利益な方向で用いられることなく行われるべきこと，③未決拘禁の賦課や期間の延長の方向で影響を及ぼしてはならないことが，未決拘禁における「社会的援助」を制度化するうえで前提とされなければならない。①は，ヘッツァーが指摘するように，まさに無罪推定の具体化の結果である。なぜなら，未決被拘禁者の意志に反する「社会的援助」の便宜的供与は，無罪を推定される者としての地位に反するからである。②は，代用監獄の存在という日本

の刑事手続の特徴を考えたとき，特に重要であると思われる。刑事手続から独立した「社会的援助」を制度的に担保するためには，「捜査と拘禁の分離」が徹底されなければならない。代用監獄は，「社会的援助」の観点からも重大な問題を抱えていると言うべきである。③も，未決拘禁における独自の社会的援助を構想するうえで重要である。未決拘禁は，未決被拘禁者の社会復帰や危険性の除去を目的とするものではなく，刑事裁判を確保（逃亡の防止[23]）するために存在する。それゆえ，未決拘禁における「社会的援助」もそれにふさわしく構想されなければならないからである。

4. 未決拘禁における「社会的援助」の具体的ありかた

以上のように，未決拘禁における「社会的援助」は「無罪推定」の見地から積極的に要求されるべきものである。それでは，この「社会的援助」には，具体的にどのようなものがありうるのであろうか。実際に運用されている具体的制度を概観することは，その意味で重要である。以下では，ドイツやイングランド・ウェールズにおける具体的制度を概観したい。

(1) ベルリンの例[24]

1989年，ベルリンの未決拘禁施設（Untersuchungshaftanstalt Berlin-Moabit）の内部に，集団・相談センター（Gruppen- und Beratungszentrum）が設置された。この拘禁施設では，勾留から拘禁施設を出るまでの期間に，住居，職場，教育を受ける場所または治療を受ける場所に関する準備のための援助がなされ，教育や自助のための「便宜的供与」も行われている。具体的には以下のような団体が関与して，援助を行っている。①ヘルムート・ユニバーサル基金（住居の維持，拘禁施設を出る準備のための援助），②ベルリン刑事弁護人協会（最初1回の無料の法律相談），③裁判前調査（Gerichtshilfe　裁判所における手続の準備に関する援助），④薬物相談所，⑤職業安定所（職場探し，転職のための再訓練，労働促進法による作業能力の付与），⑥州の住民局（届け出に関する業務，身分証明に関する業務，証明書に関する業務），⑦ベルリン民間援助団体（非行傾向にある者や犯罪者の支援に関する業務），⑧ベルリン消費者センター（消費に関係する民事事件についての債務者相談・法律相談），⑨ベルリン・エイズ援助団体，⑩アルコール依存者およびその他の中毒者に関する相談所，⑪ウィリアム・ブー

ス救世軍の家（William-Booth-Haus der Heilsarmee　施設を出る前の被収容者に対する住居や援助の提供），である。さらに，外国人の被拘禁者に対するドイツ語教育や新入の被拘禁者に対するオリエンテーションも行われているという。センターは拘禁施設から独立して運営されている。さらに，このセンターに所属する職員は，拘禁施設の職員による許可を得ることなく，未決被拘禁者と接触することができる。また，拘禁施設内においてもポスターやラジオ放送などによる便宜的供与の内容に関する告知も行われているようである。

(2)　オルデンブルクの例 [25]

　オルデンブルクの未決拘禁施設においては，「サービスシステム」が導入されている。この「サービスシステム」は，「近代的な未決拘禁執行の重要要素」とされている。具体的には，自由な未決拘禁執行のために，施設職員による友好的な口調や，宗教上・文化的そして個人的な必要性が十分に考慮されるもとで，以下のようなサービスが提供されている。①被拘禁者は清潔な拘禁場所を請求する権利を持っている。掃除道具や洗剤等を利用することもできる。全てのシャワー室において，無料で石けん・シャンプー等を利用することができる。洗濯機・脱水機を利用できる（有料）。②1週間に25ユーロの所持が許される。そのお金で，自動販売機から葉巻，煙草，飲み物，食料品や甘い菓子類を買うことができる。③常備の大型冷蔵庫に，冷凍食品を無料で保存することができる。④全ての居室にカラーテレビ受信機が常備されており，無料で利用できる。また，資力のない拘禁者は，無料でテレビあるいはラジオを利用できる。⑤レクリエーション室で，ビリヤードなどを利用できる（有料）。さらに積極的な援助としては，⑥新入の被拘禁者に対する施設の生活に関するレクチャーや，施設における生活になじみ，被拘禁者の気がかりなことを明確にするための支援もなされている。⑦被拘禁者の権利および義務について詳細な説明がなされ，施設の職員と話し合うことによって，医療・社会福祉に関するサービスや施設の運営に関する被拘禁者の気がかりなことを伝え，調整する。⑧要求のある場合は，心理学の専門家が呼ばれる。社会的能力を改善するための社会訓練も提供される。⑨薬物・アルコール依存者は，外部の薬物相談団体「ローズ12」，アルコール依存相談団体「アルコホリック・アノニマス」による集団での援助の提供を受けることができる。⑩日曜・祝日には，（カトリック・プロテスタントの）礼拝が行われて

いる。他の宗教を信仰する者も，可能な限り宗教上の行為を行うことが認められている。このように，この施設においては，自由の制限も少なく，さまざまなサービスが用意されているが，被拘禁者がこれらのサービスを濫用することはほとんどないとされている。

(3) ブラウンシュバイクの例[26]

ブラウンシュバイクの未決拘禁施設においては，「社会復帰処遇」は許されていないが，薬物・アルコール問題に関する治療が提供されている。117名の協力者が，心理学，社会教育，医学の専門家や司牧者が被拘禁者の援護のために呼ばれている。この施設の特徴は，被拘禁者の家族が相談する機会を提供するシステムの充実である。2002年3月から，被拘禁者の家族は，心理学者であり調停員であるウルリケ・シュナイダーと相談することができる。この相談サービスは，無料であり，1回につき最大60分間相談することができ，もちろん守秘義務も守られている。このようなサービスを行う理由として以下のような状況が示されている。被拘禁者の配偶者，生活のパートナー，両親や子どもにとって，拘禁という新たに生じた状況と向き合うことは，大きな挑戦となっている。しばしば，家族は，困難な社会的状況の外に感情的に困難な状況に突き当っている。拘禁期間中には援護や財政的な援助に関する問題が生じる。公判審理はいつ行われるのか，どのくらいの刑罰が科されるのか，あるいは無罪なのかといった疑問が，未決拘禁に関して生じている，と。拘禁によって被害を受けている家族に対するケアが，この施設では重要視されているのである。

(4) イングランド・ウェールズの例[27]

イングランド・ウェールズでは，未決被拘禁者と外部社会，特に家族とのつながりを維持するためのさまざまな社会的援助が提供されている。その中で特に重要と思われるのが，面会費用補助制度と面会者センターである。

面会者費用補助制度は，所得の低い近親者やパートナーによる面会のための刑事施設訪問の費用を補助することによって，家族の絆を強化することを目的としている。この制度は，所得額に関連した扶助を受けている者や健康上特別な問題を抱えている者に対し，2週間に1回，12ヶ月間に26回まで刑事施設訪問について面会費用補助を認めるものである。具体的になされる補助としては，鉄道，バスなどの公共交通機関，自家用車（1マイルにつき

12ペンス），貸自動車（1日あたり38ポンド，さらに1マイルにつき12ペンス），一定の場合にはタクシーや飛行機などの交通費，訪問に5時間以上を要する場合の軽食・飲料代金（5時間以上の場合は2.55ポンド，10時間以上の場合は2.10ポンド），必要な場合の宿泊費（ロンドンおよびイングランド南東部の場合，成人は1泊25.50ポンドまで，子どもは1泊13.80まで，その他の地域の場合は，成人は1泊18.00ポンドまで，子どもは1泊9.00ポンドまで），必要な場合において付添い・引率や子どもの世話を依頼したときの費用が支払われる。一定の手続を踏めば，事前支払いを受けることも可能である。バーミンガム市に事務所がある行刑局面会費用補助課が運用に当たっているが，『刑事施設面会費用補助制度についての利用者ガイド』という小冊子のほか，点字，聴覚用テープによる利用者ガイドの入ったパックを用意しており，英語以外にもさまざまな言語について用意がなされている。

　イングランド・ウェールズにおいては，近年，被拘禁者との面会が顕著な減少傾向にあるとされている。その要因としては，訪問するまでの刑事施設までの距離，費用の額，面会の手続の困難さ・煩雑さ，過剰なまでの保安措置や身体検査，施設職員の対応の悪さ，さらにそれに伴う親近者やパートナー等が経験するストレス・疲労が指摘されている。それゆえ，被拘禁者と社会とのつながり，家族等とのつながりの維持という観点からは，面会の質の向上が重要となる。このような目的のもと，多くの刑事施設は，面会者に対して面会前後の心地よい待合い場所とともに，さまざまな情報，助言，支援を提供するために刑事施設面会者センターを設置している。このセンターは，被拘禁者だけでなく，親近者やパートナー等に対する社会的援助の一環としても位置付けられている。多くの面会者センターは，被拘禁者の家族支援に取り組むNGOなどにより，施設から独立して運営されている。面会者は，刑事施設の制服職員に対してどうしても警戒心を抱きがちである。それゆえ，一般市民のボランティアの参加を得ながら，NGOが面会者センターを運営することは，面会者にとって重要であるとされている。面会者センターは刑事施設に代わってさまざまな業務を行っている。面会手続だけでなく，面会者の私物の保管，面会室における子どもの世話，面会室における軽食・飲料の提供，面会が不許可となったことの通知，子どもの面会のための援助がなされている。情報提供についても充実している。面会時間に関する情報以外にも，薬物濫用，いじめ，自殺・自傷行為，ドメスティック・バイオレンス，面会費用補助制度，物品の差し入れ，社会保険，住宅手当，支援提供

機関など，より一般的な事項に関する情報も提供されている。また，面会者への対応についても，応対専門の職員等を配置するなど配慮がなされている。さらに薬物問題に悩む人のために NGO の職員が滞在し，相談を受けたりしている。

⑸　未決拘禁における「社会的援助」の具体的イメージ

このように，ドイツやイングランド・ウェールズにおいては，未決被拘禁者に対する「社会的援助」がさまざまな形で提供されている。その形態には大別して 3 つあるように思われる。

第 1 に，ベルリンの未決拘禁施設のように，専門家を中心とする「社会的援助」のためのセンターを施設内に設置する形である。このようなセンターは，基本的に拘禁施設から独立して運用されている。このような形においては，「社会的援助」に拘禁施設の職員は基本的に関与しない。センターには薬物や教育等に関する専門家だけでなく，住民局など外部で利用可能な機関も含まれる。

第 2 に，オルデンブルクの未決拘禁施設のように，拘禁施設が中心となって「社会的援助」を提供する形である。ここでは，外部の専門家ももちろん関与するが，基本的に施設職員が未決被拘禁者からの要望をくみ取り，「社会的援助」について配慮を行う。

そして，第 3 に，ブラウンシュバイクの未決拘禁施設やイングランド・ウェールズのように，家族等への配慮，さらには未決被拘禁者の社会とのつながり，親近者やパートナー等とのつながりを維持するために，未決拘禁施設から独立したセンターを設置する形である。この形においても，ベルリンの例と同様，未決拘禁施設の職員は「社会的援助」に関与しない。第 1 の形と最も異なる点は，専門家による援助よりも社会や家族等とのつながりを重視することであろう。その結果，この第 3 の「社会的援助」の形態は，未決被拘禁者だけでなく，その近親者やパートナー等に対する「社会的援助」をも意味するのである。

ハインツ・コルネルは，「社会的援助を提供する者は，捜査に関与してはならないし，被疑者・被告人の意思に反する自白獲得を容易にすることに関与してはならない」[28]と指摘する。先にも指摘したように，未決拘禁における「社会的援助」は捜査と分離して行われなければならない。さらに，ライナー・ツェヒは，「社会的援助」の提供を未決被拘禁者の自由な選択に委ね

るとしても，未決拘禁施設職員の働きかけは可能なので，施設の秩序維持のうえで障害となる処遇困難な未決拘禁者に対して集中的な働きかけを行っていることを指摘している[29]。この指摘が示すように，「社会的援助」を施設職員に委ねることは，「社会的援助」を秩序維持のための措置へと変容させる危険性を生むことになるのである。さらにイングランド・ウェールズにおいて指摘されているように，家族をはじめとする面会者との関係でも，施設の制服職員が関与することには，面会者に萎縮効果を生むなどの問題がある。未決拘禁における「社会的援助」を具体化するうえでは，このように「捜査と拘禁の分離」を前提とした「捜査と社会的援助の分離」と「施設運営・秩序維持と社会的援助の分離」が前提とされなければならない。

　これらの指摘が示すように，未決拘禁における「社会的援助」は，捜査機関から分離された未決拘禁施設において行われる必要がある。その具体的形態には，先に示した例のように，さまざまにありうると思われるが，少なくとも未決拘禁施設にソーシャルワーカーが常駐することは必要であろう。未決被拘禁者は，このソーシャルワーカーを介して社会や家族等とのつながりを維持することになる。そのつながりの形としては，社会において利用可能なサービスを未決拘禁施設内で受けられる形（独立施設型[30]）や社会のサービスを直接利用する形（外部アクセス型）などがありえよう。どのような形をとるにせよ，未決被拘禁者に対して利用可能なサービスに関する情報が十分な形で示され，それを前提に未決拘禁施設内におけるソーシャルワーカーと接触することが保障される必要がある。

　具体的なサービスの内容としては，具体例で示されているような，教育・仕事等に関するケア，拘禁中の労働の機会の保障，心理的ケア，薬物・アルコール問題の解決，家族や友人とのつながりの維持[31]，進行中の刑事手続に関する情報提供といった「社会的援助」のほか，健康・労働保険の保障や医療の充実も重要となろう[32]。

5. むすびにかえて

　「無罪推定」原則は，未決拘禁における「社会的援助」を要請するものである。未決被拘禁者は，身体を拘束されているという特殊な地位と無罪を推定される市民としての地位にふさわしい「社会的援助」を受ける権利を有している。そして，この「社会的援助」は，社会や家族等との断絶の最小化を

中心とする拘禁の弊害除去措置と位置付けうる。拘禁の弊害除去という点を考慮するならば，最高の「社会的援助」は，未決拘禁の回避・短縮であると言える。本書第1章の豊崎論文が示すように，「社会的援助」は「必要悪」としての未決拘禁を前提として構想されなければならないのである[33]。それは，未決拘禁における「社会的援助」が必要とされる状況（すなわち未決拘禁）は少なければ少ないほどよい，ということを意味しよう。また，「社会的援助」の具体化のうえでは，「捜査と拘禁の分離」を前提とした「捜査と社会的援助の分離」と「施設運営・秩序維持と社会的援助の分離」が前提とされなければならない。「社会的援助」は，代用監獄廃止をはじめとする刑事手続改革をも前提とするのである。さらには，アンケート等によって未決被拘禁者のニーズを調査することも不可欠であろう。

　現在，進められている未決拘禁制度の改革に関する議論においては，未決拘禁における「社会的援助」はほとんど意識されていないように思われる[34]。しかし，未決拘禁における「社会的援助」は，まさに未決拘禁が未決拘禁に純化して存在するための前提条件である。未決被拘禁者やその家族等が国家の刑罰権を確保するための「被害者」となることは，あってはならない。そのために国家は，「社会的援助」を充実することや，その援助を刑事手続等から分離することに関する義務，さらには拘禁回避・短縮のための措置を充実する義務を負っていると言える。今回の未決拘禁制度改革において，「社会的援助」の充実とそれに伴う刑事手続改革は，実現されるべき改革の1つなのである。

1　未決拘禁における「処遇」の現状については，馬場敏高「刑事施設法の下における未決拘禁施設の管理運営」刑政100巻1号（1989年）104頁，為本成輝「未決拘禁者の処遇とその問題点の考察」刑政103巻12号（1992年）26頁，鴨下守孝「矯正の現状と課題——被勾留者の処遇を中心として」矯正講座21号（2000年）1頁，さらに法務省矯正局「矯正の現状」法曹時報87巻5号（2005年）137頁など参照。
2　研究会案の既決段階における「社会的援助」の性格は，「①拘禁による弊害除去にとっての社会的援助の不可欠性と国家の弊害除去義務，②社会的援助の権利性（国の提供義務）・非強制性，③処遇内容としての社会的援助，④収容時から釈放後までの援助の一貫性」とされている（正木祐史「社会的援助の理論と課題」刑事立法研究会編『21世紀の刑事施設——グローバル・スタンダードと市民参加』（日本評論社，

2003 年，117 頁）。本章もこの定義を前提に論じることとする。

3 　鴨下守孝「被勾留者の処遇」森下忠ほか編『日本行刑の展開』（一粒社，1993 年）214 頁。さらに，横井大三「未決拘禁と監獄法」刑政 68 巻 1 号（1957 年）20 頁以下，さらに朝倉京一『矯正法講話』（法律研究社，1963 年）196 頁参照。

4 　斉藤誠二「未決勾留をめぐる問題――『監獄法改正の構想』によせる――」法律のひろば 29 巻 7 号（1976 年）22 頁以下。

5 　小野清一郎『刑の執行猶予と有罪判決の宣告猶予及び其の他（増補版）』（有斐閣，1970 年）149 頁。

6 　平野龍一「行刑法と未決勾留法」刑政 87 巻 8 号（1976 年）47 頁。

7 　現在の未決被拘禁者の有罪率も，未決拘禁を受けていない者に対して相当に高いものとなっている。2004 年における自動車等による業過等を除く刑法犯に関する既済の被疑事件 413,593 件のうち公判請求されたのは 88,420 件であった（21.3％）。これに対し未決拘禁が行われた事件（85,015 件〔勾留中家裁送致の者は除く〕）のうち公判請求されたのは 52,420 件（61.6％）である。それゆえ未決拘禁が行われていない事件で公判請求されたのは，315,796 件のうち 36,000 件（11.4％）ということになる。2004 年に公判請求された者の有罪率を 2003 年と同様 99.9％とすると，未決拘禁が行われた場合の有罪率は約 61％であるのに対し，未決拘禁が行われていない場合の有罪率は約 11％なのである（『第 130 検察統計年報』〔2004 年〕70 頁以下，さらに 206 頁以下，平成 16 年版犯罪白書 123 頁参照）。

8 　川端博「未決拘禁」菊田幸一＝西村春夫編『犯罪・非行と人間社会――犯罪学ハンドブック』（評論社，1982 年）363 頁参照。

9 　宮澤浩一「受刑者処遇制度」法律のひろば 35 巻 8 号（1982 年）11 頁。

10 　福井厚「被勾留者の法的地位と刑事施設法案（一）」法律時報 55 巻 2 号（1983 年）26 頁以下。

11 　BVerfGE 35, 202ff., 236.

12 　土井政和「未決被勾留者への社会的援助　弁護士はどこまでできるのか？」季刊刑事弁護 9 号（1997 年）125 頁。ドイツの議論の検討の際には，土井論文から多くの示唆をえた。

13 　Heinz Müller-Dietz, Problematik und Reform des Vollzuges der Untersuchungshaft, StV 1984, 79ff.; その紹介として，川崎英明「ハインツ・ミューラー＝ディーツ『未決勾留執行の問題点とその改革』島大法学 29 巻 1 号（1985 年）86 頁。さらに，Heinz Müller-Dietz, Untersuchungshaft und Festnahme im Lichte der Menschenrechtsstandards, in: Albin Eser/Günther Kaiser/Ewa Weigend(Hrsg.), Viertes deutsch-polinisches

Kolloquium über Strafrecht und Kriminologie, 1991, S.219, 233.

14　Manfred Seebode, Der Vollzug der Untersuchungshaft 1985; ders.,Rechtswirklichkeit der Untersuchungshaft——Alte Gegebenheiten und neue Entwicklungen, in: Albin Eser/Günther Kaiser/Ewa Weigend(Hrsg.),Viertes deutsch-polinisches Kolloquium über Strafrecht und Kriminologie, 1991, S.169ff. ゼーボデの見解については，土井・前掲注（12）125頁以下が詳しい。

15　事実，ミューラー＝ディーツは，「実務上の経験及び実証的研究は，社会的社会化及び生活史そして財産の観点からみても相当のハンディキャップ及び欠乏とならざるを得ないような被疑者，すなわち他の人口グループとの関係で明らかに冷遇されている被疑者が，未決拘禁によって重大な制限にさらされていることを明らかにしている。被拘禁者の大部分が，前科持ちである。被拘禁者の大部分が，すでに拘禁される前に，家族，職業あるいは経済上の困難，あるいはそのような問題の複合にさえに対面しているのである。それゆえ，被拘禁者の大部分は，――社会国家原則の意味での――社会的援助及び社会的保護を要する人口グループに属している」とも述べている。Heinz Müller-Dietz 1991 (Anm.13), S.237.

16　村井敏邦「未決拘禁と収容問題」法律時報60巻3号（1988年）41頁。

17　Wolfgang Hetzer, Anordnung und Vollzug der Untersuchungshaft unter verfassungsrechtlichen Aspekten, in: Heike Jung/Heinz Müller-Dietz(Hrsg.), Reform der Untersuchungshaft——Vorschläge und Materialien, 1983, S.47ff, S.71.

18　本書第1章豊崎論文，さらに村井敏邦「未決拘禁制度の改革と展望」自由と正義56巻10号（2005年）41頁を参照。

19　土井・前掲注（12）127頁，中川孝博「未決拘禁制度についての理論的課題」自由と正義56巻10号（2005年）47頁以下参照。

20　正木・前掲注（2）114頁以下参照。

21　たとえば，ドイツにおいては，連邦行政裁判所の1993年10月12日判決（BVerwG, MDR 1994, 847ff.）によって，未決被拘禁者は連邦社会扶助法に基づき小遣い銭の請求権を有することが確認されている（福井厚「被勾留者と生活保護請求権——ドイツにおける問題状況」国際公共政策研究6巻2号〔2002年〕37頁以下参照）。

22　その意味で，未決拘禁における「社会的援助」は，「それ自体端的に，人身の自由ひいては無罪推定法理との矛盾を疑われ続ける『悪』としての存在」（傍点は原文のまま）である未決拘禁を前提とする「身体不拘束の原則」を踏まえる必要がある（本書第1章豊崎論文参照）。さらに，保釈を含む未決拘禁の代替手段の充実も不可欠である（本書第5章水谷論文，第6章石田論文参照）。

23　本章では，本書第 1 章豊崎論文に従い，未決拘禁目的としては公判廷出頭の確保（逃亡の防止）のみを正当なものとして扱う。なお，本章でいう「社会的援助」という観点からも，罪証隠滅防止という拘禁目的は批判されるべきように思われる。逃亡の防止という拘禁目的に付随した被拘禁者に対する制限に比べ，罪証隠滅防止に関するそれは，家族との接触をはじめとする社会とのつながりの遮断等，際限なく拡大するおそれがある。このような構造は，「無罪推定」に反することとなろう。

24　Winfried Hartmann, Drei Jahre Gruppen- und Bratungszentrum an der Untersuchungshaftanstalt Berlin-Moabit, ZfStrVo 1993, 358.

25　オルデンブルクの未決拘禁施設の状況については，同施設のウェブサイトを参照した http://www.jva-oldenburg.de. （2005 年 9 月 21 日現在）。また，同施設における心理学的サービスの実施状況およびその結果を示すものとして，Rainer Zech, Behandlung in der Untersuchungshaft "Woran merken Sie, daß Sie nicht mehr zu mir kommen müssen?", ZfStrVo 1999, 354.

26　ブラウンシュバイクの未決拘禁施設の状況についても，同施設のウェブサイトを参照した http://www.jva-braunschweig.de/ （2005 年 9 月 21 現在）。

27　イングランド・ウェールズにおける面会費用補助制度，面会者センターの概要については，葛野尋之「刑事被拘禁者の法的・社会的コミュニケーション⑵」立命館法学 296 号（2004 年）30 頁以下参照。

28　Heinz Cornel, Untersuchungshaft――Verhängung, Vollzug und Vermeidung/Verkurzung, in: Cornel/Kawamura-Reindl/Maelicke/Sonnen(Hrsg.), Handbuch der Resozialisierung, 2. Aufl. 2003, S.231ff., S.272.

29　Rainer Zech 1999 (Anm.24), 358.

30　この独立施設型では，拘禁施設とは無関係の NGO が主体的に運営することが重要である。この「社会的援助」を提供する施設には，さまざまな援助を提供する専門家のほか，外部で利用可能なサービスを提供する機関，さらには近親者やパートナーを始めとする面会者の訪問に関する援助のための機関が入れられるべきであろう。これにより，「社会的援助」の未決被拘禁者への提供だけでなく，社会や家族等とのつながりを維持するための「社会的援助」，そして家族に対する「社会的援助」が可能となるのである。

31　家族や友人等といった弁護人以外の者との外部交通については，本書第 6 章中川論文を参照。また弁護人との外部交通については本書第 8 章の緑論文を参照。

32　たとえば，研究会案においては，刑事施設長は，拘禁の継続およびその条件につき，施設医が被収容者の理由に行う勧告に従わなければならないこと（第 1 部第 22 ③），

施設当局ないし保安から独立し（第1部第22④），医の倫理にのみ拘束されること，外部の一般医療との継続性を念頭に置くこと（第1部第22①），医療のための保険に加入・維持し，または給付金を受領するための援助を受けうること（第1部第84③），などが規定されている。研究会案における医療のあり方については，赤池一将＝福島至「矯正医療のあり方（『被収容者の死因確定手続の適正さの確保』を含む）」〔赤池一将執筆部分〕刑事立法研究会編『刑務所改革のゆくえ——監獄法改正をめぐって』（現代人文社，2005年）58頁以下参照。

33　「社会的援助」の観点からも，未決拘禁は矛盾を抱えるものであるといえる。「無罪推定」が働く以上，未決拘禁は自由刑とは異なる，いわれなき身体拘束であり，未決被拘禁者の地位は既決被拘禁者に比べて劣悪なものであってはならない。そうであるならば，未決拘禁における「社会的援助」は，既決段階におけるそれよりも，充実したものでなければならないが，そうすると「無罪推定」との矛盾が疑われることとなる。その意味でも，豊崎論文が指摘するように未決拘禁は常に矛盾が疑われ続ける「例外中の例外の」存在なのであり，原則として回避されるべきものなのである。

34　たとえば，日弁連が，2005年5月27日の定期総会において採択した「未決拘禁制度の抜本的改革と代用監獄の廃止を求める決議」においては，「4.未決拘禁制度の抜本的改革の内容」として「未決拘禁者が希望する場合には，労働と教育の機会を保障しなければならない」ことを挙げている（自由と正義56巻10号〔2005年〕159頁）。このような主張自体は評価されるべきものであると思われるが，さらに進んで本章で挙げたような「社会的援助」プログラムの充実が要求されるべきであろう。また，本文中で述べたように，アンケート等による未決被拘禁者のニーズの調査も必要であろう。

（斎藤司／さいとう・つかさ）

第8章 訴訟主体としての被疑者・被告人と未決拘禁
接見交通を中心に

1. 問題の所在

　被疑者・被告人は，いうまでもなく刑事手続における一方当事者であり，当事者主義の考え方の下では，「訴訟主体」としての地位を有するものとして理解される。自らの立場を守るために，さまざまな防禦権を憲法上保障されている。

　たとえば，接見交通権（刑訴法39条1項）はその1つの例である。接見交通権は，判例上も憲法34条1項，同37条3項で保障されている弁護人依頼権に由来するものとの説明が与えられる権利であり，身体を拘束されている被疑者が，公判において自らの防禦活動の方針を決定するために弁護人と面会することを保障するものである。この権利は，身体を拘束されている者にとっては，弁護人との接点を確保することで主体的な防禦活動を実現するという機能を有するにとどまらない。身体を拘束されている者にとっては，刑訴法81条と同様に外界とコミュニケートする貴重な「窓口」としての役割もあるといえよう[1]。

　しかしながら，未決拘禁のもとに置かれた被疑者・被告人（未決被拘禁者）は，訴訟を追行するに当たってさまざまな権利制約を受けているのが現状である。接見交通権について，刑訴法39条3項が「捜査のため必要があるとき」の弁護人との接見制限などは，その顕著な例といえる。

　この点については，最高裁で刑訴法39条3項の合憲性が争われた際に，とりわけ弁護士を中心に，未決被拘禁者が当事者主義的な訴訟構造の下では訴訟の「主体」であることが，1990年代後半以降に再認識されるに至った。そこから，いわゆる「主体的防禦権」「自己防禦権」といった形で被疑者・

被告人の権利をとらえなおす見方が有力に主張されている。

　本稿では，未決被拘禁者自身が訴訟の主体として活動しようとする場合，何をどのように保障すべきかについて，立法論を中心に検討する。そのために，まず被疑者・被告人を「訴訟主体」として理解することでどのような権利が保障されることになるのか確認した上で，刑事訴訟の主体としての未決被拘禁者の権利を保障するためには，いかなる課題が存在するかを確認する。本稿では，主に刑訴法39条3項による接見指定，施設管理目的での接見拒否の問題，そして電話接見について検討課題として取り上げる。加えて，接見における秘密性の保障など未決被拘禁者と弁護人のあいだの信頼関係にかかわる問題を検討する。これら課題を克服するために，どのような理論がありえるのか，またどのような立法が求められるか，考えたい。また，潜在的な問題として生じうる，民事訴訟の主体としての未決被拘禁者についても若干の検討を加えることにする。

2. 刑事訴訟の主体としての未決被拘禁者

(1) 未決被拘禁者の「自己決定権」論

　憲法34条は未決被拘禁者の弁護人依頼権を保障し，さらに具体的には，刑訴法は39条で弁護人や弁護人になろうとする者との接見交通権を未決被拘禁者に保障している。このような弁護人依頼権の保障は，近時の有力な見方によれば，未決被拘禁者たる被疑者・被告人の自己決定権を，「主体的防禦権」という形で実質的に保障するために設けられているとされる[2]。接見交通権も，未決被拘禁者の積極的な自己防禦権の行使を保障するために設けられた権利として位置付けられる[3]。

　この考え方は，従前のように接見交通を弁護人の固有権としてではなく，未決被拘禁者たる被疑者・被告人が「訴訟主体」であることを再認識させる点で，論者自身が述べるように「コペルニクス的転回」という面が存在した[4]。この見解から，39条3項が「捜査のため必要があるとき」に捜査機関が弁護人との接見を制限しうる旨を認めている点で，憲法34条などに違反するとの主張がなされている。

　しかしながら，他方で，この被疑者・被告人の自己決定に基づく自己防禦権という考え方を徹底すると，同時に被疑者・被告人の「自己責任」という発想をもたらし，また被疑者・被告人に意思決定をなす充分な能力があるこ

とを前提とすることになりかねない。その点で、自己決定に立脚した理解に危うさを感じうる。とりわけ身体拘束をされている被疑者・被告人の「自己防禦権」の保障を考える場合、被疑者・被告人は合理的な判断能力とそれを行使する意思を有する者として想定するのではなく、法的知識を有さず、情報を分析した上で合理的な判断を下すことが必ずしも容易ではない者として想定すべきであろう。そして、そのような見方を前提とするのであれば、価値判断を自分自身で行えるための条件を、刑事司法においては制度的に担保すべきだと思われる（とりわけ立法論として何が必要かを検討する場合、以上のように想定する方が現行法に何が欠けているのか考える際に有用であろう）。

(2) 訴訟上の行為における主体性の確保

かような認識を前提とした上で、価値判断を自分自身で行うという意味での訴訟主体として被疑者・被告人が行動しようとする場合、合理的な自己決定をするためには、どのような環境が担保されるべきであろうか。

第1に、自ら選択をしようとするのであれば、そもそも選択するに値する選択肢が複数存在しなければ意味がない。そしてそこから強制によらずに、任意に選択をなされる状況が担保されていることが必要である[5]。選択肢が与えられない情況でなされる「決定」は他律的なものであり、「自己決定」として判断結果を本人に帰責させることは酷である。強制によって選択を強いられる場合とて同様である。被疑者・被告人にとっては、供述するか否か（黙秘権、憲法38条1項、刑訴法311条1項など）、証人尋問をするか否か（証人尋問権、憲法37条2項など）、証拠調べ請求においてどの証拠を請求するか（刑訴法298条）、などが法律上保障されている選択肢であるが、これらが事実上制約され、選択の余地がない状況が作り出されるとすれば、そこでの被疑者・被告人の価値判断は「自己決定」と呼ぶべきではないであろう。この点で、とりわけ身体拘束下にある被疑者・被告人は、日常生活上の制限をさまざまな形で課されている。そのため、身体拘束が長期になるほど、身体拘束による負荷から逃れようとするために、否認して争うという選択肢を事実上選びにくくなるという状況が生じうる。このような状況下では、身体拘束下の決定が、そもそも「自己決定」という評価に値するかどうかは疑う余地がある。この意味でも、身体不拘束の原則および捜査と拘禁の分離原則については真剣に検討されるべき問題であろう[6]。

第2に，選択肢の存在についての情報と，その選択肢の内容についての情報を充分に入手できるよう，その経路が確保されなければならない。自ら選択をする際には「その選択が自分にとってどのような意味を持つのか」ということについて，判断する材料が与えられなければなるまい。訴訟において主体的に行動する際に，自分にどのような選択肢が存在するのか理解できていなければ，合理的な判断は困難であろう。刑事手続上では，証拠を閲覧する機会の保障（刑訴法299条1項）や，争点整理手続における証拠開示（刑訴法316条の14以下）などはその一環として位置付けられよう。

　第3に，情報を提供する者に対して，被疑者・被告人が信頼関係を築ける状況になければならない。というのも，情報提供者を信頼できないとなれば，そこから与えられる情報自体の信用性が失われ，結果的には自分がどれを選択するかについての情報を持たないのと同様の状況が生じるからである。被疑者・被告人にとって弁護人は重要な情報提供者であり，その弁護人との信頼関係を阻害する状況を，国家やその他の者が毀損することは許されないものと解すべきである。

　接見交通権は，以上の要素のうち，とりわけ第2と第3の要素を充足するために不可欠なものとして理解することが可能である。在宅の被疑者・被告人の場合，自らの望む弁護人を選任できれば，第2および第3の要素を充足することは比較的容易である。しかしながら，未決被拘禁者の場合，以下に見るようにさまざまな形で第2および第3の条件を充足するに際して障壁が存在する。それはまさに，「訴訟主体」として行動する際に求められる被疑者・被告人の主体的な意思決定に対する足枷となるものである。法的知識を有さず，合理的な判断を下すことが必ずしも容易ではない被疑者・被告人が主体的に行動するためには，どのような立法的な手当てが必要か，以下検討しよう[7]。

3. 選択肢の存在とその内容についての情報の確保

⑴　裁量的な情報経路の遮断の除去：接見指定

　まず検討されるべきは，接見指定の問題である。刑訴法39条3項は「捜査のため必要があるとき」に捜査機関が弁護人との接見を制限しうる旨を認めている。この点をめぐっては，先に見た自己防禦権に立脚した被疑者の防禦上の主体性を侵害するものとして，憲法34条，37条，38条に違反する

との主張が展開された[8]。これに対して，最高裁は「憲法は，刑罰権の発動ないし刑罰権発動のための捜査権の行使が国家の権能であることを当然の前提にする」とした上で，接見交通権が刑罰権ないし捜査権に絶対的に優先するとはいえないとし，接見交通権と捜査権の「合理的な調整」を図るものとして憲法上も許容される旨を判示している[9]。

　しかしながら，かりに憲法に反しないとしても，かかる「合理的な調整」が許容されるべきなのか，疑わしい。最高裁が接見指定を正当化する論拠は，突き詰めると「身体を拘束して被疑者を取り調べる必要が生ずることもあるが，憲法はこのような取調べを否定するものではない」という点にある。しかし，少なくとも，刑訴法はその身体拘束に取調べを目的として含まず，取調べ自体のために強制的な処分を被疑者・被告人に対して課す権限を捜査機関に授権していない。それにもかかわらず取調べを受忍させることが接見よりも優位するのは，法的知識を欠く被疑者にとっては実質的には取調べを強制されているに等しいであろう。弁護人の援助が遮断された状態の下では，黙秘権の行使は困難なものとなろう。

　このように考えると，39条3項の「捜査のため必要があるとき」という文言は過度に接見を制約する可能性をはらむ文言であるように思われる。「捜査の必要」という抽象的な概念ではなく，より具体的に接見指定が認められる場合を限定すべきである。たとえば，身体拘束下の被疑者について，弁護人の援助なくしては合理的な法的決定が難しいものとして理解する場合，被疑者の取調受忍義務は否定されるべきであり，そこから接見の際には被疑者は取調べよりも接見を優先できるものと解すべきであろう[10]。この考え方を前提とするなら，かりに39条3項を残すとしても，取調べなどは接見指定の事由とすべきではなく，実況見分で外出中であるなど被疑者が物理的に弁護人と面会できない場合のみを接見指定の事由とするような形で定めるべきである。また，そもそも被疑者の訴訟主体としての地位を承認するのであれば，39条3項のように一方当事者たる捜査機関の都合で，反対当事者の被疑者の訴訟準備を制約するべきではなく，削除することが望ましいであろう。

(2) 物理的な情報経路の遮断の除去：接見と「施設の管理運営目的」

　次に，未決被拘禁者が主体的に価値判断を行う障壁となりうるのが，いわゆる監獄法施行規則などの「施設法」による接見の制限である。

　この点については，従前から訴訟法と施設法の双方による二元的な権利

制限についての問題が指摘されてきた[11]。訴訟法と施設法の目的と規律領域の違いを前提として，たとえば訴訟法が未決被拘禁者の権利として予定しているものを，施設法が制限することは許されるものとされる。しかしながら，一人の人間に一方の法が権利として保障しているところを他の法で制約を実質上認めることは矛盾であり，また訴訟法によって，訴訟目的を実現するために未決拘禁が認められている以上，目的を定める訴訟法によって，その手段である施設法の内容も規制されるべきである（一元主義的思考）[12]。

このような観点から問題になるのが，監獄法50条を受けて定められている監獄法施行規則122条である。同条項は「接見ハ執務時間内ニ非サレハ之ヲ許サス」と定め，夜間や休日の接見を制約する根拠として機能している。この条項の趣旨については，施設の執務時間外に接見をすることについて，「施設全体の戒護態勢に無理を生じさせることとなり，収容者の逃亡や罪証隠滅のおそれが大きくなり，施設の設置目的の達成が困難となりかねない」という説明が与えられているところである[13]。これは，刑訴法39条2項の「法令……で，被疑者の逃亡，罪証隠滅又は戒護に支障のある物の授受を防ぐために必要な措置を規定することができる」との文言を受けての理解として読むことができる。

しかしながら，このような理解が説得的かといえば，疑問の余地がある。確かに一元主義的思考と抵触しない形での立論ではあるものの，戒護態勢の維持のために，執務時間外の接見を原則として禁止するのは，過度に広汎な権利制限といわざるをえない[14]。

下級審では，執務時間外接見を「全面的に拒否できる」とするのは「憲法に反する」とした判決がある。この判決は，「集団生活を維持する紀律の下で被疑者の生命，身体，健康を確保しつつ，逃亡，罪証隠滅，戒護に支障のある物の授受を防止する目的でなされる慎重かつ厳重な戒護の体制に現実的かつ具体的な支障がある場合であって，しかもなお制限の結果侵害される接見交通権の補償の可能性があるときに，最小限の範囲でのみ制限することを認めたもの」として施行規則122条を解すべきだとする[15]。この判決は，施行規則に限定解釈を施すことで，過度に広汎な規制を回避しようとしている点では評価しうる。

しかし，判決中にいう「集団生活を維持する紀律」という概念が，安易に用いられるとすれば，問題は大きい。たとえば，かりに「夜中の接見では被拘禁者たちの睡眠が妨げられ，健康を害しうる」というような抽象的なレベ

ル，あるいは単なる発生する可能性があるというレベルの「害」まで指すとすれば，それは過剰な制約であろう。そもそも，未決拘禁は被疑者・被告人の公判への出頭を確保するのが目的である以上（刑訴法 60 条），その目的を阻害するような事象への対処として未決被拘禁者への制約を課すことは正当化されても，それ以上の制約は過剰なものであろう。そうであるとするならば，「施設の管理運営」「集団生活を維持する紀律」とは，実質的には施設内での拘禁システムを維持する最小限の制限，すなわち共同生活の安全を確保するのに不可欠な権利制限という意味として解すべきである[16]。

以上のように，施設内における共同生活の安全を維持する必要性を承認するとしても，果たして弁護人による接見が類型的に安全を害すると考えられるのか，疑問である。この点で，少なくとも監獄法施行規則 122 条は，削除するのが妥当というべきであろう[17]。

もっとも，このような主張に対しては，拘置所職員のマンパワーの面で，夜間接見は困難だとの理解がありうる[18]。しかし，そのような物理的な事情が，未決被拘禁者側の権利制約を必ずしも正当化するものではない。このことを示唆するのが，検察庁に接見用の施設がないことを理由に接見を拒否したことの適法性が争われた事案について判断した，最高裁 2005 年判決である[19]。

この最高裁 2005 年判決は，「検察官が……設備のある部屋等が存在しないことを理由として接見の申出を拒否したにもかかわらず，弁護人等がなお検察庁の庁舎内における即時の接見を求め，即時に接見をする必要性が認められる場合には，検察官は，例えば立会人の居る部屋での短時間の『接見』などのようにいわゆる秘密交通権が十分に保障されないような態様の短時間の『接見』であってもよいかどうかという点につき，弁護人等の意向を確かめ，弁護人等がそのような面会接見であっても差し支えないとの意向を示したときは，面会接見ができるように特別の配慮をすべき義務があると解するのが相当」と判示している。ここから，判例を前提とした場合であっても，物理的に接見が困難な場合であっても，そのことを理由として直ちに接見自体を一律に否定することは許されないことがうかがわれよう。すなわち，この最高裁判例の枠組みにおいてもなお，拘置所職員のマンパワー不足を理由に直ちに執務時間外接見を否定するべきではなく，むしろ接見のために「特別な配慮をすべき義務」があると解すべきであろう。したがって，拘置所職員のマンパワーなど物理的な理由でも，監獄法施行規則 122 条はやはり広汎な

制約に過ぎ正当化が困難な条項といわざるをえない。

　もっとも，上記最高裁判決が未決被拘禁者の訴訟主体としての活動のためにベストな判断だとは言い難い側面がある。その例として，最高裁が秘密交通権などの権利が充分に保障されない形での接見を（接見をするかしないかは弁護人の判断に委ねるとはいえ）承認している点，また「被疑者の逃亡，罪証の隠滅及び戒護上の支障の発生の防止の観点からの問題」が生じうることを理由に接見を「拒否」できる余地を残している点を挙げられる[20]。これらの点は，本来むしろ国家側の都合で身体を拘束する以上，国家側が予算を手当てすることで対応すべきであり，ただでさえ法的知識を有さず，合理的な判断を下すことが容易ではない未決被拘禁者側に不利益を被らせるのは倒錯しているように思われる[21]。裁判所も上記のような物理的な理由によって接見を制限する場合については，むしろ積極的に違法と判断すべきであるし，接見のための施設を充実させる旨の目標を示す規定を設けることも，立法論としてはありえる。

⑶　積極的なコミュニケーション手段の確保：接見要求の実現

　以上に示した問題は，接見交通について国家の側に不作為を求める権利といえる。

　これに対して，さらに未決被拘禁者が接見交通を積極的に行使できるよう，国家の側に作為を求めることも接見交通権の保障として認められるべきである。接見交通権という選択肢を未決被拘禁者が知らない場合，その権利は保障されているとは言い難い。少なくとも黙秘権が告知されなければならない旨が刑訴法で定められているのと同様に（198条2項など），接見交通権も憲法34条に「由来する」と判例をもってしても承認されたものである以上[22]，未決被拘禁者に対して告知が求められるべきである。この点は，刑訴法などで明文で規定すべきように思われる。接見交通権の告知が保障されれば，主体的に情報を獲得する重要な手段として接見を未決被拘禁者が認識する契機となる。そうすれば，未決被拘禁者が積極的に接見を求めるということも一定程度期待できるようになるであろう。

　さらに，未決被拘禁者が自らの権利として接見交通権を行使しようとするのであれば，未決被拘禁者自身が弁護人との接見意思を表明した場合，弁護人に連絡をとる手段を与える義務が施設管理者に生じるものと解すべきである[23]。というのも，在宅時においては，被疑者・被告人は自ら弁護人に連絡

とることが可能であるのに対し，身体拘束下では国家が連絡する手段を提供しない限り，未決被拘禁者が率先して弁護人と連絡をとることは困難だからである。

そもそも，弁護人に連絡をとること自体，直ちに拘禁目的を阻害するわけではない。後述する電話接見の保障とあわせて，未決被拘禁者側からの面会請求が接見交通権の一環として保障されるべきである。

さらに面会要求を被疑者自ら通信手段を用いて行ったり，さらには接見そのものを通信手段を通じて行ったりすることも考えられる。この点で，電話による接見の必要性についても，従来から議論されてきたところである。とりわけ，北海道の中でも移動に時間を要し，かつ弁護士が不在の地域などでは，未決被拘禁者との接見においては困難が存在してきたといわれる[24]。他方で，電話接見に対しては批判もある。第1に，刑事弁護への意識の低い弁護人の「手抜き」弁護を助長するおそれも同時に指摘されてきた。すなわち，実際に被疑者・被告人と接見するのではなく，電話で安易にすませるという傾向をもたらすという懸念があるという。第2に，接見における会話内容の秘密保持のために，捜査機関の者が電話接見における会話内容を知りうる状況が除去されない限り，電話接見は認めるべきではないとの主張である[25]。

しかしながら，未決被拘禁者が訴訟主体として行動するための選択肢として，電話接見を想定する場合，電話接見がないよりもある方が，望ましいであろう。自らが採りうる選択肢についての情報を獲得する手段は，多いに越したことはないからである。さらに電話接見に独自な意義として，直接面会とは異なり未決被拘禁者が望むときに容易に弁護人にアクセスできるというメリットが存在する。この点で，精神的な孤立感の解消にも一定程度効果が期待できる[26]。このようなメリットが電話接見には存在するにもかかわらず，電話接見を認めないという形で「手抜き」弁護を予防するために必要な負担を被疑者・被告人に負わせるのは酷である[27]。もっとも，後述するように，被疑者・被告人との信頼関係の構築に際しては，電話接見が必ずしも最善の手段とはいえないことは留意すべきであろう（秘密性の担保については，「情報提供者たる弁護人との信頼関係の確保」で検討する）。

では，電話接見が現行刑訴法解釈上可能だろうか。この点については，刑訴法39条1項が「立会人なくして」接見することができる旨を定めているが，この文言は直接面会のみを面会方法として要求している趣旨ではなく，接見の際の秘密性の保障をする趣旨だと理解すべきとし，そこから39条1項の

接見は電話によるものであっても可能であるという見解もみられる[28]。確かに、そのような理解も可能であろうし、法改正を前提としないのであれば、適切な解釈であろうと思われる。

しかしながら、単に運用のレベルで恩恵的に電話接見が認められるわけではなく、まさに憲法34条の弁護人依頼権を実質化するために本来的に保障すべきものとして電話接見は認められるべきであろう。そうであるとすれば、少なくとも電話による接見については明文で定めるべきである。さらに言えば、未決被拘禁者と弁護人のあいだのコミュニケーションは、より多様であってもよいように思われる。すなわち、電話に限らずとも、弁護人からの発信元を事前に登録するなどして、電子メールやファックスなどによる情報の提供手段を保障することも検討されてよいのではあるまいか（もっともファックスについては機器の性質上、秘密交通を実現することは困難であろう）。電子メールについては、閲覧を被疑者・被告人に限定することで秘密性を担保し、訴訟の準備書面を添付して送信するということを検討してもよいであろう。

4. 情報提供者たる弁護人との信頼関係の確保

(1) 秘密交通の保障

ここまで、未決被拘禁者が情報を獲得する手段を担保するための課題を検討してきた。次に問題となるのは、いかに情報提供者である弁護人との信頼関係を構築するかという点である。情報提供者とのチャンネルが確保されるだけで信頼関係が不充分であれば、未決被拘禁者は情報も有効に活用できず、「自己決定」は困難なものとなろう。

未決被拘禁者が弁護人との間で信頼関係を構築する際、重要な要素となりうるのが、弁護人と秘密にコミュニケーションをとれる状況の存在である。第三者が未決被拘禁者と弁護人との間の情報を監視していると知れば、通常は情報を選別してやり取りすることとなり、意思疎通もままならないであろうことは容易に想像がつく。この点で、弁護人との意思疎通を十全に保障して憲法34条の弁護人選任権を実質的に保障するためにも、秘密交通に対する制限は逃亡の危険が具体的に想定される場合など、必要最小限の場合に限定されるべきである。

この点、監獄法50条の委任を受けた監獄法施行規則127条2項が、弁護

人と未決被拘禁者の接見について，弁護人と未決被拘禁者の接見の際に職員の立会いが原則として認められないとしつつ，「逃走不法ナル物品ノ授受又ハ罪証湮滅其他ノ事故ヲ防止スル為メ必要ナル戒護上ノ措置ヲ講ス可シ」と定めている。たとえば，いわゆる後藤国賠請求事件においては，弁護人が裁判所で証拠採用されたビデオ録画を再生しながら被告人と接見することを求めたのに対して，施設側は上記施行規則127条を根拠にテープの内容検査を要求し，果ては検査手続を経ないことを理由に施設職員が接見を拒否するに至った[29]。

この事案について判断した大阪高裁2005年判決は，次のように判示している[30]。すなわち，憲法34条および37条3項が弁護人と被拘禁者のあいだの交通権を保障していることを確認した上で，立会人なくして被拘禁者が弁護人と接見できるよう刑訴法39条1項が定めているのは，「被告人等と弁護人とが口頭で打合せ及びこれに付随する証拠書類等の提示等を内容とする接見を秘密裡に行う秘密接見交通権を保障するもの」だとし，これは弁護人と相談し，助言を受けるなど弁護人の援助を受ける機会を確保するためのものだという。以上のような考えを基礎に，監獄法50条および監獄法施行規則127条2項の「必要ナル戒護上ノ措置」は憲法34条・37条3項および刑訴法39条1項により限定解釈を施すべきとされ，弁護人が持ち込もうとする書類等の内容に及ぶ検査は「必要ナル戒護上ノ措置」に含まれず許されないものとしている[31]。

同様に信書について，大阪地裁2000年判決が，刑訴法39条2項の「必要な措置」には「秘密交通権自体を否定することまでは含まれない」とし，「接見における秘密交通権の保障が憲法に由来する重要なものであることを考慮すると，……（39条2項は）秘密交通権の一態様として，その秘密保護のためのできる限りの配慮を要求しているものと解するのが相当であり，刑訴法39条1項の解釈としても，単に書類若しくは物の授受に該当するとの一事で常に一律に捜査機関，訴追機関及び収容施設に対する同項による秘密の保護が及ばないと解することはできない」とし，「被拘禁者と弁護人との間の信書の授受についても，刑訴法39条1項は，できる限り接見に準じ，その内容についての秘密保護を要請しているというべきである」と判示した。その上で，施設側による信書内容の記録化，検察官からの照会を受けて信書内容も含めて施設が回答したこと，さらに検察官がその信書内容を除外せずに照会したことなどを違法と判断している（いわゆる髙見岡本国賠請求訴訟)[32]。

これら一連の判断で裁判所は，未決被拘禁者と弁護人のあいだの秘密交通権が，憲法34条の弁護人依頼権と密接にかかわりを持つものであり，ビデオや信書についても秘密交通権の制約は原則的に認められないという姿勢を示しているが，これは妥当な判断だと思われる[33]。特に大阪高裁2005年判決は，端的に憲法34条等から監獄法50条および監獄法施行規則127条に合憲限定解釈を施すという形で，施設側の検査を経ずに被疑者にビデオ再生を行うことが憲法上の保障であることを示唆しており，高く評価できよう[34]。

　もっとも，この秘密交通権の保障は，必ずしも訴訟上必要なコミュニケーションに限定されるべきではない。たとえば，一見訴訟とは無関係な情報も（たとえば家族のことなど），間接的には訴訟上の意思決定にも重要な影響を及ぼすことは充分にありうる。以上から，監獄法施行規則127条は，未決被拘禁者と弁護人のコミュニケーションの秘密性を権利として保障するために削除すべきであろう。

　なお，先に述べた電話接見においても，秘密交通権をどのように保障するかは問題とされるべきである。まず，電話接見において秘密交通権がどのような範囲で保障されるべきかが問題となりうるが，電話によって会話する場合，会話自体が元来流動的に内容が変化していくため，訴訟上必要な会話と，訴訟に関連のない会話を明確に分類することは難しい[35]。また，先に述べたように，一見訴訟とは無関係の会話も，間接的には訴訟上の意思決定にも重要な影響を及ぼしうる。そのため，会話内容に応じて秘密性の保障の程度を変えるべきではないように思われる。むしろ，会話が訴訟と関連性を有するかどうかを問わず，一律に秘密交通権の保障の射程として対応すべきであろう。その実現手段として，ハード面では電話用の部屋が設けられることが望ましいが，それが困難であるとしても，施設側は通話先の確認にとどめるべきである[36]。

　さらに未決被拘禁者と弁護人との間の信頼関係にかかわる問題として，次のような問題もありうる。すなわち，捜査機関が取調べ中に被疑者・被告人から弁護人との接見内容を聴取し，その聴取内容を供述調書にした上で国選弁護人解任のための資料として用いたというものである[37]。このように接見内容を捜査機関が聴取することが，秘密交通権を有する被疑者・被告人自身が取調べ中に任意に秘密を放棄して供述したということをもって，直ちに正当化されるのか疑問の余地がある。というのも，被疑者・被告人が接見内容を捜査機関に話した場合に，それがもたらす効果について，被疑者・被告人

自身がどこまで認識しているのか疑わしいからである。

そもそも，接見内容を捜査機関が聴取し，それについてさまざまな働きかけを捜査機関が行うことは，依頼者と弁護人との間の信頼関係によって実質的に保障される弁護人依頼権そのものを掘り崩しうる。未決被拘禁者のコミュニケーション手段である接見を，信頼関係の心理的な基盤そのものを根底から崩そうとする行為は，憲法34条・37条3項を形骸化させかねない点で許されないと解すべきであろう。この点については立法的な手当てによって，あるいは供述調書の証拠能力の否定や証明力の減殺という運用によって対処する必要があるように思われる [38]。

(2) 直接面会原則の保障

未決被拘禁者と弁護人とのあいだの信頼関係の構築のためには，そのコミュニケーションにおける秘密が守られるだけではなく，未決被拘禁者が依頼人として安心感を得られることが重要だと思われる。この点，先に立法的手当などにより権利として保障すべきとした電話等による接見に過度に依存すると，ある種の弱点というべき面を持つ。すなわち，外界から途絶された未決被拘禁者にとって，過度に電話やファックスなどによるやり取りで終始することは，自分が軽視されているとの思いを抱かせる要因となるであろう。接見交通は未決被拘禁者の心理的負担を軽減する作用があると説明されているが [39]，その心理的負担の軽減は，知識さえ与えられれば解消するという性質のものではあるまい。そこには，弁護人が自分のために職分を果たしてくれているという実感が伴っているはずである。

そうであるとするならば，未決被拘禁者が情報提供者として弁護人を信頼するという関係を維持するには，未決被拘禁者が望む以上は可能な限り直接面会が保障されるべきであろう [40]。例外として，接見場所が遠隔地であるとか，接見が緊急性の高いものであるなどの場合に，電話接見を認めるという形が望ましいように思われる [41]。この直接面会原則は，弁護士に対する職務規範である以上，刑訴法などで明文化することは適切ではあるまい。むしろ，弁護士自治の下で，自律的に職務規範違反か否かを，依頼者への誠実義務の一環として判断すべきものであろう [42]。

もっとも，電話接見を未決被拘禁者の権利として構成する以上，先に述べたような電話接見のメリット（アクセスの適時性・容易性）ゆえに，未決被拘禁者の方から電話をする分には，電話接見は当然に許容されるべきものと

いえよう。

5. 民事訴訟主体としての地位

(1) 民事訴訟主体としての未決被拘禁者と刑訴法81条

　未決被拘禁者は，刑事訴訟のみならず，民事訴訟上の主体として行動することが必要になる場合もありうる。具体的には，犯罪被害者とのあいだの民事訴訟や，国家機関に対する国家賠償請求訴訟などである。理論上，刑事弁護人を兼任していない民事代理人と接見する場合には，刑訴法80条・81条に基づき「弁護人以外の者」として面会することになる。そうすると，純粋に民事代理人である弁護士は，「法令の範囲内」で接見や物の授受ができるにとどまり（80条），裁判所から接見禁止や授受される書類・物の検閲という制限を受けることもありうることになる（81条）。

　しかしながら，この点については従来，判例上もあまり争われていない。争われない理由として，事実上刑事弁護人がそのまま民事代理人としても活動することが多いため，弁護人として39条に基づき接見を行い，民事訴訟についてもコミュニケートしているからだと考えられる。かりに民事代理人として活動することが中心となる場合であっても，主任刑事弁護人とともに名を連ね，弁護人として接見する場合が多いのであろう。

　もっとも，理論上は，民事代理人については刑事弁護人とは別途選任できるのは当然のことである。したがって，民事代理人と未決被拘禁者の間の接見は潜在的な問題としては存在しうる。

(2) 未決被拘禁者と民事代理人のコミュニケート

　未決被拘禁者は，逮捕勾留をされているということだけで，民事訴訟上の活動を制約される理由があるといえるのか，本来は疑わしいところである。未決拘禁は，刑事公判への出頭を確保するのがその本来的な目的であり，そのこと自体が民事裁判上の活動を制約することを直ちに正当化するわけではない。もし未決拘禁下であるがゆえに民事訴訟において主体的に活動できないとすれば，それは憲法32条で保障されている裁判を受ける権利を侵害している疑いが極めて強い。憲法32条の裁判を受ける権利を実質的に保障しようとするのであれば，未決拘禁によって自ら訴訟上の行為をなしにくい場合には，接見などを通じて民事代理人を活用する権利を保障すべきといえよ

う[43]。

　このことをさらに別に正当化するアプローチとして，いわゆる「一貫した社会的援助」として民事代理人をとらえるものがありうるように思われる。この「一貫した社会的援助」の考え方は，未決拘禁段階においては，「拘禁に伴う弊害の除去，そのための外界との交通や未決勾留から解放された生活関係の再建，諸困難の克服のための装置」として社会的援助の必要性を主張する[44]。そうであるとすれば，民事訴訟が本人の生活の再建や社会的困難の除去につながるものであり，かつ自ら訴訟主体としてコミットする必要性が未決被拘禁者に存在する以上，その援助者たる代理人との接見・書類等授受は広く認められるべきものといえる。また，民事代理人になりうる者のリストを弁護士会などを通じて施設に備えておくことも，「援助」の一環としてなされることが望ましい。

　以上のような考え方から，民事訴訟主体としての未決被拘禁者が主体的に価値判断を行うためにも，情報提供者たる民事代理人との関係を遮断することは回避されるべきであるし，また法律家にアクセスする手段も担保すべきように思われる。そうであれば少なくとも，81条の接見制限について限定解釈を施すべきことになろう。すなわち，裁判所が81条所定の要件を理由に接見を禁止する旨を判断したとしても，民事代理人については接見禁止の対象から除外して扱われるべきであり，また書類の検閲についても少なくとも訴訟書類については除外されるべきである。

　なお，このような民事訴訟主体としての未決被拘禁者の地位を考える際に，施設法の領域からの制限もありうる。この問題について比較検討の素材になりうるのが，「刑事施設及び受刑者の処遇等に関する法律」（以下，受刑者処遇法）における既決被収容者の場合についての規定である。既決被収容者が民事訴訟主体になった場合，弁護士と面会することがありうる。この点，受刑者処遇法は90条で，「刑事施設の規律及び秩序を害する結果を生ずるおそれがあると認める特別の事情のある場合」には面会の際の職員の立会いや面会状況の録音録画がなされうる旨を定めている。また，信書の発受についても同様の事情がある場合に検査対象となるものと規定している（94条2項）。

　しかしながら，これら規定は民事訴訟主体としての既決被収容者の地位を考慮した場合，なお問題があるように思われる。すなわち，民事訴訟の準備においては（とりわけ自らの処遇にかかわる訴訟の場合），代理人たる弁護士と被収容者の間での秘密保持を尊重すべきであるが，この規定では運用次

第で秘密保持が困難になるおそれがある[45]。弁護士と依頼人とのあいだで情報が外部に流出せず，依頼者が腹蔵なく弁護士に話せる状況が確保されなければ，信頼関係の構築や円滑な訴訟準備に支障を来しうる以上，兇器や危険物の確認を行う以外は，面会現場に立ち会ったり信書を検査したりするべきではない。少なくとも，既決被収容者の処遇にかかわる受刑者処遇法90条や94条2項は上に示したような形で限定解釈が施されるべきであろう。

翻って考えるに，未決被拘禁者の処遇を定める法律については，民事訴訟主体として被疑者・被告人が行動しようとする場合，その代理人との面会に際して，上のような弁護士・依頼人間の秘密保持の問題をクリアできるような規定を設けるべきであろう。受刑者処遇法90条および94条のような規定を直ちに未決被拘禁者の処遇についても設けるべきかどうかは，慎重に吟味されるべきである[46]。

6. おわりに

以上，刑事ないし民事手続における訴訟主体として被疑者・被告人をとらえる場合，その主体的な行動に際していかなる障壁が存在しているのか確認し，あるべき保障を模索した。

被疑者・被告人は一般的に，ただでさえ具体的な法的知識に乏しく自分の立場や自分の持つ権利内容を充分に把握できていないところ，未決被拘禁者たる被疑者・被告人の場合はその情報の把握自体にさまざまな障害が存在するのが実情である。未決拘禁制度の改革を志向する場合，まずは未決拘禁下にある被疑者・被告人が法的知識を有さず，情報を分析した上で合理的な判断を下すことが必ずしも容易ではない者であることを前提とし，その弱さを法的に補うことで，被疑者・被告人が合理的に権利行使できるようにすべきである。

1　もっとも，ここにいう「窓口」とは，原則的に他者との面会が制約されるが，例外的に面会が許されることがありうるという意味ではない。本書第6章中川論文参照。
2　たとえば，村岡啓一「被疑者主体論」柳沼八郎ほか編著『新接見交通の現代的課題』（日本評論社，2001年）12頁以下，高田昭正『被疑者の自己決定と弁護』（現代人文社，2003年）23頁以下。

3　もっとも，自己防禦権の論者によれば，接見交通権を「国家が市民の身体を拘束することの代償的措置として弁護人による外部交通を制度的に保障したもの」だとし，「被疑者には接見を求める弁護人に会わなければならないという法的義務はないが，国家と弁護人にはそれぞれ外部交通を実現すべき責務がある」とされる。村岡・前掲注（1）28頁。

4　村岡啓一「接見交通権問題にコペルニクス的転回はあるか」法学セミナー531号（1999年）22頁以下。

5　この点，捜査機関による取調べを外部交通の一環として位置付けることは，取調べによって生じうる圧迫を除去する点で，重要な意味を有するといえる。刑事立法研究会「未決拘禁執行法要綱」第8章第54「取調べ」同編『21世紀の刑事施設』（日本評論社，2003年）328頁参照。また，刑事立法研究会編『入門・監獄改革』（日本評論社，1996年）20頁以下［後藤昭］参照。

6　中川孝博「裁判員制度と刑事司法改革の課題」法律時報77巻4号（2005年）30頁以下，31頁。また，本書の第1章豊崎論文参照。少なくとも，身体拘束による負荷を最小化した上でなければ，訴訟上の行為についての判断を「自己決定」として評価することには注意を要する。この点で，家族などとの面会の確保も，取調べにおける取引材料などになる可能性があり，未決被拘禁者の主体性の確保のためには家族面会は充分に保障される必要がある。また，身体拘束による負荷が解消されないとすれば，身体拘束下での価値判断によって生じる結果を，被疑者・被告人の「自己責任」として本人にすべからく帰責させることは適切とは思えない。被疑者・被告人に不利益な結果が生じた場合には，そこからの救済手段も場合によっては検討される必要がある。

7　なお，本稿の問題をイギリスとの比較を軸に網羅的に検討するものとして，葛野尋之「刑事被拘禁者の法的・社会的コミュニケーション(1)～（3・完）」立命館法学295～297号（2004年），とりわけ「同（3・完）」立命館法学297号（2005年）80頁以下。

8　村岡・前掲注（4）。

9　最大判1999（平成11）年3月24日民集53巻3号514頁。なお，本書は未決拘禁制度の理念型を提示する目的に基づく議論であるため，判例を外在的に批判する手法をとる。

10　後藤昭「取調べ受忍義務否定論の展開」同『捜査法の論理』（岩波書店，2001年）151頁以下，159～163頁。

11　後藤昭「接見交通・被疑者取調べをめぐる訴訟法と『施設法』の関係」同『捜査

法の論理』（岩波書店，2001年）109頁以下。

12　後藤・同前115頁。
13　三井誠ほか編『新刑事手続Ⅱ』（悠々社，2002年）70頁［稲田伸夫］。
14　東京地決1973（昭和48）年12月4日刑裁月報5巻12号1669頁，札幌地判1988（昭和63）年6月23日判例タイムズ669号87頁は，執務時間外の接見を原則として禁じることについて，適法と判断する。例外的に「防禦権行使に支障のある緊急の場合」や「防禦権を害する特段の事情があるとき」にのみ執務時間外の接見が許されるとしている。
15　神戸地判1975（昭和50）年5月30日判例時報789号74頁。弁護人が執務時間外に被疑者に接見を求めたところ，捜査機関に拒否された事案。実際には接見を求めて来た時間帯に被疑者は取調べ中であり，執務時間外であっても取調べ直後に接見をさせることは可能であったとして，裁判所は接見の拒否を違法と判断した。
16　刑事立法研究会編『入門・監獄改革』（日本評論社，1996年）100～102頁［赤池一将］参照。
17　葛野・前掲注（7）110～113頁参照。
18　三井ほか・前掲注（13）70頁［稲田］はこのような認識を前提とするものであろう。
19　最判2005（平成17）年4月19日判例時報1896号92頁。
20　渕野貴生「接見施設がないことを理由とする接見拒否の可否と検察官の接見配慮義務」法学セミナー607号（2005年）124頁参照。なお，このような判示内容から，最高裁は具体的な根拠法令がなくとも，内在的制約に基づく接見の制限が可能だと考えている，と説明する論者もある（川出敏裕「弁護人から，接見施設がない検察庁における接見の申出がなされた場合に，検察官がとるべき措置」刑事法ジャーナル1号〔2005年〕165頁以下，169頁）。この論者によれば刑訴法39条2項は確認的な規定だとされる。もっとも，最高裁が根拠法令を挙げていないことを理由に直ちにそのように解すべきなのか，疑問の余地がある。
21　中川孝博「未決拘禁制度についての理論的課題」自由と正義56号（2005年）47頁以下，51～52頁。
22　最大判1999（平成11）年3月24日民集53巻3号514頁参照。
23　梅田豊「被疑者の権利としての接見交通権についての覚書」浅田和茂ほか編『転換期の刑事法学――井戸田侃先生古稀祝賀論文集』（現代人文社，1999年）235頁以下，242頁。
24　このことを指摘するものとして，村岡啓一＝福井厚「電話接見」季刊刑事弁護26号（2001年）60頁以下。

25 村岡＝福井・前掲注（24）61頁にそのような懸念の紹介がなされている。また，三井誠「接見交通権問題の現状と今後」法律時報65巻3号（1993年）16頁以下，20頁など。

26 村井敏邦「未決拘禁制度の改革と展望」自由と正義56号（2005年）41頁以下，45頁は家族との電話の重要性を孤立感解消という文脈で指摘するが，弁護人との関係においても同様の指摘があてはまるだろう。

27 村岡＝福井・前掲注（24）62頁，三井・前掲注（25）20頁。

28 梅田・前掲注（23）243頁，三井・前掲注（25）20頁。

29 後藤国賠訴訟弁護団編『ビデオ再生と秘密交通権——後藤国賠訴訟の記録』（現代人文社，2004年）に関連資料とともに事件の経緯の詳細が示されている。

30 大阪高判2005（平成17）年1月25日判例集未登載。判決文は季刊刑事弁護43号（2005年）162頁以下，後藤国賠訴訟弁護団編『ビデオ再生と秘密交通権［控訴審編］』（現代人文社，2005年）116頁以下（編集されている）に収録されている。

31 なお，この大阪高裁2005年判決は，接見交通の問題についての裁判例の豊富さと「鋭い見解の対立」の存在などを理由に，拘置所職員に対して「不断の研鑽」を行う職責を認定している点でも注目に値する。前川直輝「後藤国賠訴訟控訴審判決と『過失』の判断基準」前掲注（30）39頁以下参照。

32 大阪地判2000（平成12）年5月25日判例時報1754号102頁。

33 信書について秘密性を憲法34条の保障対象として理解するものに，たとえば，平野龍一『捜査と人権』（有斐閣，1981年）162頁，渡辺修『刑事裁判と防御』（日本評論社，1998年）84頁，宇藤崇「勾留中の被告人と弁護人の間で発受される信書の検閲・記録化，及び当該記録の照会・利用の適否」法学教室244号（2001年）109頁，村井敏邦「接見交通権の保障と信書発授の秘密性」小田中聰樹ほか編『誤判救済と刑事司法の課題——渡部保夫先生古稀記念』（日本評論社，2000年）265頁以下，葛野・前掲注（7）90頁以下など。

34 この問題については，本来は刑訴法39条1項と39条2項が解釈上どのような形で信書等の秘密性を保障しているのか問題となりうるが，紙幅の都合で詳細を検討できない。渡辺・前掲注（33）83頁以下，村井・前掲注（33）274頁以下，葛野・前掲注（7）96頁以下などを参照。

35 葛野・前掲注（7）96頁。

36 弁護人が第三者と交代して未決被拘禁者と通話させるおそれがあるという反論がありうるが，これは弁護士倫理の問題として自治に委ねるべきである。

37 鳥丸真人「組織的な秘密交通権の侵害と国選弁護人の解任」季刊刑事弁護38号

(2003年) 138頁参照。

38　この点，弁護人の「固有権」を根拠に，被疑者・被告人のみの一存では秘密交通権は放棄できないものと主張する論者も見られる（小坂井久「秘密交通権と弁護人の固有権」前掲注（29）34頁以下参照）。しかしこのように弁護人の「固有権」を持ち出すことは，被疑者の主体的な意思決定との関係では緊張関係に陥る点で，問題があるように思われる。

39　三井誠『刑事手続法(1)』（新版，有斐閣）155頁。

40　同様の観点から，信頼関係の醸成のために，面会時の遮蔽板をなくした開放面会も検討されるべきであろう。葛野・前掲注（7）88頁。

41　特に遠隔地の場合，用件の軽微性も電話接見を正当化しうるであろう。被疑者が些末な用件について弁護人に少し聞きたいという場合，時間と費用を要する遠隔地では電話を利用する方が被疑者・被告人，弁護人双方にとって合理的であろう。

42　村岡＝福井・前掲注（24）62頁，三井・前掲注（25）20頁。

43　なお，既決被収容者による民事訴訟にかかわる事例として，最判2000（平成12）年9月7日判例時報1728号17頁以下。これに対して，憲法32条が「民事訴訟の提起・進行に直接関わる接見」を保障することを示唆するものとして，只野雅人「判批」判例時報1746号（2001年）204頁。また葛野・前掲注（7）81頁以下参照。

44　土井政和「未決被勾留者への社会的援助」季刊刑事弁護9号（1997年）125頁，本書第7章斎藤論文参照。

45　刑事立法研究会『刑務所改革のゆくえ』（現代人文社，2005年）39頁［水谷規男］。

46　このほかにも，未決被拘禁者が本人訴訟をする場合，それを制約することは裁判を受ける権利（憲法32条）との関係で問題になりうるところであり，検討が必要である。

（緑大輔／みどり・だいすけ）

第9章 未決拘禁執行と刑事訴訟法的救済

1. はじめに —— 問題の所在

　先に最高裁は，東京地決2001（平成13）年12月3日（判例時報1776号168頁）に対する弁護人からの特別抗告を棄却した（最決2002〔平成14〕年1月10日判例時報1776号169頁）。東京地決2001（平成13）年12月3日は，代用監獄に勾留中で接見禁止処分（刑事訴訟法80条・81条・207条1項参照）中の被告人に関する事案であった。弁護人Aは，盗品に関する罪で起訴され代用監獄（監獄法1条1項4号・3項参照）に勾留中で接見禁止処分中の被告人Bとの接見の際に，BからA宛の文書（封書）を手渡したいとの申出を受けたため，接見終了後にその旨を留置係員に告げ，当該文書の交付を受けようとした。その際，留置係員が弁護人宛の信書であるか否か，その内容を確認してからでないと交付できないと述べたので，Aが開封を拒否したところ，留置係員は当該文書の授受を許さなかった。そこでAは，本件文書の授受の禁止が，司法警察職員のした弁護人との接見交通権を制限する処分（刑事訴訟法39条3項）に当たるとして，当該処分の取消しを求めて刑事訴訟法430条2項に基づき準抗告を申し立てた。

　準抗告審たる東京地裁は，本件事実は，「監獄留置員が，監獄法50条，同法施行規則130条に基づき，同信書が弁護人宛のものかどうか確認する目的で封筒の中を見せてほしい旨求めたところ，弁護人がこれを拒否したため，同封書の授受を許さなかったもの」であり，当該文書の授受禁止処分は，「監獄留置員が監獄法令に基づきした処分であって刑訴法430条2項の処分に当らないことは明らかである」として，本件準抗告を不適法なものとして棄却した（前出東京地決2001〔平成13〕年12月3日）。そして，弁護人からの特別抗告も同様の理由で棄却されている（前出最決2002〔平成14〕年1

月10日)。

　たしかに，形式的には，「第39条第3項の処分」(刑事訴訟法430条1項)の中に，(監獄留置員による)本件文書の授受の禁止処分は含まれない。したがって，本件文書の授受の禁止処分は「司法警察職員のした前項の処分」(同条2項)には当たらず，弁護人の準抗告および特別抗告が棄却されたのも当然の帰結のように思われる。しかし，事を実質的に考察すれば，信書を開封すれば被告人と弁護人との秘密交通権が侵害されるおそれが大きく[1]，かといって，本件のような理由で文書(封書)の授受を禁止すれば，被告人の弁護人の援助を受ける権利(憲法34条・37条1項参照)が侵害されることは明らかであり，それは，刑事訴訟法39条3項により接見指定が行われた場合の(弁護人の援助を受ける)権利の侵害性にまさるとも劣らない。そうだとすれば，なんらかの迅速な救済方法が存在しなければならない。

　むろん，現行法の下でも，国家賠償法や行政事件訴訟法による救済が考えられる。しかし，国家賠償法による救済は事後的な金銭による賠償というものであり，具体的に刑事訴追を受け訴訟の主体として防御活動を行うために迅速に弁護人の援助を得て不起訴や無罪あるいは軽い量刑を目指している被疑者・被告人にとって，それが本質的な救済になるとは思われない。また，現行法(および判例)の下で，行政訴訟による救済にも困難が予想され，いずれにしても真の救済にはならないであろう[2]。

　未決に特化した新たな立法をしようというのであれば，このような問題をも適切に解決できる立法を工夫しなければ意味がない。本稿は，ドイツ法を手掛かりにその点につき考えてみたい。

2. ドイツ法の現状

(1) 裁判所構成法施行法23条以下による救済

　さすがにドイツの立法者は，すでに40年以上も前に，前出最決2002(平成14)年1月10日のような事案に対して立法的な手当てを行っていた。すなわち，裁判所構成法施行法(以下，裁構施行法と略記する)23条ないし30条が，ドイツ基本法19条4項[3]を具体化するものとして，1960年4月1日に施行された(西)ドイツ行政裁判所法179条により挿入されているのである。その立法趣旨は，「事情に詳しい」[4]という理由から通常裁判所の管轄権を拡張したものであり，その機能の本質は，迅速な救済のために行政裁

判権を排除して通常裁判所への出訴を可能ならしめる点にある[5]。裁構施行法 23 条は次のような規定である。

23 条（司法行政作用の際の出訴）
(1) 商法を含む民事法，民事訴訟，非訟事件裁判権及び刑事司法の領域における個々の事務を規律するために司法行政官庁によりなされる命令，処分その他の措置の適法性に関しては，請求に基づいて通常裁判所が決定する。少年刑，<u>少年拘禁及び未決勾留</u>並びに司法執行の外部で執行される<u>自由刑及び改善・保安処分</u>の執行中の執行官庁の命令，処分その他の措置についても同様である。
(2) 拒絶され又はなされなかった行政作用を命令するよう司法行政官庁又は執行官庁を義務づけることも，前項の請求で求めることができる。
※下線部分については，後述。

そして，同条 3 項は，「既に他の規定に基づき通常裁判所に管轄権があるときは，それによるものとする」（補充性条項）とし，同法 25 条 1 項は，23 条 1 項の管轄裁判所を高等裁判所（の刑事部）と定めている。すなわち，裁構施行法 23 条 1 項・25 条 1 項による高等裁判所への出訴の方法は，あくまで補充的なものである。なお，若干の州では，州法により行政上の異議申立手続を行った後にはじめて裁構施行法 23 条 1 項に基づく出訴を許す旨の異議申立手続前置主義を採っているところがある（同法 24 条 2 項は，「司法行政官庁又は執行官庁の措置が行政手続における不服申立手続その他の正式の法的救済に委ねられるときは，前置された不服申立手続の後にはじめて，裁判所の裁判を請求することができる」と規定している）[6]。

前出最決 2002（平成 14）年 1 月 10 日のような事案の場合，ドイツの立法者は，裁構施行法 23 条 1 項・25 条 1 項により高等裁判所への出訴を可能ならしめ，迅速な救済を図ろうとしているのである。すなわち，司法警察職員の行為は，「未決勾留の執行中の執行官庁のその他の措置」（裁構施行法 23 条 1 項 2 文）に該当するから，同法 25 条 1 項により高等裁判所への出訴が可能なのである。しかし，これで被勾留者の迅速な救済について問題がなくなったかというと，必ずしもそうではない。というのも，刑事施設の長の固有の権限は——すべての被勾留者に関係する——組織的な措置，施設の秩序の外部的な領域に関する措置，について存在するにすぎず，たとえば，施設

規則または施設における日課の割振りの決定を行うのは、施設の長のみである[7]。しかし、司法執行施設における組織の一般的な規律が関係させられるすべての場合に、裁構施行法23条による出訴が可能であるわけではない。その訳は以下のようなドイツ特有の事情による。

(2) 未決勾留の執行と勾留裁判官等の管轄権
①ドイツ刑訴法119条3項
　ドイツの行刑法は、原則として受刑者のみを対象としている。直接強制などその若干の規定が被勾留者にも準用されるが、勾留の執行を規律する単独の法律は存在しない。

　ただ、ドイツ刑訴法119条3項は、「勾留されている者に対しては、勾留の目的又は施設における秩序のために必要とされる制限に限り、これを課することができる」と規定している。そして、同条6項によれば、「本条により必要とされる処分は、裁判官がこれを命ずる。緊急を要する場合には、検察官、施設の長その他被勾留者を監督する公務員が仮の処分をすることができる。仮の処分は、裁判官の承認を得なければならない」。ここにいう裁判官は、同法125条および126条から明らかとなる。すなわち、公訴の提起前では勾留裁判官であり、公訴の提起後は受訴裁判所である。ただし、合議体裁判所への公訴の提起後は受訴裁判所の裁判長である（勾留裁判官、受訴裁判所およびその裁判長をあわせて、ここでは勾留裁判官等という）。

　そして、勾留裁判官の命令または受訴裁判所もしくはその裁判長の決定に対しては、抗告が許される（ドイツ刑訴法304条1項・305条但書）。抗告できるのは、被勾留者およびその弁護人ならびに検察官であるが、弁護人は被疑者・被告人の明示的な意思に反することはできない（同法296条・297条）。さらに第三者も、勾留裁判官等の裁判によって影響される限り、抗告できる（同法304条2項）。たとえば、面会の許可の拒絶や被勾留者宛の信書の差止めの場合に、この抗告権は意味を持つ。もっとも、施設の長には抗告権はない（同法296条参照）。なお、再抗告（同法310条）は、通説[8]によれば許されない。抗告を管轄するのは、その時々の抗告裁判所であるが、一般に、公訴の提起前は地裁刑事部であり、公訴の提起後は高裁刑事部である（ドイツ裁判所構成法73条1項・121条1項2号）。

②ドイツ未決勾留執行令

　勾留されている者に対してドイツ刑訴法119条3項に基づいて課される,「勾留の目的又は施設における秩序のために必要とされる制限」には,「施設における秩序」という概念の曖昧さもあって,非常に多種多様なものが含まれる。そこで,未決勾留の執行中における可能な限りの統一性を達成し,かつ,勾留裁判官等の個々の場合における執行中の規制を容易にするために,各州が統一して未決勾留執行令(以下,本稿では執行令と略記する)を発している[9]。執行令は,一方では,刑事施設(日本の「拘置所」にあたる)の長に対する一般的な行政命令の集成であり,執行職員を拘束する[10]。他方では,それは,ドイツ刑訴法119条1項ないし5項による執行のモデルをなすものであり,勾留裁判官等に対する非拘束的な提案にすぎない[11]。しかし,勾留裁判官等は,被勾留者の刑事施設への収容の嘱託の際に対象となる被勾留者ごとに執行令を施行するのが通例である[12]。

③勾留裁判官等の管轄と高等裁判所の管轄

　ところで,ドイツの通説によれば,たとえば,特定の被勾留者との関連なしに一般的な面会時間を画定することや施設の給養(その食材や量),作業の割当てなど,「施設の外部的な秩序」[13]にかかわることについては,勾留裁判官等の管轄ではなく,施設の長の管轄とされる[14]。というのも,ドイツ刑訴法119条6項1文による勾留裁判官の管轄権は,その制限的措置が特定の個別的な被勾留者に対して行われる,すなわち,拘禁が個々の場合にどのように執行されるべきかが命令される,ということを前提としているからである[15]。これに対して,一般的に,かつ特定の被勾留者との関連なしに,施設における安全と秩序を維持するために一般的な命令を発することは,施設の長の権限である。勾留裁判官等が固有の権限で介入することの許されない勾留執行の必要性があるとされる。というのも,さもなければ,施設における作用の流れが損なわれるおそれがあるから,というのである[16]。なお,ここで問題となる施設の長の権限は,「緊急を要する場合」に「仮の処分」(同2文)を行う施設の長の権限とは異なる。

　被勾留者(またはその弁護人)がそのような一般的な規律または施設の長の具体的な命令に抵抗しようとすれば,裁構施行法23条以下により高等裁判所へ出訴しなければならない。すなわち,勾留裁判官等は施設における一般的な規律へ介入してはならない,とされているのである[17]。しかし,実務

上,「執行施設における秩序」(刑訴法119条3項)という概念の不明確性とも相まって,勾留裁判官等の管轄(刑訴法119条6項・126条)と高等裁判所の管轄(裁構施行法23条1項・25条1項)との限界が曖昧なところがあり,判例は必ずしも安定していない[18]。

(3) 判例
①連邦憲法裁判所1995年1月26日決定[19]

ブレーメンの弁護士かつ公証人たるAは,背任の嫌疑でM施設に勾留中に,面会の監督(執行令27条1項は,「面会は,裁判官若しくは検察官又は特別の専門知識を有するその他の職員によって監督される。監督は,施設の長が指定する施設職員にも委任することができる」と規定している)の取消しの請求のためのマニュアル付きのメモを同房内の被収容者の間に配布したが,そのメモには「弁護士かつ公証人」と付記されていた。そこでM施設の長は,1993年10月20日付のA宛の書簡で施設内における法律相談を禁止した。施設の長は,その禁止の理由をM施設における秩序の維持のためと説明した。「施設における秩序」という概念には,施設における経営を合理的に進行せしめるのに必要なあらゆる措置が含まれる,というのである。Aは,この施設の長の禁止措置の取消しを求めて裁構施行法23条1項・25条1項に基づいてカンマー裁判所(ベルリン高等裁判所にあたる)へ出訴したところ,同裁判所は,1993年11月15日の決定で,その出訴の適法性は認めたが,M施設の長の禁止措置の法的基礎は刑訴法119条3項であり,Aの請求を理由なしとして棄却した。そこでAが憲法異議に及んだところ,連邦憲法裁判所は,1995年1月26日決定で,「何人も,法律の定める裁判官〔の裁判を受ける権利〕を奪われてはならない」と定める基本法101条1項2文の違反があるとして,原決定を取り消した。勾留の目的または施設における秩序のために必要とされ,かつ,個々の被勾留者ごとに刑訴法119条6項に基づいて課される措置については勾留裁判官の管轄だというのである[20]。

②連邦通常裁判所1979年11月13日決定[21]

他方,B施設の長が,施設と無関係な者全員に対して施設を訪問する際に身体捜検・所持品検査を命令したところ,B施設に拘禁されている被勾留者を訪問しようとしたその弁護人が,その命令の取消しを求めて裁構施行法

23条1項・25条1項に基づいてハム高等裁判所へ出訴した事案において，連邦通常裁判所の1979年11月13日決定は，「刑訴法119条6項は，制限措置を被勾留者毎に命令することが問題である場合にのみ，勾留裁判官に制限措置の発付又は取消しの権限を与えている。……その場合にのみ勾留裁判官は，手続の状態及び当の被勾留者の人格の知識に基づき，その措置が施設における秩序の維持の下で勾留の目的を達成するために必要かつ相当であるか否かを判断できる（刑訴法119条3項）」と述べて，「本件のような性質の事件においては，刑訴法119条6項・304条による出訴の道は開かれていない」とし，「弁護人は裁判所の裁判を請求することによって，本件の命令それ自体の取消しを希望しているにすぎないから，勾留裁判官の権限は存在していない」と判示して，裁構施行法25条1項の定める高等裁判所の管轄権を肯定している。

③高等裁判所の判例

高等裁判所の判例のなかには，前出連邦憲法裁判所1995年1月26日決定と同旨のものもある。たとえば，法律相談を禁止した施設の長の措置につき，裁構施行法23条1項・25条1項による高等裁判所への出訴を不適法とした，カンマー裁判所の1995年3月16日決定がそれである[22]。施設の長は，当の被勾留者に対する法律相談の禁止で，施設における安全と秩序を維持するための一般的な命令を発したのではなく，むしろ，個別的な当の被勾留者との関係でのみ直接作用する措置が問題となっている，というのである。しかし，ハム高等裁判所の1982年6月9日決定は，施設に勾留中の特定の被勾留者に対して，施設の長が，同施設内の他の被収容者の法律相談に応じることを禁止した措置につき，裁構施行法23条1項・25条1項による高等裁判所への出訴を適法としていたのである[23]。また，カールスルーエ高等裁判所の1997年4月25日決定も，被勾留者と弁護人との接見を1日2時間以内に制限した施設の一般的な規律に基づき，弁護人との1時間を超える接見の後その接見を中断された被勾留者の，裁構施行法23条1項・25条1項による出訴を適法としている[24]。この件では，この被勾留者の弁護人からも同様の出訴があり，シュットットガルト高等裁判所の1997年9月23日決定も，その出訴を適法とし，本件の接見の中断を違法としている[25]。

他方，ツバイブリュッケン高等裁判所の1997年3月12日決定は，弁護人と被勾留者との接見を平日に制限した施設の面会規程に基づいて，被勾留者

との土曜日の接見を施設の人手不足を理由に禁止した勾留裁判官の措置については，裁構施行法 23 条 1 項・25 条 1 項による弁護人の出訴は，不適法とする。自由な接見交通権を保障したドイツ刑訴法 148 条 1 項の趣旨からして，同法 119 条 6 項・304 条によるべきだというのである[26]。なお，フランクフルト・アム・マイン高等裁判所の 1996 年 9 月 18 日決定も，被勾留者に対する制約のより少ない（同一施設内の）居室への移送を請求した被勾留者の請求を，裁構施行法 23 条 1 項・25 条 1 項による管轄権の欠如を理由として，不適法としている[27]。その他，毎日 2 時間の自由時間を与えるようにとの施設の長に対する被勾留者の請求[28]，および（絵画コースや陶芸コースなどの）共同の催しへの参加を認めるようにとの施設の長に対する被勾留者の請求[29]につき，いずれも裁構施行法 23 条 1 項・25 条 1 項に基づく高等裁判所への出訴は不適法とされている。

　以上，関連判例を瞥見したにすぎないが，これでは被勾留者が出訴の際に戸惑うことが容易に推測されよう。たとえば，最近，ドイツでも過剰収容が深刻化し，それとの関係で雑居収容に関する訴訟が増える傾向にある。連邦憲法裁判所は 2002 年 2 月 27 日決定[30] および 2002 年 3 月 13 日決定[31] において，受刑者の雑居収容（1 人部屋に 2 人収容）は基本法 1 条 1 項の命令する人間の尊厳を侵害するものであることを認めた。同時に，いずれの判例も，基本法 19 条 4 項の解釈として，違法な状態の解消後でも事後的に違法性を確認する出訴を容認したことも重要である。すなわち，前者は，2 人の受刑者が床面積約 7.6 平方メートルの居室に 2000 年 1 月 13 日から 17 日まで 5 日間，1 日に 1 時間だけ居室から中庭に出ることを許される，という態様で雑居収容され，事後的にその違法性の確認を行刑裁判所[32] に申し立てた事案であり，後者は，2 人の受刑者が床面積約 8 平方メートルの居室に 2000 年 3 月 21 日から同年 6 月 30 日まで雑居収容され，2000 年 6 月 28 日の仮命令に基づいてそれが仮に終了させられた後で，事後的にその違法性の確認のため行刑裁判所に申し立てた事案である。いずれの判例においても，連邦憲法裁判所は，単独室に 2 人の受刑者を収容することは人間の尊厳条項（基本法 1 条 1 項）に違反するものであり，そうだとすると，重大な基本権の侵害があればたとえその問題が解決された後でもその違法性を確認する出訴が基本法 19 条 4 項により容認されなければならないことは，連邦憲法裁判所の 1997 年 4 月 30 日決定[33] および 2001 年 12 月 5 日決定[34] などの先例の高

調してきたところだとして，憲法異議を認容していた。

　ドイツにおける過剰収容は，被勾留者についても事情は異ならない。したがって，被勾留者の雑居収容の違憲性も当然のことながら争われている。最近の判例として，ツェーリンゲン高等裁判所の 2003 年 2 月 10 日決定[35] およびフランクフルト・アム・マイン高等裁判所の 2003 年 12 月 18 日決定[36] がある。前者は床面積 14 平方メートルの居室に 4 人収容された事案，後者は床面積約 8 平方メートルの居室に 3 人収容された事案である。ところが，これらの事件においては，いずれも裁構施行法 23 条・25 条による高等裁判所への出訴の方法が補充性条項（同法 23 条 3 項）に違反し不適法だとされ，雑居収容の違法性確認の請求[37] は却下されてしまったのである。いずれの判例も，同旨の判示で，これらの事案においては，勾留裁判官の管轄だとしている。便宜上，前出連邦憲法裁判所 1995 年 1 月 26 日決定を援用している，前者の判例の概要を紹介しておこう。「未決勾留の執行の範囲内における措置は，それが刑訴法 119 条 6 項による勾留裁判官の管轄権から剥奪されている場合——原則としてそういうことはないのだが——にのみ，裁構施行法 23 条以下による適法な請求の対象となり得る。このことは，特定の被勾留者に向けられているのではなく，ただ一般的な執行の組織に関係するにすぎない命令，処分及び事実行為に妥当する。施設における安全と秩序を一般的な命令によって維持することに関わる限り，勾留の執行の必要性が問題なのであり，勾留裁判官は固有の命令によってそれに介入してはならない。というのは，さもなければ，施設における作用の流れが損なわれるであろうからである。たとえば，勾留施設およびその個々の部分の建築上の形態，居室の広さおよび調度に関する措置などである。これに対して，勾留裁判官は，特定の被勾留者に対して制限措置がなされる場合，すなわち，勾留が個々の場合に如何に執行されるべきかに関して命令される場合に管轄権がある (BVerfG NStZ 1995, S.253, S.254)。請求人によって説明されている基本権の侵害は，同人に割り当てられた居室の種類と性状——それは施設の長の唯一の管轄権に含まれる——から既に生ずるのではなく，彼が刑訴法 119 条 1 項 1 文[38] に違反して他の被収容者と共に当該居室に雑居収容されたことによって，はじめて生じたのである。刑訴法 119 条 1 項 1 文の義務的な命令とは異なり，被勾留者を他の被収容者と共に雑居させるという決定は，——少なくとも居室の不足から例外なしにそのように処理されるのでない場合は——刑事施設の外部的な秩序に資する一般的な命令ではなく，個々の被勾

留者についての勾留の執行の具体的な形態に関する個々の被勾留者に関する決定なので，勾留裁判官に留保されている」。

　出訴の方法さえ適切であれば，先の2つの連邦憲法裁判所の判例の存在を前提に，被勾留者の雑居収容についてもその人間の尊厳条項（基本法1条1項）違反が確認されるのは間違いないと思われたのに，被勾留者が訴訟の種類の選択を誤ったために，このような帰結が生じてしまうのである。そこで，このような問題をも立法によって解決しようとして，1999年に未決勾留執行法政府草案（以下，政府草案と略記する）がドイツの連邦議会に提出されたのである。

3. 立法の動向

(1) 未決勾留執行法政府草案（1999年）

　ドイツ連邦政府は，1999年4月，政府草案[39]を議会に提案し，このような実務の分裂を止揚し[40]，未決勾留執行の分野における法的救済の体系を簡素化し，かつ統一化しようとした[41]。政府草案によれば，現行刑訴法119条は削除され，新法（未決勾留執行法）が制定される[42]。同時に裁構施行法23条1項2文も改正される（先の筆者による訳文のアンダーラインを施した「及び未決勾留」「及び改善・保安処分」が削除される）。政府草案で本稿にとって重要と思われる条文を訳出しておく。

（権　限）
5条　この法律によって必要な決定は，施設がこれを行う。ただし，裁判所の権限が明文で定められているときは，この限りでない。
　2　裁判所の裁決についての管轄は，刑事訴訟法126条1項及び2項の定めるところによる。
　3　……（省　略）……
　4　勾留の目的の達成のための制限が，勾留命令において掲げられていない勾留理由に基づくときは，裁判所のみがこれを命令することができる。
　5　……（省　略）……
（裁判所の裁決の請求）
29条　勾留の執行の領域における個々の事務の規律のための施設又は検察官の措置並びに同上の措置の拒絶又は不作為に対しては，裁判所の裁決を請求

することができる。

　２　次の各号のいずれかに掲げられた者は，前項の請求をすることができる。
　　①　措置又は措置の拒絶若しくは不作為によって自己の権利が侵害されていると主張する者
　　②　措置又は措置の拒絶若しくは不作為が，この法律によって自己に義務付けられている任務を危うくすると主張する施設
　　③　検察官
　３　手続の関係人は，請求人でない場合でも，裁判所の裁決を請求することができる。
　４　その他，請求期間，原状回復，仮の法的保護，裁判所による裁決，刑事訴訟法の適用及び訴訟費用に関しては，行刑法112条，114条，115条，120条及び121条1項乃至4項を準用する。着手の申立てについては，裁判所による裁決の請求を，当該措置の着手の申立ての6週間後に既に申し立てることができる，という条件の下で行刑法113条を準用するものとする。

（裁判所の裁決に対する不服申立て）

30条　裁判所の裁決に対する不服申立てについては，抗告に関する刑事訴訟法の規定を適用する。
　２　前項の抗告は，前条2項2号において定められた要件の下で，施設もこれを申し立てることができる。

⑵　政府草案の構想

　政府草案の構想によれば，従来，裁構施行法23条・25条により認められていた高等裁判所への出訴の方法は，政府草案29条において行われる新しい規律に取って代わられる。すなわち，裁構施行法23条1項2文は，「少年刑，少年拘禁及び司法の執行外で執行される自由刑の執行中における執行官庁の命令，処分その他の措置についても，同様とする」，と改正される[43]。その結果，施設（政府草案5条1項本文参照）および検察官の措置に対しては，まず，勾留裁判官等（政府草案5条2項，刑訴法126条1項・2項）に裁判所の裁決を請求することができ（政府草案29条1項・2項1～2号），次いで，その裁判所の裁決に対しては，刑訴法による抗告を申し立てることができることになるのである（政府草案30条1項）。

　したがって，政府草案によれば，たとえば，施設が前出最決2002（平成14）年1月10日のような事案で弁護人と被勾留者との外部交通権を侵害し

た場合にも，まず勾留裁判官等の裁決を請求することができ，次いで，その裁決に対する刑訴法上の抗告という不服申立ての方法により，迅速な救済手段が用意されることになる。

すなわち，前出最決2002（平成14）年1月10日のような事案では，施設の措置が弁護人と被勾留者とのあいだの秘密の外部交通権を侵害することは明らかであり，弁護人も被勾留者も政府草案29条1項・2項1号に基づいて，刑訴法126条1項・2項に定められている勾留裁判官等に迅速な救済を求めることができるのである（政府草案5条2項）。というのも，政府草案5条1項は，従来，現行刑事訴訟法119条により勾留裁判官等が有していた被勾留者に対する権限を施設に移しているが，このような事案の場合，政府草案5条1項2文により施設の権限は排除されているから，弁護人も被勾留者も施設の措置によって自己の権利が侵害されていると主張する者（政府草案29条2項1号），ということになるからである。そして，政府草案29条1項による裁判所（勾留裁判官等）の裁決に対しては，さらに，刑訴法上の抗告（刑訴法304条・305条）という不服申立てが許されるのである（政府草案30条1項）。抗告の管轄裁判所は，現行法と同様である（政府草案30条1～2項）。なお政府草案によれば，施設も，裁判所の裁決を請求することが可能となり（政府草案29条1項・2項2号），また裁判所の裁決に対して抗告を申し立てることができることになっている（政府草案30条1-2項・29条2項2号）。もっとも，連邦参議院による修正案の30条2項2文は，「施設は，抗告の決定があるまで安全と秩序を維持するため必要な措置を執ることができる」として，執行停止の権限を施設に付与している[44]。なお，再抗告について政府草案は沈黙している。通説を前提に再抗告はこれを許容しないというのであろう[45]。

4. むすびにかえて ── 日本法への示唆

もっとも，1999年政府草案は，第14・15立法会期を経ても成立せず，今日に至るまで成立の目処も立っていないようである。しかし，わが国でもドイツにおけると同様に未決に特化した単独立法の作業が進行中の現在，以上から判明した限りでも，その作業にあたっての若干の示唆を得ることができるように思われる。

第1に，政府草案が，「勾留の目的」を達成するために被勾留者に制限を

課す権限を裁判官に一元化していることが重要である（政府草案2条2項1号・5条1項但書・4項・16条2項・17条2項2文・19条2項・21条等）。これらの規定による裁判官の権限行使に対しては，被勾留者は従来どおり刑訴法上の抗告（ドイツ刑訴法304条，政府草案5条1項但書・2項）により迅速な救済を求めることができる。施設の長は「罪証隠滅の危険」を理由として被勾留者に制限を課することはできない。ところが，たとえば刑事施設法案（1987年案）31条2項・33条3号・112条1項2号・115条1項2号等によれば，施設の側は，（たとえ「逃亡する危険」のみを理由にして勾留されている者に対しても〔この点につき，政府草案5条4項参照〕）「罪証隠滅の危険」を理由に被勾留者に制限を課することが可能で，しかも，その場合，被勾留者に刑事訴訟法上の迅速な救済手段が用意されていない事情は，本稿の冒頭で引用した判例の事案の場合と異ならないのである。

第2に，政府草案は，「勾留の目的」と直接的な関係がなくても，被勾留者の重要な権利利益を侵害する場合は，裁判官の権限としていることである[46]。たとえば，面会（政府草案16条2項・17条2項），信書による通信（政府草案19条2項），電話による交通（政府草案21条），保健の領域における強制措置（25条3項）などの場合であり，これらの場合の制限に対しても，被勾留者に刑訴法上の抗告（同法304条）による迅速な救済手段が用意されている（政府草案5条1項本文・29条1〜2項・30条1項）。刑事訴訟の主体として防御活動を行う被勾留者の法的地位を重視すれば，わが国でもこのような立法的な工夫の余地があろう。

第3に，政府草案によれば，施設が「執行施設における秩序」を理由として被勾留者に制限を課する場合も，被勾留者は裁判官の裁決を求めることができ，その裁決に対して刑訴法上の抗告（同法304条）が新たに認められることになる（政府草案5条1項本文・29条1〜2項・30条1項）。これは，救済手段の体系化・簡素化という観点から一考に価する。それは救済の迅速化に資することをも目指している。もっともドイツ連邦憲法裁判所が，一方において「執行施設における秩序」というような不明確な概念で広く権利制限を許容しつつ，他方でその権利制限に対する救済を強化しているということに対しては，ドイツにおいても批判が出されている[47]。「執行施設における秩序」という概念は，「正当な制限の基準としては余りに広範かつ曖昧」[48]なのである。そこで，それに代えて「執行施設の安全又は執行施設における共同生活が必要とする制限」[49]とか，「他の者の権利の確保のために必要な

制限」[50]，というような定式化が提案されている。

　ともあれ，わが国でも，検察官や司法警察職員の処分に対して刑事訴訟法上の準抗告が認められる場合がある（同法 430 条 1 ～ 2 項）。未決に特化した単独立法の際に，刑事訴訟法上の不服申立ての方法についてもあわせて改正を検討すべき時期に来ている[51]。本稿で簡単に紹介した最近のドイツの判例・立法は，基本法 19 条 4 項を実効的たらしめようとする動向の一環でもあると理解することができる。基本法 19 条 4 項と同様に「裁判を受ける権利」を保障した日本国憲法 32 条も，前出最決 2002（平成 14）年 1 月 10 日のような事案につき，被勾留者に準抗告を認める立法を要求するはずであろう[52]。むろん，最決 2002（平成 14）年 1 月 10 日の事案のような事態の発生の契機は，監獄法施行規則 130 条が被勾留者の発受する信書について弁護人とのあいだで発受されるものをも含めて一律に検閲すべきことを定めていることにあるから，その点とあわせて問題を解決しなければ根本的な解決とはならない。ところが，刑事施設法案（1987 年案）114 条 1 項・2 項は，被勾留者の弁護人または弁護人となろうとする者宛ての信書について，正面から内容的検査を認め，また，弁護人または弁護人となろうとする者から被勾留者宛ての信書についても，内容的検査を明示的に禁止しているわけではないのである（同条 2 項参照）。あるいは，同法案によれば，「刑事施設の規律及び秩序を維持するため必要がある場合」という不明確な要件で，書籍等の閲覧を禁止したりできることになっている（同法案 33 条 2 項 1 号）等々。これでは，いくら不服申立てについて改革の工夫をしても，ざるで水を汲む類の愚を犯すことになってしまう。

　その他，審査の申請，苦情の申出，第三者機関の設置など，受刑者処遇と共通する問題点については，差し当たり，刑事立法研究会編『21 世紀の刑事施設』（日本評論社，2003 年）および同『刑務所改革のゆくえ』（現代人文社，2005 年）を参照いただきたい。

1　この点につき，村井敏邦「接見交通権の保障と信書の発受の秘密性」『誤判救済と刑事司法の課題〔渡部保夫先生古稀記念〕』（日本評論社，2000 年）265 頁以下，大阪地判 2000（平成 12）年 5 月 25 日判例時報 1754 号 102 頁，大阪地判 2004（平成 16）年 3 月 9 日判例時報 1858 号 79 頁参照。なお，最大判 1999（平成 11）年 3 月 24 日民集 53 巻 33 号 514 頁によれば，刑事訴訟法 39 条 1 項に規定されている接見交通

権は，憲法34条の保障に由来する権利である。

2　現在の判例・学説の下で，「当該信書を開封することなく弁護人に交付せよ」というような義務付け訴訟（作為命令）で迅速な救済が認められる余地は少ない（室井力編『新現代行政法入門(1)』〔法律文化社，2001年〕361～362頁など参照）。

3　基本法19条4項1文は，「何人も，公権力によってその権利を侵害されたときは，出訴の途が与えられる」（宮沢俊義編『世界憲法集〔第4版〕』〔岩波文庫，1986年〕による），と規定しているが，これは，「裁判を受ける権利」を保障した日本国憲法32条にあたる。

4　Gerd Pfeiffer(Hrsg.), Karlsruher Kommentar zur Strafprozeßordnung, 5. Aufl., 2003, EGGVG§23 Rdnr.1 (Schoreit, A.). 以下，KK, StPO§119 Rdnr.12 (Boujung, K.) の如く略記する。

5　KK, EGGVG§23 Rdnr.7 (Schoreit, A.).

6　Peter Höflich/Wolfgang Schriever, Grundriss Vollzugsrecht, 3. Aufl., 2003, S.224.

7　Ibid., S.225.

8　Bernhard Wankel, Zuständigkeitsfragen im Haftrecht, 2002, S.91.

9　Untersuchungshaftvollzugsordnung vom 12. Februar 1953 in der Fassung vom 15. Dezember 1976 (Stand:1.1.1997). なお，執行令の翻訳として，光藤景皎「西独勾留執行令（試訳）」法学雑誌〔大阪市立大学〕25巻1号（1978年）146～173頁を参照した。ただし，必ずしも同訳には従っていない。

10　ギュンター・カイザー（福井厚訳）「ドイツ連邦共和国における未決勾留執行の法律的規制とその改革」法学志林81巻2号（1983年）38頁。

11　Lutz Meyer-Goßner, Strafprozeßordnung, 47., Aufl., 2004, StPO§119 Rdnr.2. また，被勾留者を拘束するものでもない。

12　Wankel, op.cit., S.88.

13　Löwe-Rosenberg, Strafprozeßordnung und die Gerichtsverfassungsgesetz, Großkommentar, 25.Aufl., 1997, StPO§119 Rdnr.133 (Hilger,H.).

14　Ibid.

15　KK, StPO§119 Rdnr.92 (Boujung,K.).

16　Ibid.

17　Reinhold Schlothauer/Hans-Joachim Weider, Untersuchungshaft, 3. Aufl., 2001, Rdnr.971.

18　Vgl.dazu Gunnar Cassardt, Rechtsgrundlagen und Zuständigkeiten für Maßnahmen im Vollzug der Untersuchungshaft, NStZ 1994, S.523ff.

19 BVerfG NStZ 1995, S.253.
20 この判例に批判的な評釈として，Christoph Sowada, Anmerkung zu BVerfG (NStZ 1995, S.253), S.563ff. がある。
21 BGHSt.29, S.135.
22 KG StV 1996, S.326.
23 OLG Hamm NStZ 1982, S.438.
24 OLG Karlsruhe NStZ 1997, S.407. ただし本件の中断は適法だとした。なお，Wolfgang Schriever, Anmerkung zu OLG Karlsruhe (NStZ 1997, S.407), NStZ 1998, S.159-160 は，反対に，刑訴法119条6項・304条によるべきだとする。というのも，施設は，ここでは一般的に妥当する規則を個別事件に適用したのであり，さらに，刑訴法119条6項による同法148条に関する措置の際と同様に弁護を制限する措置が問題となっているからである（Vgl.Höflich/Schriever, op.cit., S.228; KK, StPO§148 Rdnr.3〔Laufhütte,H.〕）。
25 OLG Stuttgart StV 1998, S.147. なお，この決定を紹介したものとして，髙田昭正『被疑者の自己決定と弁護』（現代人文社，2003年）166頁注（15）がある。
26 OLG Zweibrücken StV 1997, S.313.
27 OLG Frankfurt/M StV 1997, S.260.
28 OLG Hamm NStZ 1981, S.156.
29 OLG Braunschweig NStZ 1990, S.608. この決定は，共同の催しへの参加や保安措置のより少ない居室に対する要求に関する決定は，裁構施行法23条以下による高等裁判所の管轄ではなく，勾留裁判官の管轄だと判示したものであるが，これには異論もある（Höflich/Schriever, op.cit., S.201）。
30 BVerfG, Beschl. v. 27.2.2002, NJW 2002, S.2699.
31 BVerfG, Beschl. v. 13.3.2002, NJW 2002, S.2700.
32 ドイツ行刑法109条1項によれば，受刑者は地方裁判所刑事部（本稿では，行刑裁判所と略称する）に「行刑の領域における個々の事務を規律するための措置に対しては，裁判所の決定を請求することができる。拒絶され又はなされなかった措置を命令するよう義務付けることも請求することができる」，ことになっている（岡上雅美「ドイツ行刑・懲戒・不服申立て権」法政理論〔新潟大学法学会〕36巻2号〔2003年〕221頁以下参照）。
33 BVerfGE 96, S.27 (Beschl.v.30.4.1997). この決定は，裁判官の捜索命令に対する抗告（刑訴法304条）は，同命令が既に執行されているという理由だけで訴訟上時機に遅れたという観点の下で不適法とされてはならない，と判示したものである。同決

定によれば，基本法19条4項において保障されている効果的でかつ可能な限り間隙のない権利保護を考慮すれば，「深刻な基本権侵害の際には，その侵害による直接の負担が，典型的な手続の経過に従えば基本権を侵害された者が訴訟法によって与えられている審級においては裁判所の裁判を求めることがほとんどできないような短い期間に限定されている場合にも，権利保護の利益はある」，という前提で，住居に対する裁判官の捜索命令の実行後も刑訴法上の抗告は認められるべきだと判示している。

34　BVerfGE 104, 220 (Beschl.v.5.12.2001). この事件の争点は，退去強制を確保するための拘禁命令（外国人法57条2項5号）を受けた者に，自由剥奪の際の裁判所の手続に関する法律3条・7条，外国人法103条2項および非訟事件訴訟法19条・22条・27条・29条による即時抗告または再即時抗告という不服申立ての方法が，拘禁が既に終了している場合にも認められるべきか否かであった。連邦憲法裁判所は，拘禁（退去強制拘禁）による自由の喪失は，その者の名誉回復の利益を徴憑し，その利益は，たとえ自由剥奪処分が解決されていても，その違法性の確認のための基本法19条4項によって包括されている権利保護の必要性を根拠付ける，として憲法異議を容認している。

35　OLG Jena, ZfStrVo 2003, S.306.

36　OLG Frankfurt/M, NStZ-RR 2004, S.184.

37　裁構施行法28条1項4文は，「措置が前もって取下げその他の方法で解決されていた場合は，裁判所は請求に基づいて，それが違法であったことを言い渡す。ただし，請求人が違法性を確認することに正当な利益を有するときに限る」，と規定している。

38　これは，被勾留者の単独収容の原則を規定したものである。福井厚「被勾留者の単独収容の原則——ドイツ法の動向——」『〔斉藤誠二先生古稀記念〕刑事法学の現実と展開』（信山社，2003年）参照。

39　Entwurf eines Gesetzes zur Regelung des Vollzuges der Untersuchungshaft vom 30.04.1999 (BR-Drs.249/99). 本草案の翻訳として，福井厚訳「ドイツ未決勾留執行法政府草案・試訳」法学志林97巻3号（2000年）。ただし，本稿では改訳が施されている。

40　BR-Drs.249/99, S.91.

41　Wankel, op.cit., S.92. それとあわせて，手続の迅速化という要請にも留意されている（Vgl.dazu Gaby Münchhalffen/Norbert Gatzweiler, Das Recht der Untersuchungshaft, 2.Aufl., S.185.）。

42　BR-Drs.249/99, S.27.

43　BR-Drs.249/99, S.29-30.

44　Stellungnahme des Bundesrates vom 11.06. 1999 zu Entwurf eines Gesetzes zur

Regelung des Vollzuges der Untersuchungshaft, BR-Drs.249/99 (Beschluß), S.21. 本稿では「修正案」と略記する。

45　Wankel, op.cit., S.92. というのも，この場合の問題は「勾留それ自体」ではなく，「勾留の形態」に対する不服申立てだからである（Wankel, op.cit., S.91.）。

46　後藤昭『捜査法の論理』（岩波書店，2001年）117頁注（13）の，「基本原則的な規定や，手続上特に重要な権利に関する規定は訴訟法に，それ以外の細かい規定は施設法に置けばよい」，との「立法技術」によれば，訴訟法に置かれた規定による被勾留者の権利利益を制限する権限の主体は裁判官が想定されているのであろう。

47　Dirk Lammer, Postkontrolle in der Untersuchungshaft, in: Festgabe für Hans Hilger, 2003, S.341.

48　Arbeitskreis Strafprozeßreform, Die Untersuchungshaft-Gesetzentwurf mit Begründung, 1983, S.55.

49　Jürgen Baumann, Entwurf eines Untersuchungshaftvollzugsgesetzes, 1981, S.20-21. なお，斉藤誠二「西ドイツの行刑法対案を巡って(二)」法律のひろば26巻3号（1973年）54頁参照。

50　Arbeitskreis Strafprozeßreform, op.cit., S.53, 55.

51　刑事立法研究会「既決被収容者処遇法要綱」第19章第118および第125，同「未決拘禁執行法要綱」第15章第87参照（刑事立法研究会編『21世紀の刑事施設』〔日本評論社，2003年〕316頁，318頁，330頁参照）。

52　前出最決2002〔平成14〕年1月10日の事案につき，刑事訴訟法430条2項の適用ないし準用を説くものとして，水谷規男「被勾留者から弁護人に宛てた文書の授受禁止とそれに対する不服申立の方法」法学セミナー574号（2002年）108頁がある。

（福井厚／ふくい・あつし）

第5部
死刑確定者の処遇

第10章 監獄法改正と死刑確定者の処遇

1. はじめに

　第2次世界大戦後，世界の多くの国が死刑を廃止した。すでにヨーロッパではすべての国が死刑を廃止し，EU域外にも死刑を廃止ないしは縮減するよう働きかけている。多くの国は，その構成員の生命を奪う刑罰が残酷であり，その国と社会が発展し，死刑がなくても社会の平和と秩序を維持することができるようになれば，死刑を廃止したいと望んでいる。

　日本は，死刑を廃止できない国である。しかし，いますぐ死刑を廃止できないとしても，この残酷な刑罰をできる限り縮減し，廃止に向けての努力を続けていかなければならないことに疑いはない。また，廃止までの間，ともすれば忘れられがちな死刑を言い渡された人たちの人間の尊厳に敬意を払い，人道的な処遇を心掛けなければならないことにも異論はないはずである。したがって，刑事司法のいかなる局面においても，死刑確定者の権利を削減したり，切り下げたりすることは許されないのである。

　刑事立法研究会では，会の発足以来，死刑は廃止されるべき刑罰であるから，死刑確定者の処遇についてはあえて言及しないという姿勢で臨んできた。しかし，「刑事施設及び受刑者の処遇等に関する法律」と「刑事施設ニ於ケル刑事被告人ノ収容等ニ関スル法律」が制定され，未決被拘禁者の処遇問題と並んで死刑確定者の処遇が立法の俎上に載っている現在，死刑の廃止と処遇の人道化のために，どのような立法措置が必要かについて研究会の意見を示しておくことは，本研究会にとっても重要な課題のひとつであると考えた。

　本稿では，まず，従来の監獄法の下における死刑確定者処遇の法的基礎と監獄法改正作業における基本的方針を検討する。つぎに，死刑の廃止・縮減および被収容者の権利をめぐる内外の動きを概観する。これらを踏まえ，死

に直面した死刑確定者の特殊な状況に配慮して，人道的な処遇を行なうための最も適した法的枠組みと基本理念を検討し，立法に際しての具体的留意点を示すことにする。

2. 監獄法における死刑確定者の処遇

(1) 1908年「監獄法」

1908（明治41）年制定施行の現行「監獄法」は，1条1項4号で死刑確定者を刑事被告人と同様，拘置監に拘禁するものとし，9条において「本法中別段ノ規定アルモノヲ除ク外刑事被告人ニ適用ス可キ規定ハ……死刑ノ言渡ヲ受ケタル者ニ之ヲ準用」すると規定しているので，死刑確定者については，未決被勾留者に関する諸規定を準用することを原則としてきた。

このほか第13章「死亡」には，①死刑を刑事施設内の刑場において執行すること，②祝祭日，1月2日および12月31日には死刑を執行しないこと（同法71条），死刑の執行は絞首によって行ない，執行後，死相を検死して，なお5分後でなければ絞縄を解くことができないこと（同法72条）などを規定していた[1]。

(2) 死刑確定者の法的地位

死刑確定者の法的地位については，監獄法9条の文理から，未決被勾留者に準じると理解されてきた。その根拠としては，死刑確定者は，その性質においても，未決勾留と同じく，もっぱら逃走を防ぐ目的で拘束しているのであるから，刑事被告人と同一の処遇をすべきであるとする説[2]と，一種の受刑者ではあるが，刑死を待つ者への立法者の抑えがたい人情にもとづいて，被収容者の中でも最も高い法律的地位が認められ，比較的自由な処遇を与えられているとする説（いわゆる「法の涙」論）[3]があった。いずれにせよ，刑事被告人に適用すべき規定を「準用」するとの文理に反してまで，死刑確定者を受刑者と同様に処遇することはできないと理解されていたのである。

しかし，死刑確定者の法的地位の特殊性を強調する論者の中には，死に直面しているための苦悩の緩和という側面よりも，死刑を言い渡された「重罪犯人」という側面に着目し，厳格な拘禁確保と規律秩序の維持を主張する論者もいた。1960年代後半以降，外部交通を厳しく制限し，法律によらない包括的な権利制限を放置してきた背後には，いわゆる「特別権力関係論」と

同根の被収容者に対する特殊な先入観が伏在していると思われる[4]。

刑事施設で働く矯正実務家のための国際人権マニュアルは，被収容者の処遇に関与する刑務職員は「訴追されているという事実，犯罪や刑期に関係なく，被収容者を節度と人間性をもって取扱わなければならない」。「死刑の判決を受けている被収容者であっても，刑務所構内における彼らの移動に不必要な制限が加えられるべきではなく，死刑の判決を受けたというだけの理由で苛酷な処遇が行なわれるべきではない」ことを明らかにしている[5]。

(3) 昭和38年通達

前述のように，監獄法9条は，死刑確定者の処遇について，刑事被告人に適用すべき規定を準用している。したがって，接見および信書の発受については同法45条1項（「在監者ニ接見センコトヲ請フ者アルトキハ之ヲ許ス」），信書の発受については同法46条1項（「在監者ニハ信書ヲ発シ又ハ之ヲ受クルコトヲ許ス」），同法48条（「裁判所其他ノ公務所ヨリ在監者ニ宛テタル文書ハ披閲シテ之ヲ本人ニ交付ス」）および同49条（「在監者ニ交付シタル信書及ヒ前条ノ文書ハ本人閲読ノ後之ヲ領置ス」）が適用されてきた。

前述の「法の涙」論のような配慮もあって，1960年代には死刑確定者の外部交通の制限は，比較的ゆるやかであったといわれている。しかし，施設内での事故を契機に1963（昭和38）年3月，いわゆる「38年通達」[6]が発令された。

上記通達は，「接見および信書に関する監獄法第9条の規定は，在監者一般につき接見および信書の発受の許されることを認めているが，これは在監者の接見および信書の発受を無制限に許すことを認めた趣旨ではなく，条理上各種の在監者につきそれぞれの拘禁目的に応じてその制限の行なわれるべきことを基本的な趣旨と解すべきである」とする。

さらに「死刑確定者には監獄法上，被告人に関する特別の規定が存する場合，その準用があるものとされているものの，接見または信書の発受については，同法上被告人に関する特別の規定は存在せず，かつ，この点に関する限り，刑事訴訟法上当事者たる地位を有する被告人とは全くその性格を異にするものというべきであるから，その制限は専らこれを監獄に拘置する目的に照らして行なわれるべきものと考えられる」として，死刑確定者の法的地位は被告人とは異なるとする独自の解釈を展開している。

その上で「死刑確定者は死刑判決の確定力の効果として，その執行を確保

するために拘置され，一般社会とは厳に隔離されるべきものであり，拘置所等における身柄の確保および社会不安の防止の見地からする交通の制約は，その当然に受認すべき義務であるとしなければならない。さらに，拘置中，死刑確定者が罪を自覚し，精神の安静裡に死刑の執行を受けることとなるよう配慮されるべきことは刑政上当然の要請であるから，その処遇に当たり，『心情の安定』を害するおそれのある交通も，また，制約されなければならない」と述べて，死刑確定者への配慮だったはずの「心情の安定」が，被収容者の権利の制限および義務の強化を正当化する論理に転化している。

結論として，死刑確定者の接見および信書の発受につきその許否を判断するに当たっては，「①本人の身柄の確保を阻害し，または，社会一般に不安の念を抱かせるおそれのある場合，②本人の心情の安定を害するおそれのある場合，③その他施設の管理運営上支障を生ずる場合については，外部交通が制限できる」との解釈を示した。

1960 年後半から 70 年代にかけて，公安関係の被収容者が「獄中闘争」を展開し，施設内の緊張が高まった。中には死刑判決が確定後も闘争を続ける者もいた。実務では，「38 年通達」を根拠にそれぞれの施設で運用基準を策定した。たとえば，東京拘置所においては，死刑確定者の信書の発出について「本人の親族，訴訟代理人，その他本人の心情の安定に資するとあらかじめ認められた者にあてた文書，および，裁判所等の官公署あての文書または訴訟準備のための弁護士あてなどの文書で，本人の権利保護のために必要かつやむを得ないと認められるものだけを許可し，これら以外の文書の発信は許可しない」との趣旨の取扱い基準を設け，死刑確定者の外部交通を原則的に禁止した[7]。

(4) 2005 年改正法

2005 年制定された「刑事施設及び受刑者の処遇等に関する法律」（平成 17 年法律第 50 号）の 3 条 8 号が，死刑確定者を「死刑の言渡しを受けて刑事施設に拘置されている者をいう」と定義し，「刑事施設ニ於ケル刑事被告人ノ収容等ニ関スル法律」の 9 条本文において，「本法中別段ノ規定アルモノヲ除ク外，被告人ニ適用ス可キ規定ハ其他ノ被収容者及ビ監置場ニ留置シタル者ニ之ヲ準用ス」とする監獄法の規定をそのままにしているので，従来と同様，死刑確定者は，法律上は被勾留者に準じた処遇を受けることになっている。しかし，現実的には，死刑確定者は受刑者以上に厳しく自由を制約

されている[8]。

3. 監獄法改正と死刑確定者の処遇

(1) 監獄法改正要綱

1975年，法制審議会監獄法部会は，その検討の成果として「監獄法改正構想」（以下，構想という）を公表した。構想は，死刑確定者の処遇原則について「死刑確定者は，勾留施設に収容し，その処遇は，面会および信書については，受刑者に対する処遇とおおむね同様とする」（構想44）とし，その処遇の重点は「身柄の厳格な確保」と「本人の精神的安定（心情の安定）」についての適切な配慮にあるとした[9]。構想をより詳細に展開した「監獄法改正構想細目」（以下，細目という）では，死刑確定者は，①個室に収容すること，②動作時限および自己労作は被勾留者に準じること，③面会，信書の発受および図書は受刑者に準じることが確認されている[10]。したがって，構想段階での死刑確定者の処遇の基本方針は，「収容場所は未決施設。外部交通は既決被拘禁者準拠」になった。

構想細目の中でいわゆる「心情の安定」は，二面性をもつマジック・ワードとして登場する。「相談助言等」（細目65）では「自己の死を待つという特殊な状況に置かれた死刑確定者が，日常，極めて大きい精神的苦痛のうちにある」ということから「心情の安定を得させるための援助」を行なうが，「義務づけとして，積極的にこれを実施すべき」ではないとして，義務賦課の根拠としてはならないとしている（108頁）。ところが，面会および信書の発受（細目66，109頁）や面会の立会い，一時停止および打切り（細目67，111頁），信書の内容による制限等（細目68，112頁），私物の図書の閲覧（細目69，114頁）では，権利の制限・義務の賦課の正当化根拠として用いられている[11]。

1970年代，裁判上，死刑判決が急激に減少する一方で，社会の耳目を集めた重大事件の被収容者が死刑確定者として刑事施設に収容されるようになった。彼らの中には「法廷闘争」を続けていた人もいたので，支援者との面会や施設内の処遇をめぐる訴訟が頻発した。施設側は，これに戸惑い，態度を硬化させ，「心情の安定」の名の下に死刑確定者を孤立化させ，処遇を厳格化しようとした[12]。

(2) 刑事施設法案

　1987年，国会に上程された「刑事施設法案」（以下，法案）118条は，処遇の原則について「死刑確定者の処遇は，その収容を確保しつつ，その心情の安定[13]を得られるようにすることを旨として行なうものとする」と定め，同法案119ないし124条に死刑確定者の処遇についての個別規定を置いている。立法形式としては，未決または既決の被収容者に関する処遇規定を準用することは避けている[14]。しかし，外部交通については，原則として禁止，例外的に，①親族，②身分・法律・業務上重大な利害に係る用務処理のために必要な者（弁護士等）および③「心情の安定に資すると認められる者」は施設長の裁量で許可するとしている。（法案121条）。これは，面会（法案92条）および信書の発受（法案96条ないし99条）を原則禁止し，親族，弁護士等および改善更生や矯正処遇に資する者のみを例外的に許容する，という現在の受刑者への取扱いを踏襲し，改善更生・矯正処遇を心情の安定に置き換えるという考え方に基づいている。身体の移動の自由の拘束を刑罰内容の中核とする自由刑では，拘禁の確保のためにこのような措置が一応認められるとしても，身体の拘束が刑罰内容ではない死刑確定者の処遇に際して，心情の安定を理由にパターナリスティックに外部交通を制限することには大きな疑問がある。実質的に受刑者準拠の処遇であるとすれば，監獄法の被勾留者準拠からの後退を意味する。むしろ，法制審議会での議論からは，処遇原則の後退は明らかであり，立法技術による「ごまかし」であるとの批判を免れない。

　このほか，法案は，昼夜単独室を原則とし，他の被収容者との接触を禁止している。また，読書，学習，自己労作などへの支援を施設長の裁量事項としている（法案119条）。また，施設長は，心情の安定のために民間の篤志家の協力と援助を求め，相談助言，講話その他の措置を執るものとされている（法案120条）。職員の面会への立会いを原則とし，例外的に無立会を認めるに過ぎない（法案122条）。その他処遇の重要な部分については，法務省令に委ねられている（法案123条）[15]。

(3) 死刑確定者の処遇原則

　死刑確定者の処遇については，「実質的には受刑者に準じた扱いとすること」が監獄法改正作業の共通認識であったことから，「新法案作成作業においても，この認識は当然に踏襲されるべきものである」とする見解がある[16]。

その基本的立場は，被収容者の権利を論ずるに際しては，まず，その法的地位を確定し，これを前提として権利の制限・付与に関する諸問題を検討するというアプローチに依拠するものである。たしかに，死刑確定者が既決被拘禁者であり，その目的が刑罰の執行を確保するための身体の拘束であることから，受刑者に似通った取扱いをするのが妥当であるかのようにも思える。罪証の隠滅と逃走を防止するために身体を拘束されている未決被拘禁者とは身体拘束の目的が異なるというのが差異を設ける根拠である。しかし，このようなアプローチの背後には，死刑確定者が懲役刑受刑者よりも重い判決の言渡しを受けた者であることから，受刑者と同等，あるいは，それ以上の自由を与えられることは相当ではない，という被収容者のヒエラルヒー（階層構造）的理解が見え隠れする[17]。

　人間の尊厳と権利の保障という観点からは，いかなる被拘禁者も，その自由の制約を縮減し，自由拘束にともなう弊害を最小限にすべきである。その意味では，死に直面する死刑確定者には，一般の受刑者以上に慎重かつ繊細な配慮が必要となる。前述の「法の涙」論や「心情の安定」論が，特別な配慮に抗いがたい意義を認めてきたのも，国家が法に基づいて人間の命を奪うという行為に内包された矛盾，すなわち，人間の生命を犠牲にして，社会正義を回復し（応報），社会防衛を実現し（無害化），一般人の犯罪を予防する（抑止）という不条理が伏在しているからである。そこには，国民や市民の生存のために存在するはずの国や社会が，集団の利益を実現するために個人の生命を犠牲にすることへの「恥じらい」を垣間見ることができる[18]。

4.　国際人権法の発展と死刑確定者の処遇

(1)　規約人権委員会の動き

　「市民的及び政治的権利に関する国際規約」（以下，規約または自由権規約という）は，1966年12月に国連総会で採択され，日本は，1979年6月にその批准書を寄託し，3ヶ月後の同年9月21日から，日本国内において発効した。同条約は，いわゆる「自力執行条約」である。「締約国国民や締約国の管轄内にいる個人自体に直接権利を与えまたは義務を課する内容のもので，さらに締約国が国内的にそれを直接適用可能なものとして受けいれていることによって，その条約の当該規定が国内的にも直接効力を持ち，個人が国内裁判所において，それを裁判規範として引用」することができる[19]。

規約42条2項および「条約法に関するウィーン条約」（26条）によって締約国には，これを誠実に履行することが義務付けられている。締結国政府は，その実施状況を国連の規約人権委員会に報告しなければならない（規約40条1項）[20]。日本政府も，同委員会に定期的に実施状況を報告する義務を負っており，過去4回これを行なってきた。

第1回および第2回の審査はあまり大きな問題にはならなかった。しかし，1993年の第3回からは日本政府代表に対して厳しい質問が向けられるようになった。とりわけ，1998年の第4回の審査では，前回すでに勧告を受けていた死刑確定者の処遇の改善について，日本政府の消極的姿勢に厳しい勧告が示された[21]。

委員会は，死刑の縮減・廃止について「死刑適用犯罪の数が減っていないことに重大な懸念」を表明し，自由権規約が，死刑の廃止を目指しており，「死刑を未だ廃止していない締約国は，最も深刻な犯罪にだけ死刑を適用しなければならないと規定していること」を想起するよう再勧告した。また，「日本が死刑廃止を目指した措置をとり，自由権規約6条2項にしたがって，死刑の適用を最も深刻な犯罪に限定すべきである」と述べている（勧告20）[22]。しかしながら，日本政府は，勧告後にも，組織的犯罪処罰法によって死刑適用犯罪を新設し，死刑を執行している[23]。

死刑確定者の処遇についても「死刑確定者の拘禁状態に深刻な懸念を有し続けている。とくに，本委員会は，訪問や通信の過度の制限，死刑確定者の家族や弁護人への執行の事前告知がなされていないことは，自由権規約に違反すると理解している」と述べ，「死刑確定者の拘禁状態を自由権規約7条，10条1項に沿って人道的に改善する」ことを勧告した（勧告21）[24]。

なお，勧告では「自由権規約2条3項(a)，同7条および10条の適用について深刻な問題が生じている日本の刑務所制度の諸側面に関し，深い懸念」が示され，「(a)受刑者が自由に話し，周囲と親交をもつ権利，プライヴァシーの権利などを含む基本的な権利を制限する過酷な所内規則の存在，(b)厳正独居の頻繁な使用を含む苛酷な懲罰手段の使用，(c)規則違反を犯したとされる受刑者に対する懲罰を決定するについて，公正で開かれた手続の欠如，(d)刑務官による報復行為に対し，不服を申立てた受刑者に対する保護の不十分さ，(e)受刑者による不服申立について調査するための信頼できるシステムの欠如，(f)残虐で非人道的な取り扱いと考えられる革手錠のような保護手段の多用」の6項目の具体的改善が求められた（勧告27）[25]。

(2) ヨーロッパ評議会の動き

　ヨーロッパでは死刑は廃止された刑罰であり，現在の課題は，終身刑をいかにして縮減していくか，そして，どうやって廃止の運動を全世界に広げていくかにある。日本とアメリカは，ヨーロッパ評議会のオブザーバー加盟国である。2001年6月，日本とアメリカは，死刑の廃止のための努力をしないのであれば，そのオブザーバー資格を再検討するという通告を受けており，その期限は2005年末に迫っている。2002年5月，欧州評議会のメンバーが来日し，死刑問題に関する司法人権セミナーが開催された。2003年10月には死刑廃止に向けてモラトリアム（執行停止）の実施を求める決議を採択するなど，ヨーロッパの死刑をめぐる人権外交は積極化している[26]。

　ヨーロッパ委員会（EC）は，アメリカ法曹協会（ABA）に対して「死刑執行停止プロジェクト」を実施するために研究資金を助成している。また，全世界の死刑廃止に向けての活動を支援するためにイギリス・ロンドンのウェストミンスター大学は「死刑問題研究センター（CCPS）」を開設し，ECはこの研究所の研究プロジェクトを支援している。いまや，死刑と人権は，EUの人権外交の要諦になろうとしている[27]。

(3) 日本国内の動き

　日本国内でも，死刑廃止議員連盟の「死刑執行停止法案」を国会上程の動きや日本弁護士連合会の「死刑執行停止」の提言や決議実現の委員会の発足など，具体的な行動が始まっている。

　このような世界の動きの中で，独り日本政府だけが，死刑を存置し，その適用を拡大し，死刑確定者の人権状況を悪化させるような行動をとることは許されない。死刑の縮減・廃止と死刑確定者の人権状況の改善は，後戻りの許されない喫緊の課題である。

　すでに新たな国際連携の動きは始まっている。2005年12月には，日本弁護士連合会，ECおよびABAが共同して，死刑と人権に関する国際リーダーシップ会議を東京で開催した。

5. 処遇改善への道筋

(1) 法的地位から実質的権利擁護へ

　以上のような視点からは，死刑確定者が，重大な犯罪をおかした者である

というだけの理由で受刑者に準じた取扱いをされ,「心情の安定」を理由にその権利の制約を受けることは立法政策上も不適切であり, 国際人権条約に違反するということになる。

私たちはまず, 自由刑受刑者より死刑確定者の法的地位を下位に位置付ける「法的地位論」の呪縛から解放される必要がある。新法の制定に際しては, 被収容者一般について剥奪・制限される権利以外に, 生命刑の言渡しを受け, 執行の可能性がある者であることから生ずるさまざまな弊害をいかに除去し, 人道的な処遇を行なうかという視点から, 個別問題を検討すべきである。

(2) 『死刑確定者処遇法』の基本方針と留意点

以下, 死刑確定者の処遇を改善するための立法政策上の留意点を示すことにする。

① 立法形式としては, 法的地位論的限界を克服するために,「死刑確定者処遇法（仮称）」として単独立法し, 拘禁の確保以外は原則自由として, 個別的制約については合理的かつ必要最小限の権利制限法の方式をとるべきである。

② 被収容者の支援については, 柔軟な対応ができるように配慮する。その際, 被収容者の保護が, 権利の制約や義務の賦課にならないように留意する。とりわけ, 現在の実務を支配する「心情の安定」論については, 死と直面する死刑確定者に対し,「生の諦念, 死の受容」を強いるものであって, 内心の自由への重大な侵害となるおそれがある[28]。死刑確定者の緊張度の高い拘禁状態を可及的に和らげるため, 特殊な医学的, 心理学的, 社会学的, 福祉的および宗教的な配慮がなされるべきである[29]。

③ また, 死刑という刑罰が, 生命という回復不能の法益を剥奪する刑罰であり, 有罪無罪のみならず, 量刑判断についても, 誤判の可能性を可及的に排除する必要があることから, 弁護士や NGO による法的支援が恒常的かつ迅速に受けられるような配慮が必要である[30]。

④ 刑事訴訟法は, 死刑の言渡しを受けた者が心神喪失の状態にあるときは, 法務大臣の命令によってその執行を停止すると定めているが（同法 479 条）, 現実の死刑執行手続においては, その精神的および身体的な状況について, 司法機関や第三者機関による確認が行なわれていない。少なくとも, 施設内の医師だけでなく, 外部の専門家の所見を求め, 第三者的立場からこ

れをチェックするシステムが導入されるべきである。また，死の判定およびその原因についても，法医学の専門家による検死が必要である。

⑤　旧監獄法の趣旨に即して，原則的に外部交通は自由とすべきである。なお，死刑確定者の特殊な心理状況に配慮して，家族その他の近親者との外部交通について，拘禁緩和の観点から，積極的に位置付け，遠隔地の家族等との面会や通信（信書の発受のほか，電話・テレビ電話等による通信を含む）については，旅費や通信費の補助を認めるべきである。

⑥　社会保険や年金などについて，現行法上，加入は可能であるとされている。死刑確定者についても，再審や恩赦などによって社会復帰の可能性があるのであるから，拘禁の弊害を可及的に排除し，将来の社会復帰のため，社会的支援を積極的かつ継続的に行なっていくことを保障する規定が必要である。なお，厚生労働省は，再審で無罪となった元死刑確定者に対し，国民皆年金制度の導入の時点で死刑確定者も国民年金に加入する可能性があったことを理由に年金支給を拒否している。このような状況を早急に改善すべきである。

⑦　死刑判決が確定したというだけでかつてのように「市民としては死亡 (civil death)」したものとして取扱い，その一切の権利を奪うことはできない。選挙権・被選挙権についても，未決被拘禁者と同様に実質的な保障がなされるべきである。

6.　むすび ── 後戻りは許されない

以上のように，現在の内外の死刑と人権をめぐる理論的・実践的状況を踏まえるならば，「存置か，廃止か」の観念的・抽象的論議に止まることは許されない。この30年間の国際人権法の発展は，死刑確定者の処遇の到達目標と人権保障を1975年の監獄法改正要綱のレベルに引き戻すことを禁じていると言えるであろう。

「市民的及び政治的権利に関する国際規約・第2選択議定書」，いわゆる「死刑廃止条約」は，「この議定書の締約国は，死刑の廃止が人間の尊厳の向上と人権の漸進的な発展に寄与すること」を信じると規定している。また，規約6条6項は，「本条のいかなる規定も，この規約の締結国により死刑の廃止を遅らせ，または，妨げるために援用されてはならない」とする。また，「死刑の判決を受けた者の権利の保護および保障に関する国連基準」の9条は「死

刑の執行に際しては，可能な限り最小限の苦痛を与えるように執行」することを求めている。「死刑の判決を受けている被収容者であっても，刑務所構内における彼らの移動に不必要な制限が加えられるべきではなく，死刑の判決を受けたというだけの理由で苛酷な処遇が行なわれるべきではない」[31]。

死刑確定者の処遇水準を被勾留者準拠から受刑者準拠に「引き下げる」がごとき立法は，「国際化」をその目標のひとつに標榜する監獄法改正において，けっして認められるものではない。死刑確定者処遇法の到達目標は，全世界的な死刑廃止・縮減・執行停止の流れの中で，死刑確定者の人権を最大限保障し，誤判を可及的に排除するための制度的枠組みを確立することである。

1 なお，被収容者全般について，死亡したときには仮葬し，必要な場合に限って火葬を許すこと，死体または遺骨は仮葬後2年を経なければ合葬することができないこと（監獄法74条），死亡者の親族等で死体または遺骨の引渡しを求める者があるときは，いつでも交付することができることなどを規定していた。なお，受刑者については，死体を命令に従って解剖のため病院，学校またはその他の公務所に送付できるとしていた（同法75条）。
2 綿引紳郎＝藤平英夫＝大川新作『全訂・監獄法概論』（有信堂，1955年）によれば，死刑の言渡しを受けた者は「未決勾留と等しく逃走を防ぐ点に主眼が置かれているので，被告人と同一処遇を為すことが適当とされたものであるから刑事被告人に適用すべき規定を準用したのである」とする〔82～83頁（表記は当用漢字に直した。筆者）〕。
3 小野清一郎＝朝倉京一『ポケット注釈全書・改訂・監獄法』（有斐閣，1970年）は，死刑確定者は，「その法的地位において一種の受刑者であるが，行刑上矯正の対象となる者としての受刑者ではなく，単に刑の執行を待っている者という意味」での受刑者であるが，「刑死を待つ者に対する立法者の抑止しがたい人情にもとづく『法の涙』」によって「在監者中いわば最も高い法的地位を認め，比較的自由な処遇を与えている」とする〔85～86頁〕。
4 詳しくは，石塚伸一「人権の国際化と死刑確定者の外部交通――いわゆる『Tシャツ訴訟』を素材に――」龍谷法学第34巻1号（2001年）1～83頁〔10～12頁〕を参照。
5 アンドリュー・コイル著（赤塚康＝山口昭夫訳）『国際準則からみた刑務所管理ハンドブック』（財団法人矯正協会，2004年）158頁。同書は，「死刑の判決を受けた者」の処遇に1章を割き，「執行を待っている被収容者の処遇とその国における死刑の執行に関する法律的及び政治的立場の間に，明確な区分を付けなければならない」とす

6 「昭和38年3月15日矯正甲96矯正局長依命通達」。

7 東京拘置所の基準について，最高裁判所第二小法廷は，1999年2月26日，拘置所長が監獄法46条1項に基づいてした死刑確定者の信書の発送を不許可とする処分に裁量権を逸脱した違法はないとの判決を言い渡した（発信不許可処分取消等請求事件・最高裁判所平成7年（行ツ）第66号）。

これに対して，河合伸一裁判官の反対意見は，「東京拘置所の基準は，死刑確定者が発信を求める文書のうち，前述の除外文書以外の一般文書のすべてを対象として，これを許さないとしている。このような類型的取扱いが拘置所長の裁量権の行使として是認されるためには，①拘置所長が，死刑確定者に一般文書の発出を許せば，個々の文書の内容やあて先，その発信を求める理由や動機，個々の死刑確定者の個性や気質，日常の行状など，具体的事情の如何を問わず，常に，拘禁の目的の遂行又は監獄内規律・秩序の保持上放置できない障害が生ずる相当の蓋然性があると認定したこと，②その拘置所長の認定に合理的な根拠があると認められること，③拘置所長が，そのような障害発生を防止するためには，死刑確定者の一般文書の発出をすべて不許可とする措置が必要であると判断したこと，および，④拘置所長のその判断に合理性が認められること，という要件がそろわなければならない」とする。しかし，基準の策定に際し，拘置所長が，①および③の認定・判断をしたか否かは明らかでなく，また，②および④の要件が満たされているとは「とうてい認めることができない」として，このような画一的・類型的取扱いを是認することはできないとした。

8 『刑事施設ニ於ケル刑事被告人ノ収容等ニ関スル法律』第13章「死亡」，71条「①死刑ノ執行ハ刑事施設内ノ刑場ニ於テ之ヲ為ス。②大祭祝日，1月1日2日及ヒ12月31日ニハ死刑ヲ執行セス」。72条「死刑ヲ執行スルトキハ絞首ノ後死相ヲ検シ仍ホ5分時ヲ経ルニ非レハ絞縄ヲ解クコトヲ得ス」。73条「①被収容者死亡シタルトキハ之ヲ仮葬ス。②死体ハ必要ト認ムルトキハ之ヲ火葬スルコトヲ得。③死体又ハ遺骨ハ仮葬後2年ヲ経テ之ヲ合葬スルコトヲ得」。74条「死亡者ノ親族故旧ニシテ死体又ハ遺骨ヲ請フ者アルトキハ，何時ニテモ之ヲ交付スルコト得但合葬後ハ此限ニ在ラス」と規定しており，旧監獄法の規定とまったく同様である。

9 法務省矯正局編『続・資料・監獄法改正』（財団法人矯正協会，1978年）101頁。

10 上掲資料，102頁。

11 面会，信書，図書等の閲覧・購入などの外部社会との直接的または間接的なコミュニケーションを自由にすると，社会復帰の望みを有しない死刑確定者の精神状態に大きな影響を及ぼすことから，死刑確定者の外部交通等の実施に当たっては，その

特質に応じた特別の配慮が要請されるので,「基本的には,受刑者の場合に準ずるものの,一方,死刑確定者に対する処遇上の要請に応じて,特別の定めを設けるのが適当である」としていた。前掲資料・注(9) 102 〜 103 頁。

12 このような処遇は,明らかに国際基準に違反している。「作業,教育あるいは文化的活動のための設備が利用できないような状態に日常的に隔離することは,何らの正当性もない。死刑判決は,彼らの状況を一層好ましくないものとする追加的な刑罰を科すべきではないし,刑務所当局は,長期間の上訴によって生じる死刑監房現象という名でよく知られる精神的な苦痛を和らげる最善の努力をしなければならない」(アンドリュー・コイル・前掲注(5) 158 頁)。

13 矯正協会『日英対訳・刑事施設法案』(財団法人矯正協会,1989 年)によれば,「心情の安定」は,英文では "peace of mind" である。「心の平穏」を維持するために,施設側の一方的な判断で一定の義務を課し,権利を制限することは困難であろう。

14 構想が死刑確定者の外部交通について受刑者準拠原則を採用しているにもかかわらず,刑事施設法案は,明文上,これを準用しなかった。法制審議会での議論は,旧監獄法 9 条は未決準拠原則を採用しているとの理解から出発していた。ここで新たに既決原則を宣言することが,処遇内容の後退との批判を受けることを意識したのであろうか。

15 準用されている規定は,第 2 編「受刑者の処遇」の 93 条〔面会に関する制限〕,94 条〔面会の一時停止及び終了〕(1 項 5 号を除く),97 条〔信書に関する制限〕,98 条〔信書の検査〕(1 項ただし書を除く),99 条〔信書の内容による差止め等〕(1 項 7 号を除く),100 条〔信書に要する費用〕,101 条〔外国語による面会等〕および 102 条〔受刑者作成の文書図画〕,ならびに第 3 編「被勾留者の処遇」の 107 条〔起居動作の時限〕である。適用を除外されている部分は,いずれも受刑者の「矯正処遇」に関する規定である。

16 菊田幸一「『行刑改革会議』の提言と死刑」(同『死刑廃止に向けて――代替刑の提唱――』明石書店,2005 年:〔初出〕『CPR NEWS LETTER』第 37 号,2004 年) 228 〜 238 頁は,死刑および未決に関して,刑事施設法案の条項をそのまま取り入れることは問題であり,「行刑改革会議を素通り」してはならないとする〔230 頁〕。死刑確定者の処遇については,この 20 年間に大きな環境の変化があったとの認識を前提とする限り,同法案のままでは,基本法改正手続として瑕疵があるといわざるをえない。少なくとも法制審議会にあらためて諮問し,実質的に審議し直すべきである。

17 小野=朝倉・前掲注(3)によれば,「立法論として死刑確定者は有罪の判決が確定し,しかも死刑という最も重い刑の言渡を受けた受刑者であって,未決の刑事被告人とは全くその性質を異にするから,むしろ懲役監又は禁錮監内の分界した場所に拘

禁すべきだという主張もある」という〔86 頁〕。

18 死刑を現実に執行する者やそれに至る間の処遇を命ぜられた施設職員には，日常的にこのような矛盾が突きつけられている。「死刑の判決を受けた被収容者の世話をすることは，関係職員にとっても重い職務である。刑務所当局は，これらの被収容者を妥当かつ人道的に処遇すると共にこの荷の重い職務にかかわる職員に適切な支援を提供する責任がある」と述べている（アンドリュー・コイル・前掲注（5）157頁）。

19 宮崎繁樹「国際人権法の成立と効力」宮崎繁樹＝五十嵐二葉＝福田雅章編著『国際人権基準による刑事手続ハンドブック』（青峰社，1991年）11頁参照。

20 日本の第1回の政府報告の提出期限は，1980年9月21日であったが，やや遅れて，同年10月24日に提出された。第2回の提出期限は，その5年後であったが，大幅に遅れて，1987年12月24日に提出された。第3回の審査は，1993年10月に行われ，①いわゆる「個人通報制度」（第一選択議定書），「死刑廃止条約」（第二選択議定書）および「拷問等禁止条約」の批准，②婚外子差別等の廃止，③死刑の廃止に向けた努力，死刑適用の重大犯罪への限定および死刑確定者の処遇の改善，④公判前の刑事手続の適正化と代用監獄の廃止等について改善勧告が出された。

21 1998年11月5日の規約人権委員会の最終意見については，菊田幸一「日本の死刑状況と政府報告書審議——第四回規約人権委員会を傍聴して——」法律時報71巻2号（1999年）59～65頁，海渡雄一＝外山太士「国際人権（自由権）規約委員会最終見解の意義と今後の課題」自由と正義50巻2号（1999年）82～95頁。なお，「特集・NGOと人権規約」自由と正義50巻4号（1999年）36～73頁，桑山亜也「刑事被拘禁者の人権」国際人権ネットワーク編・岡本雅亨＝上村英明＝森原英樹監修『ウォッチ！規約人権委員会』（日本評論社，1999年）214～228頁所収参照。

22 規約6条2項は，「死刑を廃止していない国においては，死刑は，犯罪が行われた時に効力を有しており，かつ，この規約の規定および集団殺害犯罪の防止および処罰に関する条約の規定に抵触しない法律により，最も重大な犯罪についてのみ科することができる。この刑罰は，権限のある裁判所が言い渡した確定判決によってのみ執行することができる」と規定する。

23 1999年4月28日，53ヶ国で構成される国連人権委員会は，欧州連合（EU）から提出された「死刑廃止決議案」を賛成30，反対11，棄権12で可決した（日本・米国・中国・韓国は反対）。決議はすべての国に死刑制度を廃止するよう呼びかけるとともに，制度がある国には死刑執行の停止を求めている。

24 規約7条は，「何人も，拷問または残虐な，非人道的なもしくは品位を傷つける取扱い（処遇）もしくは刑罰を受けない。特に，何人も，その自由な同意なしに医学

的または科学的実験を受けない」と規定する。また，同規約10条〔自由を奪われた者の取り扱い〕1項は，「自由を奪われたすべての者は，人道的にかつ人間の固有の尊厳を尊重して，取り扱われる」と規定している。

25　規約2条3(a)は，「この規約において認められる権利または自由を侵害された者が，公的資格で行動する者によりその侵害が行われた場合にも，効果的な救済措置を受けることを確保すること」として，政府に対して，人権実現を義務付け，効果的な救済措置を整備するよう求めている。

26　ヨーロッパ評議会訪問については，死刑廃止を推進する議員連盟『死刑人権セミナー：死刑廃止全記録』（フォーラム90，2002年）に詳しい。

27　詳しくは，ヨーロッパ人権政策と呼応した日本の動きについては，拙稿「死刑をめぐる新たな動き――法務大臣！日本は孤立しています！――」法律時報76巻12号（2004年）1〜4頁および拙稿「死刑縮減に向けた新たな展望〜死刑判決検証活動（日本版イノセント・プロジェクト）実施に向けて〜」（『小田中聰樹先生古稀記念論文集　民主主義法学・刑事法学の展望』日本評論社，2005年刊行予定）参照。なお，アメリカとヨーロッパの刑罰政策については，拙稿「終身刑導入と刑罰政策の変容〜終身刑は死刑の代替刑となりうるか〜」現代思想2004年3月号（2004年）170〜179頁を参照。

28　細目は，相談助言等について「心情の安定」のための諸措置について「死刑確定者には，かような処遇に従う義務は認められない」とする（細目65，前掲書108頁）。

29　小野＝朝倉・前掲注（3）は，死刑確定者については「処遇上厳重な拘禁を必要とするが，同時に心情の安定をはかり，精神上の苦悩を和らげるように宗教的な教誨を施さなければならない」〔86頁〕として，監獄法の改正の必要性を指摘していた。

30　弁護士との秘密交通権の保障について，規約14条1項は，民事訴訟の代理人たる弁護士と接見する権利を保障している。被収容者が施設に対して国賠訴訟を提起している場合において，一方当事者である施設側が，弁護士との接見時間を制限したり，刑務官が立会したりすることで，訴訟の打ち合わせに支障をきたすような制限は許されない。これについては，徳島地判1996（平成8）年3月15日判例時報1597号115頁および高松高判1997（平成9）年11月25日判例時報1657号117頁参照。

31　アンドリュー・コイル・前掲訳注（5）158頁。

　　　　　　　　　　　　　　　　　　　　（石塚伸一／いしづか・しんいち）

第6部
資料

●文献案内
未決拘禁制度改革を知るために

はじめに

　1998年11月に国連国際人権（自由権）規約委員会（以下，規約人権委員会）から，刑事施設処遇，死刑確定者処遇，代用監獄制度等に重大な人権上の問題があると表明されてから早7年以上の歳月が経過した。

　既決被収容者処遇に関しては，2005年に「刑事施設及び受刑者の処遇等に関する法律」の成立を見ることで，ひとまず改革の緒についたように思われる。だが，規約人権委員会から表明された未決および死刑確定者の処遇に対する懸念はいまだ払拭されるに至っていない。

　未決拘禁制度は，従来，施設法たる監獄法改正の枠組みで考えられがちであった。しかし，そもそもそれは刑事手続に付随する効果であり，その改革のためには刑事手続制度全般が見直されなければならない。国際人権法からの批判もまさに日本の刑事手続，刑事司法全般のあり方を問うているといってよい。

　これに対して2001年の司法制度改革審議会意見書は，まったく不十分な応答しかできなかったわけであるが，今般の未決拘禁制度改革の議論が，一連の刑事司法制度改革で積み残された課題に真摯に向き合うことを願わずにはいられない。

　本稿では未決拘禁制度改革の一助となることを念頭に，未決拘禁に関し論じられた近年の書籍や弁護士会のパンフレット等の日本語文献を紹介することとしたい。未決拘禁に関する論文については，本書第1部から第5部までに所収された論文の注釈を参照していただきたい。

　なお，刑事施設全般，監獄法改正問題全般の文献については，佐々木光明＝前田朗＝宮本弘典「監獄問題を考えるために」法学セミナー増刊『監獄の現在』（日本評論社，1988年），前田朗「日本の『監獄』問題」刑事立法研

究会編『入門・監獄改革』（日本評論社，1996 年）が詳細に紹介しており，本書の姉妹編でもある刑事立法研究会編『刑務所改革のゆくえ』（現代人文社，2005 年）中の「文献案内」にも近年の文献が紹介されている。

　紹介するもののなかには，若干古いものも含めたが，現在の未決拘禁制度を考える上で必要と判断した。これらは，入手・閲覧が少々困難であるかもしれないがご容赦願いたい。

［未決拘禁の歴史と現在］

▽玉井策郎＝岩崎秀夫＝大川新作『未決拘禁実務提要』（有信堂，1955 年）
　第 2 次大戦期までの監獄法下における未決拘禁の諸問題は，既決被収容者処遇や自由刑の執行に付加的な問題として考えられてきた。本書は日本国憲法や新刑訴法の制定，拘置所の刑務所からの独立などの時代の流れを受け，この問題を真正面から取り上げた実務家向けの監獄法令解釈の研究書である。記述には当時の行刑思潮としての教育刑主義の影響が若干見られるものの，未決法と既決法の 2 本立ての必要性を唱えつつ，拘禁の最小化，無罪推定原則など刑訴法の精神をふんだんに取り入れながら既決とはまったく異なる監獄法解釈を試みている点はいまもなお新鮮である。

▽志保田実『英国の未決勾留制度の研究』法務研究報告書 36 輯 4（1950 年）
▽清原明『未決拘禁者の処遇に関する諸問題』法務研究報告書 61 集 4 号（1976 年）
▽鴨下守孝『在監者の自由権的基本権について』法務研究報告書 63 集 2 号（1975 年）
　法務省部内で監獄法改正の機運が高まっていた時期（1950 年ごろおよび 1970 年代後半）には，部内における未決拘禁に関する研究も盛んであったようである。これらの研究報告では，当時の問題状況とあわせ，どのような法改正が志向されていたのかを知ることができる。

▽東京拘置所開設五十周年記念誌編集委員会編『風雪五十年：東京拘置所』（東京拘置所開設五十周年記念事業実行委員会，1987 年）
　戦前までは監獄のなかに拘置監が設けられ，名実ともに未決拘禁は監獄制度の一部であったのであるが，1941 年に刑務所から独立した拘置所が初め

て設置されることとなった。現在，独立した拘置所として設置されているのは，東京，名古屋，京都，大阪，神戸，広島，福岡の7施設である。これらの施設についての文献は多くはないが，本書のような部内の記念誌から，既決中心の施設とは異なる歴史を刻んでいることがうかがい知れる。

▽法学セミナー増刊『監獄の現在』（日本評論社，1988年）
　本書は，法学セミナー増刊の総合特集シリーズの一環として，拘禁二法案の議論が最盛期を迎えていた時期に刊行されたものである。「ルポ／塀の中」「市民社会と監獄」「監獄と人権保障の課題」「監獄法と被拘禁者の人権」「事例研究／監獄と人権」「外国の監獄法制と被拘禁者の人権」などの章が設けられ，多彩な執筆陣によってさまざまな観点から監獄と監獄法制の問題点に光が当てられている。初学者に最適の1冊である。

［代用監獄問題］

▽庭山英雄＝五十嵐二葉『代用監獄制度と市民的自由』（成文堂，1981年）
　本書は，代用監獄の弊害を1970年代から訴え続けてきた研究者と実務家の手による，本格的な代用監獄に関する研究書である。代用監獄の法的問題をはじめ，その実態分析，市民社会との関係，歴史研究，実態調査に基づく欧米との比較研究など，研究対象は非常に広範であり，その横断的かつ実践的な分析によって，それまで茫漠としたイメージしかもたれていなかった代用監獄の実態は白昼の下にさらけ出され，留置施設法案批判の土台を形成することとなった。

▽カレン・パーカー＝エチエンヌ・ジョデル『警察留置所での拘禁　日本の代用監獄制度　1989年2月パーカー・ジョデル報告書』（悠久書房，1989年）
　本書は，日本の代用監獄が国際的に「DAIYO KANGOKU」として知られ，厳しく批判される契機となった報告書である。規約人権委員会で活躍する報告者たちの目には，代用監獄制度が自由権規約に違反する人権侵害の温床にほかならないと映ったのである。代用監獄制度を知るためには必読の書である。

▽日弁連編『代用監獄の廃止と刑事司法改革への提言―国際法曹協会（IBA）の調査レポートと国際セミナーから』（明石書店，1995 年）

　本書は，国際法曹協会（IBA）による代用監獄調査報告および起訴前および公判手続に関する国際セミナーの記録をまとめたものである。日弁連の活発な活動によって，日本の代用監獄制度は，国際人権法上，重大な関心を持たれる制度となった。調査を受けて IBA は代用監獄の廃止だけでなく，起訴前保釈，被疑者国選弁護，取調べ可視化，拷問等禁止条約の批准などを提言した。

　本書を最後に代用監獄問題に特化した書籍は刊行されていない。その理由としては，監獄法改正が滞ったことによることが大きいが，他方，後述のように，代用監獄問題が国際人権法の大きな枠組みのなかで捉えられるようになったことも一因としてあるだろう。

［弁護士会等のパンフレット：代用監獄問題］

　1980 年代の死刑再審無罪 4 事件の衝撃は，改めて代用監獄が自白強要と冤罪の温床であることを確認させた。日弁連は，留置施設法案を代用監獄の恒久化策と捉え，拘禁二法案反対運動の中心的な軸に据えるとともに，活発にパンフレット等を発行し，代用監獄の社会問題化を行ってきたのである。

▽東京弁護士会『いまもつづく代用監獄の弊害と拘禁二法のおそろしさ』（1983 年）
▽大阪弁護士会刑事・留置施設法対策特別委員会『拘禁二法案（刑事施設法案・留置施設法案）問題中間報告書』（1983 年）
▽第一東京弁護士会拘禁二法案対策本部編『留置施設法案を考える』（1985 年）
▽日本弁護士連合会『拘禁二法案（留置施設法案・刑事施設法案）を考える』（1985 年）
▽東京弁護士会拘禁二法案対策本部『留置施設法案批判』（1986 年）
▽日本弁護士連合会拘禁二法案対策本部『警察庁との意見交換会及び法務省との第二次意見交換会報告』（1987 年）
▽日本弁護士連合会拘禁二法案対策本部『「留置施設」をめぐる警察庁との意見交換会会議録』（1988 年）

▽日本弁護士連合会拘禁二法案対策本部『資料集　拘禁二法案についての国際問題』(1988年)
▽日本弁護士連合会拘禁二法案対策本部編『拘禁二法案をめぐる八年　拘禁二法反対運動小史』(1990年)
▽京都弁護士会『拘禁二法反対運動の軌跡　代用監獄の廃止を求めて』(1990年)
▽日本弁護士連合会拘禁二法案対策本部『虚偽自白の集積　代用監獄の病巣』(1992年)
▽日本弁護士連合会拘禁二法案対策本部『捜査と拘禁の分離を　代監と自白強要の構造』(1996年)
▽日本弁護士連合会『21世紀に残すな　代用監獄』(1998年)
▽日本弁護士連合会『代用監獄の廃止を求めて　Abolish "Daiyo-Kangoku-Japan police custody system" now』[第4次改訂版](1998年)

[弁護士会のパンフレット：国際比較・海外調査]

　日弁連など弁護士会は監獄法の対案づくりとともに，刑事手続・刑事施設の国際比較を重視し，1980年代から欧米への視察を精力的に行ってきた。またその報告書として，以下のように多くのパンフレット・報告書を作成し，内外にその問題点を訴えてきた。その成果は，代用監獄問題が国際的な関心事となったことのほか，2度の規約人権委員会勧告へと結実している。
また，近年では，人権上の改革が著しいアジア諸国にも目を向けている。
　いまや日本は，欧米に対してだけでなく，アジアにおいても「人権後進国」となりつつある。刑事手続・刑事施設の改革は急務である。

▽東京三弁護士会合同代用監獄調査委員会編『諸外国における未決拘禁の実態　代用監獄をめぐるアンケート調査』(1977年)
▽東京三弁護士会合同代用監獄調査委員会編『諸外国の留置制度　警察被拘禁者処遇の比較法的リポート』(1985年)
▽東京三弁護士会代用監獄調査委員会編『外国における被疑者の拘禁場所　代用監獄に関する国際的調査の報告』(1988年)
▽東京三弁護士会合同代用監獄調査委員会＝第二東京弁護士会監獄法等対策

特別委員会編『スイス，北欧にみる刑事被拘禁者の国際人権水準　スイス，北欧国際人権調査団報告書』（1989 年）
▽日本弁護士連合会拘禁二法案対策本部『国連被拘禁者人権原則と拘禁二法案』（1990 年）
▽東京三弁護士会合同代用監獄調査委員会『アメリカ・カナダ刑事手続調査報告書』（1994 年）
▽日本弁護士連合会『世界に問われた代用監獄　国際人権〈自由権〉規約委員会は代用監獄を痛烈に批判』（1994 年）
▽東京三弁護士会合同代用監獄調査委員会『イギリス刑事司法・監獄調査報告書』（1995 年）
▽日本弁護士連合会『ダイヨーカンゴク・死刑・刑務所　国際人権（自由権）規約委員会最終見解実現のための課題』（1999 年）
▽第二東京弁護士会刑事被拘禁者の権利委員会『台湾の刑事拘禁』（2000 年）
▽日本弁護士連合会拷問等禁止条約に関する協議会『ヨーロッパ拷問等防止委員会資料集』（2001 年）
▽日本弁護士連合会『国際人権（自由権）規約委員会最終見解実現のために　代用監獄・死刑・刑務所』（2002 年）
▽東京三弁護士会合同拘禁施設調査委員会『めざましい行刑改革を成し遂げたポーランド行刑施設に学ぶ　ポーランド刑事施設調査報告書』（2005 年）

▽東京三弁護士会合同代用監獄調査委員会編『どうなる東京拘置所？　外が見えない毎日に耐えられますか』（1997 年）
　東京拘置所建替え問題では，上記のパンフレットが刊行されている。

▽日本弁護士連合会拘禁二法案対策本部「刑事施設等における人権救済事例集」（2000 年）
　日弁連は，人権擁護委員会で取り扱った事件について，『人権事件警告・要望例集』『人権救済申立事例集』にその申立事件の概要をまとめてきた。本事例集は，そのような警告等のうち刑事施設に収容された者からの申立事件について，1987 年から 1999 年までに関係当局に警告・勧告・要望を行った 104 件の事例を収録している。

[国際人権法と刑事拘禁]

▽アムネスティ・インターナショナル編著『日本の死刑廃止と被拘禁者の人権保障　日本政府に対する勧告　アムネスティ・インターナショナル調査団報告書』(日本評論社，1991年)

　1980年代後半から，死刑廃止条約の締結など国際人権法への関心が日本国内でも高まり，NGO（非政府組織）の活発な活動もあって，日本の人権問題は国際社会で議論されることとなった。1988年の規約人権委員会第2回対日審査では代用監獄制度が問題視されるなど，日本の未決拘禁制度は国際社会の関心の的となっていった。そのような状況のなかで，国際的な人権NGOであるアムネスティ・インターナショナルによって日本の人権水準に対する勧告が出された。本書はその勧告の日本語訳である。

▽ピナル・リフォーム・インターナショナル（村井敏邦監訳）『刑事施設と人権―処遇最低基準規則ハンドブック』(日本評論社，1996年)

　1955年の被拘禁者処遇最低基準規則以来，国連は刑事施設被収容者の人道的扱いに尽力し，指導的な理念を提唱してきた。しかし，多くの国においてその実施がなお不十分なままであることは否定できない事実である。本書は，同規則を実効化することを目的に，1995年4月に開催された第9回国連犯罪防止会議において配布された同規則実施のためのハンドブックである。本書を編纂したピナル・リフォーム・インターナショナルは，刑罰改革を目的とするNGOである。本書は単に同規則の解説書にとどまらず，その後の自由権規約，拷問等禁止条約など国際人権法の発展に対応したものとなっており，未決被拘禁者の取扱いに関しても無罪推定の考えを徹底させている。

▽北村泰三『国際人権と刑事拘禁』(日本評論社，1996年)

　本書は，国際法の研究者である著者が，国際人権法の立場から刑事拘禁を総説したものである。同書では，被収容者の外部交通権判例を素材にして，ヨーロッパ人権条約がイギリス国内法にどのような影響を有するかが検討され，国内法改革と刑事施設のグローバル・スタンダードの形成過程を明らかにしている。

▽庭山英雄＝西嶋勝彦＝寺井一弘編『世界に問われる日本の刑事司法』（現代人文社，1997年）

　本書は，日本の刑事司法改革のために，国際人権法の研究，海外実態調査を精力的に行ってきた研究者・弁護士の手によるものである。1990年代前半に発出された多くの海外の人権機関の決議やそこに属する関係者の論稿等をもとに，刑事手続，代用監獄，監獄法改正，刑事弁護の4点に関する改革課題が提示されている。1990年代後半に至り，ここで提示された多くの視点はより確かな主張へと昇華されていくのである。

▽日本弁護士連合会編『日本の人権　21世紀への課題』（現代人文社，1999年）

　1990年代に入り国際人権法学の分野でも，刑事施設の問題状況が全面的に検討されるようになった。また，日弁連は国連の人権関係委員会において積極的なロビー活動を展開し，自由権規約の政府報告書審査にあたってはカウンターレポートを提出し，政府が糊塗しようとする人権問題について，世界に訴えてきた。

　本書は1998年の規約人権委員会による第4回日本政府報告書審査の記録である。第4回審査では，死刑確定者の処遇，起訴前勾留，代用監獄，刑事施設での処遇など，多くの点について懸念が表明され，勧告が行われた。第5回の日本政府報告書の提出期限である2002年10月からはや3年以上が経過しているが，日本政府には一刻も早く勧告された人権状況を改善し，報告書を提出する義務がある。

▽矯正協会編『研修教材　矯正関係国際準則集』（矯正協会，2001年）

　法務省矯正局は増加する被収容者の訴訟や規約人権委員会の勧告への対応として，国際人権法に関する職員研修を強化しつつある。本書は，被拘禁者処遇最低基準規則など，日本の行刑においても指導原理となる国際準則をまとめた研修教材である。

▽北村泰三＝山口直也編『弁護のための国際人権法』（現代人文社，2002年）

　本書は，刑事手続，刑事被拘禁者処遇，入管施設収容，死刑，少年司法等について，国際人権法の観点から日本国内法の解釈を試みる意欲的な著作である。雑誌・季刊刑事弁護に「弁護のための国際人権法」として連載された

論文をまとめたものであり，学術的なだけでなくすぐれて実践的でもある。

▽五十嵐二葉『刑事司法改革はじめの一歩』（現代人文社，2002年）
　2001年の司法制度改革審議会意見書中にまとめられた刑事司法改革のプランは，裁判員制度や被疑者国選弁護制度の導入という注目すべき内容を含んでいたものの，他方，従来からその弊害が指摘されていた自白偏重の捜査，人質司法ともいうべき保釈実務，調書裁判などの状況を変えるには不十分なものであった。本書は，弁護士である著者が，裁判員制度導入を見据えつつ，国際人権法と同審議会意見書を比較検討しながら，国際人権法の求める水準にまで，刑事手続全体をどのように変えるべきかについてその改革ポイントを提示する実践的な書である。

▽アンドリュー・コイル（赤塚康＝山口昭夫訳）『国際準則からみた刑務所管理ハンドブック』（矯正協会，2004年）
　本書は，イギリスの刑務所長の経験をもつ著者による刑事施設職員のためのハンドブックである。未決については第11章で「未決被収容者，確定判決を受けていないその他の被収容者」，死刑確定者については第15章「死刑の判決を受けた者」と特に章を設けているほか，拷問禁止，医療，少年・女性の取扱い，職員論など，未決と既決に共通する問題を多く扱っている。
　本書は書名の通り，被収容者の人権保障を基調とするものであるが，単に人権尊重の重要性を声高に叫ぶものではない。著者によれば，被収容者の人権が尊重されることで有効な社会復帰処遇も所内の安全も確保されるというのである。すなわち，人権は効率のよい刑事施設運営をもたらすものであり，すぐれて実務的な観念だというのである。確かに，被収容者の納得に基づく処遇は，社会復帰を促進し，所内事故の防止につながる。施設側に広範な裁量が与えられ，懲罰に裏打ちされた強度の規律秩序に支配されている日本の刑事施設も，人権保障的な改革が本書の刊行を契機に進められることになればと思う。期待したい。

▽米国精神医学会編（大下顕監訳）『拘置所と刑務所における精神科医療サービス　米国精神医学会タスクフォースレポート　第2版』（新興医学出版社，2005年）
　本書は，米国精神医学会の刑事施設における精神科医療サービスに関する

ガイドラインである。刑務所人口が爆発的に増加する米国にあっては，精神科医療の需要も年々増加することとなった。そのような状況のなかで，最も質の良い公共サービスとしての精神科医療をいかにして提供できるかが米国の精神医学会の最重要関心事の1つとなっている。そこで，刑事施設における精神科医療に従事する良心的な医師たちによって編まれたのが，このガイドラインである。1989年に第1版のガイドラインが策定されて以来，このガイドラインは，矯正施設の精神保健職員の教育と訓練，鑑定のための参考文献，刑事施設の精神保健サービスの計画立案・改善，訴訟，刑事施設の調査者・監視者などに用いられてきたという。

訳者が述べるように，日本においても矯正施設内の精神科医療の抜本的な改善が急務である。日本版のガイドラインが策定されることが待望される。

[接見交通]

▽若松芳也『接見交通の研究』（日本評論社，1987年）
▽若松芳也『接見交通と刑事弁護』（日本評論社，1990年）
▽柳沼八郎＝若松芳也編著『接見交通権の現代的課題』（日本評論社，1992年）
▽柳沼八郎＝若松芳也編著『新 接見交通権の現代的課題』（日本評論社，2001年）

弁護人の秘密接見交通権（刑訴法39条1項）は憲法上の権利であるにもかかわらず，捜査当局は刑訴法39条3項の接見指定制度を根拠に不当に制限を加え続けてきた。日弁連は，こうした状況を打開するため，拘禁二法案が国会に上程中の1983年に接見交通権確立実行委員会を設置し，接見交通権確立に向けて活発に活動を行ってきた。接見妨害国賠訴訟を通じた接見交通の裁判例が蓄積されることにより，接見交通権の理論的問題の輪郭は鮮明なものとされ，1988年の一般的指定制度の廃止を皮切りに，「閉塞状況」「不条理」と評された接見交通権は，1999年3月24日の最高裁大法廷判決によって（刑訴法39条3項を合憲とする限界をはらみながらも）憲法上の権利へと高められていくのである。

上述の4書は，刑事弁護を最先頭で担う弁護士が，接見妨害国賠訴訟の事例を踏まえて，接見指定の違憲性，国際人権法への抵触などさまざまな問題に論及したものである。

▽髙見・岡本国賠訴訟弁護団編『秘密交通権の確立　髙見・岡本国賠訴訟の記録』（現代人文社，2001年）

　1980年代半ばからの弁護士会の接見交通権確立に向けた努力は，2000年代に入り結実していく。「髙見・岡本国賠訴訟」は，大阪拘置所在監中の被告人と弁護人との間に授受された信書を同拘置所職員が検閲し，その内容を検察官の照会に応じて提供したことが，憲法上で保障された秘密交通権を侵害するとされた訴訟である。本書は，この訴訟の記録と原告・代理人の論考を収めている。

▽後藤国賠訴訟弁護団編『ビデオ再生と秘密交通権　後藤国賠訴訟の記録』（現代人文社，2004年）
▽後藤国賠訴訟弁護団編『ビデオ再生と秘密交通権【控訴審編】　後藤国賠訴訟の記録2』（現代人文社，2005年）

　「髙見・岡本国賠訴訟」の成果を踏まえながら,秘密接見交通権を巡る理論・実践はより深化されていく。本書は，2001年に弁護人である原告が，大阪拘置所に接見に赴き，証拠であるビデオテープを再生して被告人と検討・打合せを行おうとしたところ，検閲なしにビデオテープの再生を行うことを拒否されたことに対して提起された国賠訴訟の記録である。2004年，この「後藤国賠訴訟」において一審の大阪地裁は，「髙見・岡本国賠訴訟」からさらに踏み込んで，接見交通権が憲法・刑事訴訟法だけでなく，自由権規約上の権利であることも認め，監獄法上の検閲を違憲・違法であると判示した。また，2005年1月の大阪高裁判決でも，自由権規約部分の認定が除かれたものの，一審同様違憲の判断が下されている（上告中）。

[監獄法改正とその対案]

▽法務省矯正局『資料・監獄法改正』（矯正協会，1977年）
▽法務省矯正局『続 資料・監獄法改正』（矯正協会，1978年）

　これらの資料は，法制審議会への監獄法全面改正の諮問を行うにあたって法務省がまとめた基本資料であり，重要である。これらには当時の監獄法改正の指針とされた「監獄法改正の構想」や各国立法例等が所収されており，とりわけ『続 資料・監獄法改正』では「被勾留者の処遇」として未決拘禁問題にも大きく紙幅が割かれている。

行刑改革会議提言，今次の刑事施設受刑者処遇法やかつての刑事施設法案との比較検討に必須である。

▽刑事立法研究会編『入門・監獄改革』（日本評論社，1996年）
▽刑事立法研究会編『21世紀の刑事施設』（日本評論社，2003年）
▽刑事立法研究会編『刑務所改革のゆくえ』（現代人文社，2005年）
　1993年の拘禁二法案の廃案以来，学界・実務における監獄法改正に関する議論は停滞しがちであった。そのようななかで刑事立法研究会は「刑事拘禁法要綱案」（うち未決拘禁に関しては「未決拘禁執行法要綱」）をとりまとめ，『入門・監獄改革』でその理想的な刑事施設のあり方を世に問い続けてきた。同書の刊行後も，国際人権準則の発展や社会情勢の急速な変化を踏まえつつ，同要綱案の改訂作業が続けられ，2002年には「改訂・刑事拘禁法要綱案」が公表されるに至った。「改訂・刑事拘禁法要綱案」では，施設内処遇・社会内処遇を通じた「一貫した援助」と「コミュニティ・プリズン」の考え方が大胆に取り入れられ，21世紀のグローバル・スタンダードとしての刑事施設像が描きだされている。
　『21世紀の刑事施設』には，「改訂・刑事拘禁法要綱案」の検討にあたった同研究会メンバーによる論考と，イギリス・首席保護観察査察官であったロッド・モーガン氏等を交えて開催されたシンポジウムでの発言が収録されている。
　さらに，本書の姉妹編である『刑務所改革のゆくえ』では，行刑改革会議提言に対する分析を通じた刑事施設受刑者等処遇法立法化への評価，未決拘禁のあり方など残された課題への提言など，5年後の新法見直しにも対応可能な論考が収録されている。本書とあわせお読みいただきたい。

［弁護士会の対案］

▽日本弁護士連合会『日弁連刑事拘禁法要綱』（1975年）
　監獄法改正作業の内容がいまだ明らかでなかった段階における先進的な対案である。同要綱は日弁連編『監獄と人権』（日本評論社，1977年）に資料として所収されている。

▽日本弁護士連合会『刑事被拘禁者の処遇に関する法律案（日弁連・刑事処

遇法案)』(1992 年)
▽日本弁護士連合会拘禁二法案対策本部『解説・日弁連刑事処遇法案』(1994年)

　拘禁二法案反対運動を通じて，蓄積された理論的根拠に基づき，日弁連が拘禁二法案の対案として提示したのが「日弁連・刑事処遇法案」（日弁連案）である。

　国際準則を踏まえて作成された日弁連案は，政府案と比較して，監獄法改正のスローガンであった「近代化・法律化・国際化」の要請にかなうものとなっている。ただ，日弁連案は，「幅広い国民感情にも留意」し「ギリギリの『現実的提案』」としたためか，刑事施設法案同様，未決と既決を同じ法律のなかで位置付けるという限界を有している。

　なお，弁護士会の監獄法改正に関する対案・意見書は数多くあるが，未決拘禁に関する主なものは以下の通りである。

▽東京弁護士会『代用監獄廃止意見書　法制審議会監獄法改正部会要綱批判』(1980 年)
▽東京弁護士会監獄法改正対策本部『刑事施設法案・留置施設法案に対する意見書』(1982 年)
▽東京弁護士会『未決者処遇法（仮題）草案』(1983 年)
▽日本弁護士連合会拘禁二法案対策本部『代用監獄廃止を実現するための各都道府県における拘置所増設プラン』(1992 年)

[雑誌での特集]

　雑誌での監獄法改正等に関する主な特集には以下のものがある。個別の論文に関しては，各自検索していただきたい。

▽**法律時報**
特集「監獄法改正について」48 巻 7 号（1976 年 7 月）
特集「監獄法改正問題」50 巻 11 号（1978 年 11 月）
特集「刑事・留置施設両法案の検討」55 巻 2 号（1983 年 2 月）
特集「刑事・留置施設法案の研究」60 巻 3 号（1988 年 3 月）
特集「拘禁 2 法と国際基準」63 巻 5 号（1991 年 4 月）

連載「世界の未決拘禁法 1～12」49巻6号（1977年5月）～50巻9号（1978年9号）

▽ジュリスト
特集「監獄法改正」614号（1976年6月15日）
特集「監獄法の改正」712号（1980年3月15日）
特集「未決拘禁者の閲読の自由」799号（1983年10月1日）
特集「監獄法改正」1298号（2005年10月1日）

▽自由と正義
特集「監獄法改正問題」27巻9号（1976年9月）
特集「監獄法改正要綱批判」33巻1号（1982年1月）
特集「拘禁二法案」33巻11号（1982年11月）
特集「再上程された拘禁2法案」39巻1号（1988年1月）
特集「21世紀の行刑改革－未決・既決のありかたを考える(1)(2)」56巻9号（2005年9月）・10号（2005年10月）

▽警察学論集
特集「監獄法の改正と刑事留置場（監獄法の改正と今後の留置業務の運営）」33巻2号（1980年2月）

▽法律のひろば
特集「監獄法改正構想をめぐって」29巻7号（1976年7月）
連載「監獄法改正の審議状況 1～21」30巻3号（1977年3月）～33巻2号（1980月2号）
「監獄法改正——答申された改正要綱を中心として」34巻3号（1981年3月）
特集「刑事施設法案について」35巻8号（1982年8月）
特集「監獄法改正をめぐる諸問題——刑事施設法案の再上程について」40巻8号（1987年8月）
特集「受刑者処遇の新しい展開」58巻8号（2005年8月）

▽刑政
「刑事施設法案特集」93巻9号（1982年8月）

特集「刑事施設法案」98巻8号（1987年8月）

連載「刑事施設法案をめぐる実務上の諸問題　1～7」98巻10号（1987年10月）～99巻4号（1988年4月）

連載「刑事施設法案入門　1～10」99巻8号(1988年8月)～100巻6号(1989年6月)

[定期刊行物]

▽『刑政』(矯正協会)

　矯正職員の部内誌である本誌は，施設内処遇等刑事政策を研究する者にとっても欠かすことのできない基本文献である。執筆者も，矯正局幹部，研究者，現場職員等多様であり，矯正関係者の時事の関心を知ることができる。

▽『法曹時報』(法曹会)

　毎年5月号が「矯正の現状」の特集に充てられており，法務省矯正局がまとめた資料が網羅的に掲載されている。

[公式統計]

▽『検察統計年報』(法務省司法法制部)

　被逮捕者の送致を受け，勾留請求を行う検察の統計である検察統計年報には，「逮捕及び勾留別　被疑事件の処理期間別人員」，「既済となった事件の被疑者の逮捕及び逮捕後の措置別人員」，「既済となった事件の被疑者の勾留後の措置，勾留期間及び勾留期間延長の許可，却下別人員」などの表が掲載されている。

▽『司法統計年報』(最高裁判所事務総局)

　裁判所の統計である司法統計，とりわけ『司法統計年報』(刑事編)には，審級ごとの「罪名別処遇（勾留,保釈関係）別」の終局人員の表があるほか，総覧表にも勾留の裁判，保釈請求，接見禁止等の人員の表がある。

▽『矯正統計年報』(法務省司法法制部)

　未決被拘禁者の収容状況を知るには，矯正統計年報が参考になる。同年報

には，施設別の「1日平均収容人員」「年末収容人員」が受刑者・死刑確定者・被告人・被疑者等の別で掲載されている。

　矯正統計年報は，法務省所管の刑事施設における収容状況をまとめたものであるため，警察庁および各都道府県警察が所管する警察留置場を代用監獄として用いた場合の未決被拘禁者の数は含まれていない。

　なお，警察留置場への収容をまとめた公式統計は，警察白書の留置業務の項に「被留置者延べ人員の推移」が，警察庁ウェブサイトの警察の「留置業務」のページ（http://www.npa.go.jp/syokai/ryuchi/toppage.html）に「留置場の1日平均収容人数」の数値が掲載されているものの，一般に利用できる統計書は存在していない。

[死刑確定者]

　死刑確定者に関する文献は，各年版の**年報・死刑廃止編集委員会編『年報・死刑廃止』(インパクト出版会，1996 〜 2005 年)**を参照していただきたい。

　冒頭に述べたように，未決拘禁をストレートに扱う文献はそれほど多くないとはいえ，逮捕・勾留・保釈や刑事施設における処遇の問題など，未決拘禁の一側面を扱った文献は少なくない。ここでは紙幅の都合で十分に紹介できなかったわけであるが，さらなる文献の渉猟は読者のみなさんの努力に任せることとしたい。

（藤井剛／ふじい・つよし）

●略年表
未決拘禁法の動き

(作成／藤井剛)

1976・3・23	「市民的及び政治的権利に関する国際規約（自由権規約）」発効 「市民的及び政治的権利に関する国際規約の選択議定書（第1選択議定書）」発効
3・27	稲葉法務大臣，法制審議会に監獄法改正の構想を諮問し，「法制審議会監獄法部会」が設置される
4・28	法制審議会監獄法部会，審議を開始する
12・3	日本刑法学会第52回大会において共同研究「監獄法改正の問題点」の報告がなされる
1978・5・3	「自由権規約」日本国署名
1979・6・6	「自由権規約」国会承認
6・21	「自由権規約」日本国加入書寄託
8・4	「自由権規約」公布（1979年条約第6号）
9・21	「自由権規約」日本国発効
9・23	国際刑法学会第12回大会（ハンブルグ）において，司法官憲に引致された後の被勾留者の拘禁場所については捜査機関ではない拘置施設とすべきとの決議
10・21	日本刑法学会第56回大会において分科会「監獄法の諸問題」が開催される
11・16	法制審議会監獄法部会，代用監獄存続を採決する
12・7	法制審議会監獄法部会，「監獄法改正の骨子となる要綱案」を作成する
12・17	国連総会「法執行官行動綱領」採択
12・18	国連総会「女子に対するあらゆる形態の差別の撤廃に関する条約（女子差別撤廃条約）」採択（1981年9月3日発効）
1980・7・17	女子差別撤廃条約に日本国署名
5・24	日弁連総会において代用監獄廃止方針を決議
10・24	日本政府，国際人権（自由権）規約委員会（以下，規約人権委員会）に第1回政府報告書を提出
11・25	法制審議会「監獄法改正の骨子となる要綱」を，要綱本文中に刑事留置場の漸減条項を明記することを条件に全会一致で了承し，奥野法務大臣に答申する
1981・1・-	法制審議会「監獄法改正の骨子となる要綱案説明書」発表される

	6・21	アフリカ統一機構国家元首及び政府首脳会議第18回会期「人及び人民の権利に関するアフリカ憲章（アフリカ憲章）」採択（1986年10月21日発効）
	10・20〜22	規約人権委員会による第1回対日審査
	10・-	日弁連「『監獄法改正の骨子となる要綱』に対する意見書」発表される
1982・	1・22	警察庁「警察拘禁施設法案（仮称）」公表される
	4・27	「刑事施設法案」「留置施設法案」（拘禁二法案）閣議決定
	4・28	拘禁二法案が第96回通常国会に提出される
	5・-	地上12階、地下3階建で日本初の高層建築刑事施設となる名古屋拘置所新庁舎供用開始
	5・29	日弁連名古屋総会「拘禁二法案に反対する決議」において留置施設法案・刑事施設法案の抜本修正なき限り廃案を求める
	8・20	実質審議に入らぬまま継続審議決定（第100回国会まで継続審議）
	10・10	日本刑法学会第60回大会において共同研究「最近の立法問題——施設両法案を中心として」の報告がなされる
	12・18	国連総会「拷問及びその他の残虐、非人道的又は屈辱的な取り扱い又は刑罰からの被抑留・拘禁者の保護における保健要員とくに医師の職務についての医学倫理原則（医学倫理綱領）」採択
1983・	2・29	法務省・日弁連「監獄法問題に関する意見交換会」を開始する（以後、1984年11月29日までに全22回開催）
	3・21	ヨーロッパ評議会「刑を言い渡された者の移送に関する条約（受刑者移送条約）」策定
	5・23	法務省、第6回意見交換会において代用監獄制度を維持との公式見解を改めて確認する
	6・-	日弁連、接見交通権確立実行委員会を設置
	6・21	法務省、第7回意見交換会において代用監獄の漸減方式を表明——付則または付帯決議の盛り込みを示唆する
	11・26	衆議院が解散したことにより拘禁二法案が廃案となる
	11・28	法務省、第12回意見交換会において「刑事施設法案」の一部修正と次期国会への再提出の意向を表明する
1984・	2・ 4	法務省、第13回意見交換会において意見交換会の打ち切りと法案の再提出を明言する
	3・ 5	日弁連拘禁二法案対策本部試案検討委員会第1次試案を作成する
	3・20	法務省・警察庁が拘禁二法案の今国会提出見送りを表明する
	7・28	日弁連「監獄法改正に関する対策本部試案」を承認する
	7・30	日弁連「監獄法改正に関する対策本部試案」発表される
	10・20	日弁連人権擁護大会「接見交通権確立に関する決議」
	11・19	法務省、第22回意見交換会において交換会の打ち切りと両法案の再度上程を表明する
	12・10	国連総会「拷問及びその他の残虐な、非人道的な又は品位を傷つける取り扱い又は刑罰を禁止する条約（拷問等禁止条約）」採択（1987年6月26日発効）

1985・	1・22	法務省,「刑事施設法案9項目修正案」を日弁連に非公式に表明する
	1・29	日弁連,「9項目修正案」に反発する
	2・5	日弁連拘禁二法案対策本部,法案反対を確認する
	2・6	法務省,「5項目の追加修正」
	3・20	法務省,法案再度提出を断念する（「藤尾裁定」）
	6・25	「女子差別撤廃条約」日本国批准書寄託（6・24国会承認）
	7・1	ヨーロッパ評議会「受刑者移送条約」発効
	7・1	「女子差別撤廃条約」公布（条約第7号）
	7・25	「女子差別撤廃条約」日本国発効
	8・26～9・6	第7回犯罪防止会議で「外国人受刑者処遇についての勧告」決議される
	11・29	国連総会「少年刑事司法の運営に関する国連最低基準規則（北京ルールズ）」採択
1986・	3・14	法務省,「刑事施設法案」再提出再度見送りを表明する
	7・29	警察庁・日弁連「留置施設をめぐる意見交換会」開始される（以後,1987年4月23日までに全10回開催）
1987・	2・21	ヨーロッパ評議会閣僚委員会「ヨーロッパ刑事施設規則」採択
	3・25	法務省・日弁連「第2次意見交換会」再開される（以後,4月23日までに全4回開催）
	4・30	「刑事施設法案」「留置施設法案」「刑事施設法施行法案」「海上保安庁の留置施設に関する法律案」（拘禁四法案）が第108回通常国会に提出される
	5・27	拘禁四法案継続審議決定（第117回国会まで引き継がれる）
	6・1	矯正局「刑事法学者等への刑事施設法案説明会」を開催する（東京）
	7・1	矯正局「刑事法学者等への刑事施設法案説明会」を開催する（大阪）
	11・7	日弁連人権擁護大会「拘禁二法案についての決議」「捜査と弁護権に関する決議」
	11・26	ヨーロッパ評議会閣僚委員会「拷問及び非人道的又は品位を傷つける取り扱い又は刑罰を防止するためのヨーロッパ条約（ヨーロッパ拷問等防止条約）」採択（1989年2月1日発効）
	12・24	日本政府,規約人権委員会に第2回政府報告書を提出
1988・	4・1	接見に関する「一般的指定制度」を廃止し,「通知書」制度に
	5・17	第112回国会の衆議院本会議において政府,拘禁四法案の趣旨説明を行う
	5・24	衆議院法務委員会,地方行政委員会,運輸委員会において,各大臣が提案理由を説明する
	7・20～22	規約人権委員会による第2回対日審査
	10・18～12・20	第113回国会の衆議院法務委員会において,刑事施設法案・刑事施設法施行法案についての質疑および参考人の意見聴取が行われる
	12・9	国連総会「あらゆる形態の拘禁・収監下にあるすべての人の保護のための原則（被拘禁者保護原則）」採択
1989・	1・末	カレン・パーカー＝エチエンヌ・ジョデル「警察留置所での拘禁—日本の代用監獄（パーカー・ジョデル報告書）」発表される

	5・27	日弁連第38回定期総会宣言において，代用監獄廃止，拘禁二法案反対等を宣言
	11・20	国連総会「児童の権利に関する条約」採択（1990年9月2日発効）
	12・15	国連総会「市民的及び政治的権利に関する国際規約の死刑廃止のための第二選択議定書（死刑廃止条約）」採択（1991年7月11日発効）
1990・	1・24	衆議院が解散したことにより拘禁四法案が廃案となる
	8・7～9・7	第8回国連犯罪防止会議において「被拘禁者処遇基本原則（基本原則）」「自由を奪われた少年の保護に関する国連規則」「弁護士の役割に関する基本原則」の規則案採択（同年12月14日の国連総会で採択）
	9・21	「児童の権利に関する条約」日本国署名
1991・	1・－	アムネスティ・インターナショナル「日本の死刑廃止と被拘禁者の人権保障—日本政府に対する勧告書」発表される
	4・1	拘禁四法案が第120回通常国会に再提出される
	5・1	刑事立法研究会「刑事拘禁法要綱試案」（法律時報63巻6号）発表される
	5・8	拘禁四法案継続審議決定（第126回国会まで引き継がれる）
	5・25	日本刑法学会第69回大会において分科会「刑事拘禁法の諸問題」が開催される
	7・9	14歳未満の者との接見を禁じた監獄法施行規則120条・124条を無効とする最高裁第3小法廷判決
	11・15	日弁連人権擁護大会「拘禁二法案を廃案とし，国際基準を充足する拘禁法の制定を求める決議」
	12・16	日本政府，規約人権委員会に第3回政府報告書を提出
1992・	2・21	日弁連「刑事被拘禁者の処遇に関する法律案（日弁連・刑事処遇法案）」発表される
	5・17	日本刑法学会第70回大会においてワークショップ「未決拘禁」開催される
	7・26	日本刑法学会関西部会において共同研究「刑事拘禁法の理念と現実」の報告が行われる
1993・	1・18	総務庁行政監察局「矯正施設に関する調査結果—附属機関等総合実態調査—」発表される
	4・1	行刑施設において専門官制が導入される
	5・23	日本刑法学会第71回大会においてワークショップ「被拘禁者処遇」が開催される
	6・18	衆議院が解散したことにより，拘禁四法案が廃案となる
	10・27～28	規約人権委員会による第3回対日審査
	11・4	規約人権委員会，日本政府第3回報告書に対する「意見」を採択し，代用監獄の弊害除去等について改善勧告を行う
1994・	4・22	「児童の権利に関する条約」日本国批准書寄託
	5・16	「児童の権利に関する条約」公布（条約第2号）
	5・22	「児童の権利に関する条約」日本国発効
	11・22	日弁連臨時総会「拘禁二法案の四度目の提出に反対する決議」

	11・29	日弁連拘禁二法案対策本部「解説・日弁連刑事処遇法案―施設管理法から人間的処遇法へ」発表される
1995・ 1・14		国連人権委員会に「ロドリー報告」が提出され，同報告書で日本の代用監獄が取り上げられる（日弁連新聞255号7頁）
	2・ 2	法務省，法案を国会に提出することを見送る方針を固める
	2・14	国際法律家協会（IBA）「代用監獄・日本における警察拘禁制度・第1次調査報告書」に基づく改革案をセミナーにおいて提言する
	3・11	「監獄人権センター（CPR）」が設立される
	3・30	ヒューマン・ライツ・ウォッチ（HRW）「監獄における人権／日本・1995年」発表される
	4・29～5・ 8	第9回犯罪防止会議において「国連被拘禁者処遇最低基準規則の効果的実施に関する決議」が採択され，「メイキング・スタンダーズ・ワーク（Making Standards Work）」が評価される
1996・ 5・15		刑事立法研究会「刑事拘禁法要綱案」発表される
1997・ 6・16		日本政府，規約人権委員会に第4回政府報告書を提出
	11・25	高松高裁，徳島刑務所接見妨害訴訟で自由権規約の直接適用を認め，損害賠償請求を認容し，原告勝訴の判決
1998・ 4・ －		ヨーロッパ評議会「監獄におけるヘルスケアの倫理的・組織的側面に関する報告」
	10・28～29	規約人権委員会による第4回対日審査
	11・ 6	規約人権委員会，日本政府第4回報告書に対する「最終見解」を採択し，代用監獄廃止等日本の拘禁制度について改善勧告を行う
1999・ 3・24		最高裁大法廷，接見妨害国賠事件において接見指定（刑訴法39条3項本文）の合憲判決
	7・ 5	「拷問及びその他の残虐な，非人道的な又は品位を傷つける取り扱い又は刑罰を禁止する条約（拷問等禁止条約）」公布（1999年条約第1号）
	7・29	「拷問等禁止条約」日本国発効
	10・15	日弁連人権擁護大会「新しい世紀の刑事手続を求める宣言」
	12・17	日弁連「国連人権（自由権）規約委員会の勧告を実施する応急措置法要綱」を採択する
2000・ 5・25		拘置所による被告人と弁護人との間の信書の検閲に対する国賠訴訟（髙見・岡本国賠訴訟）で大阪地裁，国の違法性を認める（確定）。
	6・ 5	法務省と日弁連が「受刑者処遇に関する勉強会」を開始する
	9・ 7	最高裁第1小法廷，徳島刑務所接見妨害国賠事件において国際人権規約を適用し損害賠償請求を認めた二審判決を破棄し，国側勝訴の判決
	11・28	矯正保護審議会「21世紀における矯正運営および更生保護の在り方について」を法務大臣に提言する
	12・ 6	「人権教育及び人権啓発の推進に関する法律」（2000年法律第147号）公布
2001・ 1・ 5		矯正保護審議会廃止
	1・19	日弁連「司法制度改革審議会中間報告に対する意見書　未決及び矯正処遇に関する事項を中心に」

	5・20	日本刑法学会第79回大会においてワークショップ「接見交通」が開催される
	6・12	司法制度改革審議会「司法制度改革審議会意見書——21世紀の日本を支える司法制度——」を内閣に提出・公表し，犯罪者の矯正処遇，更生保護に関わる制度と人的体制の充実に配慮を払うべきことを指摘する
	6・29	石原東京都知事，都内の留置場にPFI方式を導入する方針を表明
	10・10	「原宿に大規模留置場計画」との新聞報道
	12・14	名古屋刑務所で受刑者に対する人権侵犯事件が発生（12月事件）
2002・	1・31	法務省，人権擁護法案（仮称）の大綱公表
	3・8	人権擁護法案，第154回国会上程
	3・9	刑事立法研究会「刑事拘禁法要綱案（改訂案）」を公表する（東京）
	5・19	日本刑法学会第80回大会においてワークショップ「人権の国際化と被収容者の人権」が開催される
	5・27	名古屋刑務所で再び受刑者に対する人権侵犯事件が発生（5月事件）
	9・25	名古屋刑務所で三度受刑者に対する人権侵犯事件が発生（9月事件）
	10・4	名古屋刑務所受刑者死傷事案発覚
	10・8	日弁連「東京都の原宿留置場建設計画についての意見」
	10・末	規約人権委員会が指定した第5回政府報告書の提出期限到来するも日本政府，報告書を提出せず
	12・18	国連総会，拘禁施設への訪問を認める義務を創設する「拷問等禁止条約選択議定書」を採択
2003・	1・30	名古屋刑務所における刑務官による受刑者に対する人権侵犯事件に関して，人権擁護局長から法務大臣に対して「意見具申」が行われ，名古屋法務局長から名古屋刑務所長に対して「勧告」が行われる
	2・13	一連の名古屋刑務所事件により，「行刑運営に関する調査検討会」が設置される
	3・—	地上12階・地下2階建の東京拘置所新庁舎供用開始
	3・26	名古屋法務局長，名古屋刑務所刑務官による人権侵犯事件に関して名古屋刑務所長への追加勧告がなされる
	3・31	「行刑運営に関する調査検討委員会」が「行刑運営の実情に関する中間報告」公表 中間報告を受けて，「行刑改革会議」が設置される
	4・14	行刑改革会議第1回会議開催（以後，12月22日までに全10回開催）
	5・23	日弁連総会「名古屋刑務所事件を契機に刑務所等の抜本的改革を求める決議」
	6・13	行刑運営に関する調査検討委員会「死亡帳調査班による調査結果報告」公表
	7・28	衆参院法務委員会における指摘を受けて，「行刑運営に関する調査検討委員会」が「行刑運営をめぐる問題点の整理（国会審議における指摘を踏まえて）」公表

	10・10	衆議院が解散したことにより人権擁護法案廃案となる
	11・5	日弁連「代用監獄廃止について（申入れ）」
	12・18	犯罪対策閣僚会議「犯罪に強い社会の実現のための行動計画」を公表
	12・22	行刑改革会議第10回会議 「行刑改革会議提言〜国民に理解され，支えられる刑務所へ〜」が公表される 日弁連「行刑改革会議提言」についての会長声明
2004・	2・1	日弁連「行刑改革会議提言についての日弁連の意見」
	3・9	大阪地裁，大阪拘置所によるビデオ検閲・接見妨害に対する国賠訴訟（後藤国賠事件）で，拘置所の検閲を違憲・違法とし原告勝訴の判決
	3・31	日弁連「未決拘禁者処遇等についての検討機関の設置に関する要請書」
	4・1	日弁連，拘禁二法案対策本部を「刑事拘禁制度改革実現本部」に改組・改称
	6・7	第1回行刑改革推進委員会顧問会議開催
	7・28	監獄法改正に関する法務省・警察庁・日弁連三者協議（その後，9月14日，11月16日，12月15日に開催）
	9・4	日弁連・東京三弁護士会主催，法務省・矯正協会・英国大使館後援で国際人権シンポジウム「21世紀の刑務所改革」開催
	10・19	日弁連「PFI刑務所についての提言」
	12・13	自由民主党「行刑行政に関する特命委員会」において，監獄法改正について，未決拘禁者と受刑者とを分離し，受刑者についての立法を先行させること決定
	12・15	法務省・警察庁・日弁連の三者協議終了
2005・	1・25	大阪高裁，後藤国賠で原告勝訴の判決
	2・2	第2回行刑改革推進委員会顧問会議開催
	2・9	法制審議会第144回会議において，「監獄法改正の骨子となる要綱」（諮問第31号に対する答申）に基づきつつ，行刑改革会議の提言も踏まえた受刑者の処遇を中心とする法律案の検討内容について報告がなされ，了承される
	3・11	「刑事施設及び受刑者の処遇等に関する法律案（刑事施設・受刑者処遇法案）」閣議決定
	3・14	「刑事施設・受刑者処遇法案」第162回国会上程
	3・18	日弁連「『刑事施設及び受刑者の処遇等に関する法律案』についての日弁連の意見」公表
	3・29	刑事施設・受刑者処遇法案，衆議院で審議入り
	4・14	刑事施設・受刑者処遇法案，衆議院において一部修正のうえ可決
	4・18〜25	バンコクにおいて第11回国連犯罪防止会議開催。これまでの諸準則をまとめた「受刑者の基本的権利憲章案」が議論されるも，宣言に盛り込まれず
	4・19	最高裁第三小法廷，検察庁舎内に接見のための設備がないことを理由としてなされた接見拒否に対する訴訟において，検察官に配慮義務があることを判示

5・18	「刑事施設及び受刑者の処遇等に関する法律」，参議院において全会一致で可決成立
5・25	「刑事施設及び受刑者の処遇等に関する法律」公布（2005年法律第50号）。1年を超えない範囲内において政令で定める日に施行されることが決定
5・27	日弁連総会決議「未決拘禁制度の抜本的改革と代用監獄の廃止を求める決議」
6・19	日本刑法学会第83回大会においてワークショップ「未決拘禁制度の検討」開催
6・28	未決拘禁に関する法務省・警察庁・日弁連の三者協議
6・29	第3回行刑改革推進委員会顧問会議開催
7・2～10	三者の代表が拘置施設と警察留置場について海外合同調査（オーストリア，イタリア）
8・2	第2回三者協議
9・16	日弁連「未決等拘禁制度の抜本的改革を目指す日弁連の提言」

(1) 事項は1976年以降のものに限った。監獄法改正史については，刑事立法研究会編『21世紀の刑事施設』（日本評論社，2003年）346頁以下，とくに最近のものについては同『刑務所改革のゆくえ』（現代人文社，2005年）16頁以下の年表を参照のこと。

(2) 国内の動きについては，主に刑事立法研究会「資料／監獄法改正―拘禁二法―問題関連事項略年表および文献」法律時報60巻3号55頁（1988年）のほか，日弁連ウェブサイトなどを参照した。国際人権法の動きについては，宮崎繁樹＝五十嵐二葉＝福田雅章編『国際人権基準による刑事手続ハンドブック』（青峰社，1991年），澤登俊雄＝比較少年法研究会『少年司法と国際準則―非行と子どもの人権―』（三省堂，1991年），田畑茂二郎ほか編集『国際人権条約・宣言集〔第二版〕』（東信堂，1994年），田畑茂二郎ほか編集『基本条約・資料集〔新3版〕』（東信堂，1995年）などを参照した。学界の動きに関しては，主に日本刑法学会編『日本刑法学会50年史』（有斐閣，2003年）に拠った。

執筆者一覧（掲載順。肩書は2005年12月1日現在）

村井敏邦（龍谷大学法科大学院教授）
豊崎七絵（龍谷大学法学部助教授）
佐藤元治（専修大学法学部講師）
葛野尋之（立命館大学法学部教授）
水谷規男（大阪大学大学院高等司法研究科教授）
石田倫識（九州大学大学院法学府博士後期課程）
中川孝博（龍谷大学法学部助教授）
斎藤　司（九州大学大学院法学府博士後期課程）
緑　大輔（広島修道大学法学部助教授）
福井　厚（法政大学大学院法務研究科教授）
石塚伸一（龍谷大学法科大学院教授）
藤井　剛（龍谷大学大学院法学研究科研究生）

代用監獄・拘置所改革のゆくえ
監獄法改正をめぐって

2005年12月16日　第1刷第1刷発行

編　者	刑事立法研究会
発行人	成澤壽信
編集人	木村暢恵
発行所	株式会社現代人文社
	〒160-0016 東京都新宿区信濃町20 佐藤ビル201
	振替 00130-3-52366
	電話 03-5379-0307（代）
	FAX 03-5379-5388
	E-mail daihyo@genjin.jp（代表）　hanbai@genjin.jp（販売）
	Web http://www.genjin.jp
発売所	株式会社 大学図書
印刷所	株式会社 シナノ
装　幀	河村誠（Push-up）

検印省略　PRINTED IN JAPAN　ISBN4-87798-276-0 C2032
© Keijirippo-Kenkyukai 2005

本書の一部あるいは全部を無断で複写・転載・転訳載などをすること、または磁気媒体等に入力することは、法律で認められた場合を除き、著作者および出版者の権利の侵害となりますので、これらの行為を行う場合には、あらかじめ小社または著者に承諾を求めてください。